云南大学校内人才培养项目（C176220200）
云南省博士后科研基金研究项目（C6193093）

模块化生产网络中的竞争与技术创新

闵　宏◎著

COMPETITION AND TECHNOLOGICAL INNOVATION IN A MODULAR PRODUCTION NETWORK

经济管理出版社
ECONOMY & MANAGEMENT PUBLISHING HOUSE

图书在版编目（CIP）数据

模块化生产网络中的竞争与技术创新/闵宏著．—北京：经济管理出版社，2021.3
ISBN 978-7-5096-7842-8

Ⅰ.①模… Ⅱ.①闵… Ⅲ.①模块化—产业组织—研究 Ⅳ.①F062.9

中国版本图书馆 CIP 数据核字（2021）第 045785 号

组稿编辑：胡 茜
责任编辑：胡 茜 杜奕彤
责任印制：黄章平
责任校对：陈晓霞

出版发行：经济管理出版社
（北京市海淀区北蜂窝 8 号中雅大厦 A 座 11 层 100038）
网 址：www.E-mp.com.cn
电 话：（010）51915602
印 刷：唐山玺诚印务有限公司
经 销：新华书店
开 本：720mm×1000mm/16
印 张：12.75
字 数：200 千字
版 次：2021 年 3 月第 1 版 2021 年 3 月第 1 次印刷
书 号：ISBN 978-7-5096-7842-8
定 价：69.00 元

摘　要

虽然学界对水平型市场结构与技术创新之间关系的研究较为丰富，但对垂直型市场结构与技术创新之间的关系关注较少。作为一种新的垂直型产业组织，模块化生产网络及其内部企业间的竞争与技术创新行为是本书的关注点。本书按生产网络中企业市场势力的大小将模块化生产网络分为模块生产商主导型生产网络和模块集成商主导型生产网络。

首先，本书对模块生产商主导型生产网络的理论模型进行了构建，根据生产网络中市场主体的数量将模块生产商主导型生产网络模型分为三主体博弈模型（一个模块生产商、一个模块集成商和 N 个代表性消费者）、四主体博弈模型（一个模块生产商、两个模块集成商和 N 个代表性消费者）。在三主体博弈模型中，本书发现产品内分工模块化程度取决于上游核心模块的价格，上游核心模块价格越高，市场模块化程度越高。此外，垂直一体化的市场结构更有利于上游核心模块生产商的技术创新，不利于下游模块集成商的技术创新。在四主体博弈模型中，本书区分了不同博弈类型中下游模块集成商产品内分工模块化对整合上游模块生产商、整合下游模块集成商和未整合下游模块集成商技术创新的影响，发现当下游的两个模块集成商进行古诺博弈时，核心模块生产商与某一下游模块集成商的垂直一体化会提高被整合模块集成商的技术创新，损害自身与另一模块集成商的技术创新；当下游两个模块集成商进行伯特兰德博弈时，核心模块生产商与获胜方的垂直一体化会同时提高两者的技术创新。

其次，本书对模块集成商主导型生产网络的理论模型进行了构建，同样将其分为三主体博弈模型和四主体博弈模型。在三主体博弈模型中，市场结构取决于非核心部件的价格，价格越高，具有垄断势力的模块集成商越倾向于向上游市场渗透，市场结构的垂直一体化程度越高。另外，垂直一体化的市场结构对上下游企业技术创新的影响与模块生产商主导型生产网络中的情况正好相反。在四主体博弈模型中，本书分别推导了不同博弈类型中上游模块生产商产品内分工模块化对整合上游模块生产商、整合下游模块生产商和未整合上游模块生产商技术创新的影响，发现当上游两个模块生产商进行古诺博弈时，垄断模块集成商与某一上游非核心模块生产商的垂直一体化对三个企业的技术创新均有不利影响；当上游两个模块生产商进行伯特兰德博弈时，垄断模块集成商与获胜方的垂直一体化有利于后者的技术创新，但对前者技术创新的影响随其产出的不同而不同，垄断模块集成商产出越高，垂直一体化越有利于其技术创新，否则，相反。

再次，本书选取美国计算机、电子与光学设备制造业和日本汽车、拖车与半挂车制造业作为模块生产商主导型生产网络和模块集成商主导型生产网络的替代，并用两个产业上市公司 2006～2016 年的数据对本书提出的理论进行验证。本书验证了在模块生产商主导型生产网络中，产品内分工模块化与上游核心模块生产商绩效的正相关关系，同时，产品内分工模块化对下游模块集成商的技术创新有正效应，但其与上游核心模块生产商市场绩效的负相关关系并未得到证实。本书用下游市场竞争程度的高低来衡量下游模块集成商的不同博弈类型，回归结果证实了“垂直一体化的恐吓效应”。本书也同样验证了在模块集成商主导型生产网络中，产品内分工模块化与上游非核心模块价格之间的负相关关系，同时，产品内分工模块化对上游非核心模块生产商的技术创新有正向影响，但对下游模块集成商技术创新的负向影响并未得到证实。在加入市场一体化与市场竞争程度的交叉项后，本书发现市场竞争程度越强，垂直一体化越不利于未被整合的上游模块生产商，但对被整合的模块生产商技术创新的正效应也未得到证实。按企业主营业务收入进行分组回归发现，产业一体化与市场竞争的交叉项与较高产出模块集成商的技术创新正相关，但其与低产出模块集成商技术创新的负相关性并未得到验证。

最后，在系统总结全书研究的基础上，本书从企业、产业和政府三个方面指明产业发展条件，以期为中国制造业的技术创新提供有益启示。

目　录

第一章 导论

第一节 研究背景与意义

一、研究背景

哲学范式上对复杂系统的"近可分解性"论证为经济系统的模块化提供了理论依据，而全球市场由卖方向买方转变的经济现实为经济系统的模块化提出了客观要求。经济系统由低级向高级、由简单向复杂的不断演进不仅表现为经济系统内部产品、组织和生产复杂性的不断提高，也体现为对这些产品、组织和生产需求的不断升级。这就要求企业不仅要高效地生产复杂性不断提高的产品，同时还要满足消费者日益多元化、个性化的需求。高效、复杂、个性化似乎是一个无解的难题，而模块化理论学者认为模块化既能高效地对复杂系统进行分解与再整合，同时借助于"标准化的界面"，模块化间的重新组合又能生产出更多新的产品进而能满足消费者的个性化需求。

事实上，正如许多学者论证的那样，现实中的经济系统越来越表现出模块化的特性。这不仅表现在越来越多的企业不断开发模块化产品（满足个性化），更重要的是企业的生产也冲出企业边界（提高生产效率），并形成一种由模块集成商、模块制造商和终端消费者组成的新的产业组织形式：模块化生产网络。在这一新的产业组织形式下，企业的竞争行为是什么样的？这种竞争行为会不会对内生性的技术变动以及整个经济系统的增长带来影响？如果有影响，如何通过政策来调节以提高社会总福利？在运用传统的产业组织理论如垄断竞争理论或寡头垄断理论对这一新的产业组织进行解释时，我们发现这些理论只能解释模块化生产网络的某一方面，而不是全部，模块化生产网络中的企业间行为在表现出垄断竞争的同时又具有寡头垄断的特性，这意味着单一的传统产业组织理论已不能解释新的经济现实，我们需要对这些理论进行修补、改进，甚至提出一种新的理论框架，而这正是本书选题的来源。

二、研究意义

（一）理论意义

作为一种新的产业组织形式，模块化生产网络与传统的产业组织形式既相似又有区别。相似在于模块化生产网络中的企业同样表现出相应的竞争或垄断行为。不同在于，一方面，模块化生产网络中的企业竞争行为包含某种合作特性，表现为“合作竞争”，这就意味着以竞争或博弈为前提的传统产业组织理论需要在某种程度上进行修补；另一方面，即使在纯竞争或博弈分析框架下，模块化生产网络中的企业行为也不仅仅是单一的寡头垄断或垄断竞争，而是两者的融合。模块化生产网络的出现为产业组织理论的进一步完善提供了重要的研究范例，因此，科学、规范地界定模块化生产网络，研究模块化生产网络内企业间的竞争行为，以及由这种竞争行为所带来的技术创新、经济增长和福利变动，具有重要的理论意义。

（二）实践意义

模块化生产网络中的企业竞争是中性的，但仍然有成功与失败。中国是世界上工业体系较完善的国家，也是世界生产模块种类较多的国家，但这些模块大都处于价值链的低端环节。这意味着在模块化生产网络中，我们始终处于从属地位（Follower），而不是主导者（Dominator）。事实证明，即使是从属者，我们也可以取得成功——改革开放后，中国抓住了发达国家剥离非核心业务、向发展中国家转移产业的机会并实现了经济飞跃。但问题是，这种成功能持续多久？事实上，现在我们进入了“新常态”，而重新审视居于从属地位的我国制造业如何在

模块化生产网络中与主导者博弈以获取竞争优势具有重要的政策意义。更值得注意的是，在模块化理论学者大力推崇模块化优势的同时，发达国家市场中反而出现了某些“逆模块化”的现象，表现为以往的纯模块制造商开始向模块集成商转变，这种本身具备某类模块垄断力但开始向终端品市场渗透的市场行为可能会对我国长期缺乏竞争力的模块集成商造成重大冲击，因此，审慎地研究模块化生产网络中的企业竞争行为并提出相应的改进性政策对我国经济可持续发展具有重要的实践意义。

第二节　研究方法、技术路线与章节安排

一、研究方法

（1）文献梳理。系统回顾与模块化生产网络有关的文献，梳理不完全契约理论、内生增长理论和模块化理论，为模块化生产网络概念的界定与模型构建奠定理论基础。

（2）博弈分析。模块化生产网络中的有限企业必定面临相互间的博弈，特别是上下游企业间的博弈行为。因此，博弈分析法必不可少。本书将重点采用博弈论的分析方法来分析模块化生产网络中企业的竞争行为。

（3）数理推导。在博弈分析的基础上使用适当形式的经济模型进行数理推导才能得出有经济含义的结果。本书将根据具体需要选择适当的内生增长模型来分析模块化生产网络中企业竞争行为所产生的市场绩效。

（4）计量研究。本书选取美国计算机、电子与光学设备制造业和日本汽车、拖车与半挂车制造业这两种市场结构显著不同但模块化特征明显的行业分别为模块生产商主导型生产网络和模块集成商主导型生产网络替代来检验模型的适用性，希望通过分析这两个行业的最新发展趋势，能为中国大量竞争力低下的模块集成商的转型升级提供有益启示。

二、技术路线

本书的技术路线如图 1－1 所示。

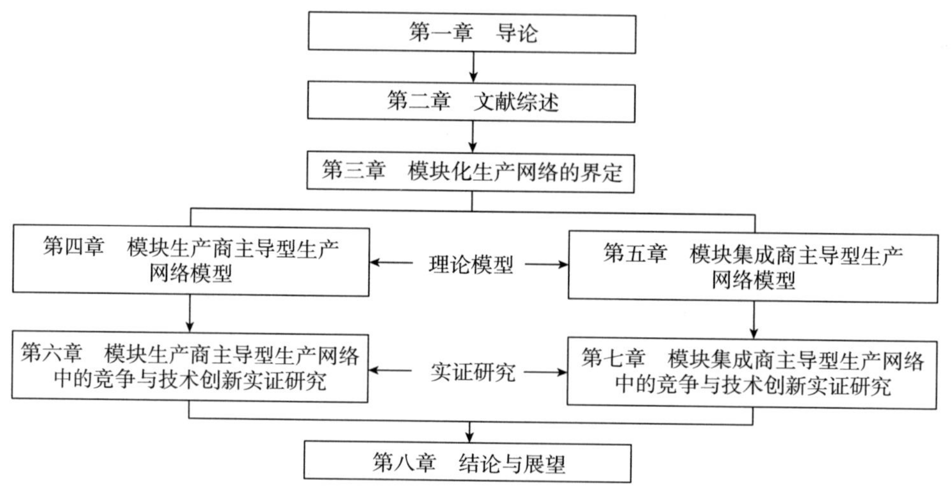

图 1－1　本书的技术路线

三、章节安排

本书以模块化生产网络这一新兴的产业组织形式为研究对象，力图从产业组织视角来探寻模块化生产网络内部各企业间的竞争关系及其对各自技术创新的影响。本书具体章节安排如下：

第一章为导论，首先介绍了本书的研究背景与意义，引出了本书研究的出发点；其次对主要研究方法、主要内容做了简要介绍，为之后对模块化生产网络的研究提出一个大概的框架；最后介绍了研究的创新点，希望能为产业组织理论的完善提供有益启示。

第二章为文献综述，主要对企业边界问题、技术创新理论和模块化理论进行文献回顾。对企业边界问题的讨论为企业生产跨越组织边界、形成模块化生产网络奠定理论基础；技术创新理论系统回顾了它由外生向内生发展的过程，为模块化生产网络中的技术创新提供指导；模块化理论探讨了模块化生产网络与其他产业组织形式的区别，为理论模型的构建奠定基础。

第三章对模块化生产网络的界定，分别从模块化生产网络中的市场主体、市场结构以及内部企业间的竞争行为方面进行经济学上的界定，为理论模型的构建建立起一个可供操作的标准框架。

第四章对模块生产商主导型生产网络模型进行理论构建，根据生产网络中市场主体数量将模块生产商主导型生产网络分为三主体模型（一个模块生产商、一个模块集成商和 N 个代表性消费者）和四主体模型（一个模块生产商、两个模块集成商和 N 个代表性消费者），对生产网络内部上下游不同企业间的竞争与创新行为进行详细推导。

第五章对模块集成商主导型生产网络模型进行理论构建，同样将其分为三主体模型、四主体模型，并对生产网络内部上下游不同企业间的竞争与技术创新行为进行推导。

第六章选取美国计算机、电子与光学设备制造业作为模块生产商主导型生产网络的替代，使用该产业内 2006～2016 年上市公司企业的财务数据验证第四章推导出的结论。

第七章选取日本汽车、拖车与半挂车制造业作为模块集成商主导型生产网络的替代，同样利用该产业 2006～2016 年上市公司企业的财务数据验证第五章推导出的结论。

第八章为本书的结论与下一步的研究展望，先对以上研究进行系统性总结并从企业、产业和政府三个层面指明产业发展条件，然后从产业市场结构来源与关系型生产网络两个方面对下一步的研究进行展望。

第三节　主要创新点

第一，模块化生产网络作为一种新的产业组织形式不仅具有传统产业组织形式所具有的特点，还有一些新特征。因此，将模块化生产网络纳入产业组织理论研究框架中，不仅能更好地理解这一新的产业组织形式的运行规律，还能为产业组织理论的进一步完善提供有益见解。

第二，以往产业组织理论假定单一的厂商竞争行为，即要么生产中间品，要么生产终端品并提出相应的分析框架，本书尝试动态地考察模块化生产网络中的厂商竞争行为：它们可以在原有的基础上选择上下游的整合或分解，这取决于每种策略的收益。这不仅解释了模块化生产网络出现的原因，也为现实中出现的某些“逆模块化”现象提供了见解。

第三，加入研发和市场规模的扩展模型能为我国大量存在但竞争力低下的模块集成商的转型升级提供理论依据。

第二章　文献综述

第一节　企业边界问题

一、交易成本理论

有关企业边界问题的系统论述最早来源于 Coase，他提出了一个极为重要但不被经济学家重视的问题，即企业为什么会存在且企业的规模为什么会限定在某个范围？Coase 首先对新古典经济学的“制度假定”（即市场机制无任何摩擦，交易成本为 0）提出质疑，他发现经济现实中人与人之间的交易不管在什么样的制度环境下都有成本，特别是在市场交易中，人们搜寻信息、进行谈判等过程都是有成本的，因此他认为市场机制不仅是有成本的，而且不同的市场机制（市场机制的完善程度不同）有不同的成本，并把市场机制的成本定义为交易成本。Coase 通过进一步的研究发现，企业这一市场组织形式在降低交易成本时有时比市场更为有效，正是对交易成本的处理促使了企业的产生。随之而来的另一问题是，既然企业在降低交易成本时是有效的，那么企业的规模为什么并非无限大？对此，Coase（1937）同样以交易成本来解释：企业规模的大小或边界的确定取决于市场交易成本与内部交易成本的大小，市场的不完美使市场交易也有其成本，当市场交易成本大于企业内部交易成本时，企业得以存在并扩张边界；当市场交易成本小于企业内部交易成本时，企业缩小边界甚至消失。

Coase 虽指出了企业存在以及企业边界确定的实质为交易成本，但并未对交易成本做进一步研究。交易成本是由什么导致的？交易成本的大小如何确定？在这方面，以 Williamson 为代表的交易成本经济学家做出了重要贡献。Williamson 认为交易成本的不同是企业选择不同的市场、科层或混合组织模式的根本原因，而市场与企业交易成本的不同来源于团队生产技术的不可分解性，技术的不可分解导致交易成本更高。进一步地，Williamson（1994）将技术的不可分解性发展为资产的专用性概念，并用资产专用性、交易频率和不确定性度量交易成本的大小，即起草、谈判和防护一项协议的事前成本、适应不良事件及其事后调节的成本，这里的不良事件指契约的执行因歧义、误差、遗漏或未预期的干扰导致的成本以及为了修正这些成本而产生的成本。为了解决资产专用性以规避这些交易成本，企业必须实施一体化战略（Williamson，1979）。

二、不完全契约理论

按照交易成本经济学，如果资产专用性是无法避免的，那么企业必定会选择一体化战略，这就意味着企业的规模将无限扩大，甚至全世界的企业合并为一家，而这显然不符合现实。造成这一现象的根本原因，是交易成本经济学并没有考虑一体化的成本与收益。以 Hart、Moore、Holmstrom、Grossman 等为代表的不完全契约理论认为人的有限理性、信息的不完全性以及交易事项的不确定性使事前不可能通过契约明晰双方所有权力，而未在契约中规定的权力成为剩余控制权（Hart and Moore，1988，1990；Grossman and Hart，1986；Hart and Holmstrom，1987）。不完全契约理论有两个论断：第一，剩余控制权直接来源于对物质资产的所有权；第二，物质资产越多，外部选择权越多，剩余控制权越大，谈判力越强，得到的剩余越多，因此事前的专用性投资激励就越强。但由于剩余控制权服从 0 - 1 分布，得到剩余控制权的一方固然增加了投资激励，但失去的一方却因此减少了投资激励，所以社会最优的投资激励不可能实现，这就是一体化带来的收益和成本（杨瑞龙、聂辉华，2006）。

针对不完全契约理论提出的两个诊断，许多学者提出质疑。一方面，Rajan 和 Zingales（1997）认为物质资产并不是剩余控制权的唯一来源，他们提出一种新的权力来源——进入权（即进入或使用关键资源如思想、人等的权力），认为通道比物质资产更加使代理人依赖于专用性投资，而产权不仅在供给上比通道更加稀缺，还会对代理人的投资激励产生负面效应。另一方面，Chiu（1998）采取非合作博弈方法，将外部选择权（当事人在谈判过程中随时可能行使关系外的权力）当作一个“威胁点”，利用 Rubinstein 轮流出价模型，证明在当事人的外部选择权起约束作用时，没有资产的一方具有更强的投资激励。但无论哪方拥有更强的投资激励，一体化都不会带来社会最优投资激励，总会产生相应的成本，这也就意味着一体化战略不是企业的唯一选择。

近年来，Hart、Moore 和 Holmstrom 在原有不完全契约理论的基础上逐渐加入行为经济学视角，认为契约为交易关系提供了一个参照点（一方交易当事人的履约行为是其从契约承诺中获得的权力感受的函数）。交易双方既可以签订柔性契约允许当事人对事后不确定性做出适应性调整，也可以在事前签订一项与未来结果密切相关、当事人对未来的任何结果都不会感到失望的刚性契约（Hart and Moore，2007，2008）。传统的不完全契约理论认为由不完全契约所导致的投资非效率可以通过事后再谈判得到改善，而 Hart 和 Moore 引入行为经济学分析视角后发现，无论是一体化还是非一体化，事后效率或最优结果并不必然保证实现。Hart 和 Moore（2008）指出：“当能够签订关于商品性质的详细契约时，业务外包是有效率的，因为买者的价值对生产方法的选择很不敏感；相比之下，当难以签订详细的契约并且买者的价值对产品细节极为敏感时，在内部生产是最优的。”这为模块化生产网络的出现奠定了理论基础。

第二节 技术创新的内生性

一、内生性技术创新的来源

早期的经济增长理论假定技术外生。Harrod（1939）和 Domar（1946）先后假定一个规模报酬不变的代表性最终品生产商，在资本与劳动不可替代和没有技术进步的条件下，得出稳态下的经济增长率等于外生储蓄率除以资本产出比。这一模型的另一重要概念是“刀刃条件”，即经济的实际增长率必须等于有保证的增长率和自然增长率，否则会出现通货膨胀或失业。而现实中，这种均衡条件难以实现，因此，只有通过政府有效干预才能避免经济增长过程中的动荡。Solow和Swan修正哈罗德－多马模型的缺陷。一方面，他们将技术这一重要生产要素纳入分析框架中并假定技术具有非竞争性和非排他性；另一方面，修改劳动与资本规模报酬不变的假定，假定两者的规模报酬递减，并且允许两者具有替代性。在其他条件不变的情况下，资本产出比最终稳定为一个固定不变的常数，经济进入“稳态”，人均产出增长率降为零（Solow，1956，1957；Swan，1956）。只有在技术进步的情况下，人均产出增长率才会增加。部分学者对索罗－斯旺模型中代表性家庭的偏好进行修正，假定代表性家庭有意识地选择消费或储蓄决策以最大化其效用，表现为在模型中加入代表性家庭的效用函数（Koopmans，1965；Coase，1937；Ramsey，1928）。其结论同样表明，长期的经济增长仍然由外生技术进步推动。

以上模型都假定技术外生，而对技术外生假设的批判催生了内生增长理论。本书根据内生增长理论发展过程将其分为完全竞争型内生增长理论和垄断竞争型内生增长理论。

二、内生性技术创新与经济增长

（一）完全竞争型内生增长理论

根据对生产技术的不同假定，完全竞争型内生增长理论又可分为两个方面：一方面，有的学者认为在生产技术为凸性的前提下即使技术不发生变化，经济系统也能实现内生性增长，而这种增长主要来源于资本积累（也称凸性增长理论），典型的代表模型为AK模型及其相应的扩展；另一方面，有的学者放松生产技术的凸性假定，将目光聚焦于资本积累、政府支出和人力资本的外部性上，代表模型为Barro的公共支出模型，Arrow、Romer等的“干中学”模型和Lucas的人力资本积累模型。以下分别对这两方面的模型加以介绍。

1. 凸性增长模型

Rebelo（1991）提出了一个由只包含资本的线性生产技术（如Y＝AK）和

不变跨期替代弹性的效用函数组成的理论模型，在不改变完全竞争假设的前提下得出均衡状态下的经济以一个固定的速度增长，而这种增长与消费者折现率和跨期替代弹性有关，技术水平越高、折现率越低、跨期替代率越低，经济增长率越高。Jones 和 Manuelli（1990）则对 AK 模型进行了扩展，在保证规模报酬不变的前提下在生产函数中加入劳动［$Y=AK+F(K, L)$］，并在此基础上得出经济增长条件：资本的边际产品要大于折现率的倒数，因此，即使在技术水平不变的前提下，政府通过政策影响消费者储蓄意愿与折现率也能促进经济的长期增长。

2. 外部性增长模型

在外部性方面，Barro（1990）提出了一个公共支出模型，通过假定一个只包含资本与政府支出变量的生产技术并在原有资本积累方程条件下加入新的约束条件：政府支出来源于总产出的某个比例，得到分散经济增长率低于干预下的经济增长率，这表明政府支出存在某种程度的外部溢出效应，政府可以通过公共支出改变经济增长、改善福利分配。Arrow（1962）为“干中学”模型的发展奠定了基础，他不再将技术当作外生给定，认为技术进步来源于经验，而经验来源于资本积累。Romer（1986）通过改进 Arrow 模型，将技术作为全部经济资本增加量的指数函数，得出如果技术为规模报酬递增，则经济增长率将持续提高；如果技术为规模报酬递减，则相反。这个模型同样得到分散经济增长率低于最优增长率的结论，原因在于分散经济没有将知识的溢出效应内部化，因此，那些将投资引导到更有利于创新的部门的政策能够促进经济的快速增长并改善社会福利。Lucas（1988）认为应该聚焦于人力资本，通过加入人力资本和人力资本外部性的规模报酬递增型生产技术，并假定人力资本的积累来源于闲暇时间的学习，得出如果存在人力资本的溢出效应，则人力资本的增长率低于最优的经济增长率，表明教育投入不足。因此，政府应加大对人力资本的投资以促使经济增长与社会福利趋于最优水平。

（二）垄断竞争型内生增长理论

现实中，技术进步并非被动产生，而是经济主体有意识活动的结果。此外，技术具有非竞争性和部分排他性，这就导致非完全竞争市场结构如垄断竞争型市场结构出现，而垄断竞争型的市场结构意味着完全竞争型分析框架并不适合分析此类问题，垄断竞争型内生增长理论便应运而生。

1. 产品种类扩大模型

Dixit 和 Stiglitz（1977）提供了一个基本的、易操作的垄断竞争型市场结构分析框架，得出产品种类增加能提高社会福利。在此基础上，Young 提出分工不仅表现为专业化，更重要的是表现为多样化。沿着这样的思路，Romer、Grossman 和 Helpman 先后提出了中间品种类扩大模型和最终品种类扩大模型。

Romer（1987）假定对研发的投入能够创造新的中间品种类，存在一个 CRRA 型连续时期的代表性家庭偏好，最终品生产企业采用 D–S 生产技术，中间品生产商根据最终品的需求确定其垄断定价。此外，假定创新可能性边界，即新中间品种类的增加是研发投入的某个固定比例，在中间品生产商自由进入的条件下，经过处理得出其他参数不变的情况下，经济的长期增长率随人口的增加而增加，表现出很强的规模效应。但这种 BGP 增长率低于社会最优增长率，原因在于中间品生产商通过垄断定价降低了最终品生产商对中间品的需求，使其低于社会最优水平。因此，政策补贴研发和最终品生产商对中间品的使用将提高经济长期增长率和社会福利水平。与以上类似，Grossman 和 Helpman（1991）认为技术的进步可以用最终品数量的提升来表示，这种改动并未改变 Romer 中间品种类扩大模型的结论。

2. 熊彼特增长模型

技术进步不仅表现为新产品种类的增加，更多的是产品质量提升或生产成本降低。产品种类扩大模型假定新旧产品能共存使用，但现实中新的、高质量的产品往往替代旧的、低质量的产品，具有熊彼特“创造性毁灭”性质。Aghion 和 Howitt 首次将既定种类中间品质量纳入最终品生产函数中，并假定不同时期质量的演进遵循质量阶梯方程，而质量的提升来源于研发投入与既有质量水平。中间品生产商根据最终品需求进行垄断定价，在满足中间品生产商自由进入和消费者效用最大化条件下，BGP 产出增长率得以确定。在其他参数既定的前提下，新旧产品质量差距越大、人口规模越大，增长率越高，增长率同样具有规模经济的性质（Aghion and Peter，1992）。如在模型中引入政策变量（如对研发征税），BGP 下的增长率会毫无疑问地下降，而在位垄断厂商的利润会扩大，这意味着当一个经济社会的垄断者拥有较大的政治影响力时，扭曲整个经济的税收政策将会出现。

Aghion 和 Howitt 的模型得出经济增长来源于质量提升，而质量提升表现为新产品替代旧产品，这种“毁灭性”替代由新进入者带来，因此，经济增长的长期动力来源于新进入者。但实证研究表明，经济系统生产率的提升大多由在位者拉动。实际上，经济中的技术创新由在位者和新进入者共同推动。在 Aghion 和 Howitt 的分析框架下，Acemoglu 和 Cao 将经济系统中用于研发的费用分解为两个方面：在位者研发费用和新进入者研发费用。假定两者存在创新竞争，在位者选择提高已有垄断中间品质量，新进入者加大研发以替代在位者垄断中间品。在满足自由进入和效用最大化条件的情况下，得出 BGP 增长率取决于在位者和新进入者各自的研发努力与质量差距（Acemoglu and Cao，2015）。同上，如果考虑政策变量，则 BGP 增长率会由于对进入者征税而下降；相反，则会上升。其根源在于分散均衡状态下的新进入者多于最优水平，对其进行税收调节能够提高 BGP 增长率、改善福利水平。

3. 受调控的技术进步模型

以上模型假定技术中性，即对所有生产要素和经济主体产生相同影响，这与经济现实不符。事实上，技术进步通常有偏向性。Acemoglu（2002）提出了一种受调控的技术进步模型。他假定一个由劳动密集型中间品和技术密集型中间品构成的 CES 型最终品生产函数，各种类型的中间品又有相似的生产技术，投入要素分别为高技能和低技能的劳动力，采用无溢出效应的创新可能性边界，在自由进入和效用最大化条件下得出相对技术创新与相对要素投入之间的关系，当高低技能劳动力的替代弹性大于 1 时，高技能劳动力相对低技能劳动力供给的增加将促使技术进步偏向于技术密集型部门，特别地，当两者的替代弹性大于 2 时，高技能劳动力相对低技能劳动力供给的增加会提高高技能劳动力的相对工资，即高技能劳动力的需求曲线向上倾斜。受调控的技术进步模型很好地解释了现实中技术进步的偏向性，即为什么有的技术是劳动增加型技术，有的技术是资本增加型技术。同时，它也暗示了，如果两种不同类型要素之间的替代弹性足够大，增加某类要素的相对投入能促使技术创新偏向于这类要素所在的部门。

（三）内生增长理论的最新发展

从内生增长理论的发展过程来看，每一次的理论推进都建立在批判已有理论模型假设的基础上，内生增长理论的最新发展也不例外。对技术内生性的最新研究集中在三个方面：第一，修改代表性厂商生产技术的假设，引入企业异质性；第二，进一步修正内生增长模型中的市场结构假设，由最初的完全竞争到之后的垄断竞争，再到最新的寡头垄断，并大量运用博弈论分析方法；第三，放弃之前的消费者偏好同质假设，开始专注异质性消费者的行为选择问题。

1. 修正生产技术

传统的内生增长理论假设企业的生产技术相同，在资源禀赋不同的情况下，国际贸易呈资源丰富国家向资源匮乏国家注入的格局，但这无法解释现实中资源禀赋相近国家或地区的内部贸易，如产业内贸易现象。事实上，现实中的企业生产率差异十分显著，基于此，Melitz（2003）在 Hopenhayn 模型和 D－S 模型的基础上引入企业异质性，假定企业面临进入决策，需要先支付固定成本，再进行生产率抽样，在垄断竞争的市场结构下，规模经济的存在使产业内贸易得以发生。企业异质性的引入再现了大部分微观事实，成为新新贸易理论的一个重要分支。

2. 修正市场结构

Aghion 等（2001）首先批判了以往模型技术创新自由进入的假设，他们认为任何一项技术创新都建立在已有技术储备的基础上。他们在构建模型时引入两个产品质量不同的中间品生产商，两者在提供中间品时进行伯特兰德竞争。结果表明，当两个中间品生产商的技术水平差距较大时，领先企业更不愿意进行研发，而市场竞争程度的加剧会迫使技术领先企业更加重视创新以避免被追随企业取代。与 Aghion 等学者不同，Gilbert 和 Riordan（2007）构建了一个包含最终品生产商和中间品生产商的双寡头博弈模型，中间品为最终品的核心部件。在一个“赢者通吃”的市场环境下，中间品生产商即使不进行技术耦合（运用垄断性技术破坏中间品与最终品的兼容），也能通过技术创新赢得全部市场，只有在中间品价格足够高时，中间品生产商才允许最终品生产商进行技术创新以赢得市场。Chen 和 Sappington（2010）在此基础上加入一个新的最终品生产商，构建了一个三寡头博弈模型。该模型表明，当两个最终品生产商进行古诺博弈时，中间品生产商对其中一个最终品生产商的垂直整合可促进技术创新，当两个最终品生产商进行伯特兰德博弈时，则相反。值得注意的是，在最终品生产商进行伯特兰德博弈的情况下，竞争越激烈，垂直整合越有利于技术创新，这与 Aghion 等学者的结论类似。

3. 修正消费者偏好

Acemoglu 和 Zilibotti 认为，在考察国别间生产率差异的时候要考虑劳动力能力与技术的匹配问题。发达国家很多的技术创新都是以最大化利用其高技能劳动力为目的，而发展中国家的劳动力水平平均较低，即使能够自由地获取发达国家的技术，也会因能力与技术的不匹配而造成生产非效率（Acemoglu and Zilibotti，2001）。类似地，Garicano 和 Rossi - Hansberg（2006）讨论了知识经济下工人与管理者的匹配问题，假定企业工人的技能有高低之分，那么高技能的工人会内生地与高能力的管理者进行匹配以最大化其潜力，这种匹配使高技能工人与高能力管理者频繁地进行知识交流，可促进技术进步进而提高企业总体生产率，但会加重高低技能工人工资的不平等。

此外，越来越多的学者开始将制度（如法律、产权等）和文化（民族、宗教等）纳入内生增长理论中。但制度与文化通常具有特殊性，这对于构建一般性的、规律性的经济理论极为不利。事实上，纳入制度与文化因素的经济模型通常是解释特定国家或地区的。未来一般性的内生增长模型仍将在对已有模型的生产技术、资源禀赋、市场结构和偏好等假设进行批判的基础上不断发展。

第三节 模块化理论

模块化理论根源于 Simon 1962 年提出的“近可分解性”概念。在此基础上，Baldwin 和 Clark 于 1997 年正式提出“模块化”概念，此后，学术界对模块化的研究不再局限于产品设计，开始由点到面并进行跨学科发展。理论上，模块化的研究范围已经扩展到“组织经济学”“网络外部性”以及产业“标准和兼容性”的作用等方面（Lau，Yam and Tang，2011；Campagnolo and Camuffo，2010；Brusoni，2001；Fleming and Sorenson，2001；Schilling，2000；Ethiraj，Levinthal and Roy，2008）。实践方面，模块化对产品设计（Ulrich，1995；Henderson and Clark，1990）、生产（Fixson，2005）、组织（Sanchez and Mahoney，1996；Schilling and Steensma，2001；Langlois and Robertson，1992）等产生重要影响。

模块化在理论和实践方面的巨大吸引力促使越来越多的学者对其进行全方位、跨领域的研究，但这种研究的碎片化使模块化的概念与理论体系变得愈加模糊。虽然已经有学者从管理学（Campagnolo and Camuffo，2010；闫星宇、李晓慧，2007）和经济学（胡晓鹏，2004；周翔、吴能全和苏郁锋，2014）方面对其进行了梳理，但跨管理学与经济学的研究框架暂未构建。鉴于此，本书尝试在这方面做出贡献。

一、模块化的概念

Simon（1962）对“复杂性架构”的研究为模块化理论奠定了基础，认为复杂系统具有层级特性——复杂系统由居于不同层级的各个子系统构成，层级间子系统的交互强度要弱于同一层级各子系统的交互，但层级间的交互行为不可忽略。Baldwin 和 Clark 利用这种思想分析企业行为进而提出模块化概念，认为“模块化就是通过每个可被独立设计且可作为一个整体运行的子系统来构建复杂产品和生产系统的过程”。为使模块再整合不会影响整个系统的正常功能，模块化必须遵循“可见设计规则”，包括架构、界面和标准（Baldwin and Clark，1997）。青木昌彦和安藤晴彦（2003）进一步强调了模块的再整合，认为模块化就是“将那些能够被独立设计与生产的具有半自律性的子系统按照某种规则拆解或组合的过程”，并将拆解的过程定义为“模块的分解”，将组合的过程定义为“模块的集合”。

以上研究由于过分重视模块化特性而囿于模块化本身，并不利于模块化概念的界定。相反，抽离模块化本身，将模块化与经济学意义上的“一体化”“专业化”两个概念进行类比可能是一种更有效的方法。基于 Simon 复杂系统通常具有层级特征的假设，经济系统中的完全竞争假设意味着经济子系统间（不同层级间）甚至子系统内（同一层级内）各经济单元相互独立、交互为零，某个子系统或经济单元的缺失不会对其他子系统或经济单元造成任何影响，即达到专业化分工的极致；而在完全计划经济的体制下，经济系统内子系统间（不同层级间）和子系统内（同一层级内）的经济单元则是完全依赖关系，某个子系统或经济单元的变动会损害整个系统的正常运行，即完全的一体化。模块化介于完全专业化与完全一体化之间有以下三方面的含义：第一，模块化不是单纯的专业化或一

体化，而是专业化与一体化的结合；第二，这种结合并不意味着模块化就是复杂系统内某些子系统（或某个子系统内构成元素）的一体化、其余子系统（或某个子系统内构成元素）的专业化，而是复杂系统内不同层级间的专业化（分工）和同一层级内的一体化（整合）；第三，这些不同层级间的子系统的专业化（分工）和同一层级内的子系统的一体化（整合）没有达到完全专业化与完全一体化的程度，不同层级间的联系虽然较弱，但不能忽视，而同一层级内构成元素间的联系虽强，但也不能夸大到完全一体化的程度。

基于以上分析，本书认为模块化至少应包含两方面含义：专业化分工——将复杂系统按照“可见设计规则（弱联系）”分解为可被独立设计、生产且能作为一个整体运行（强联系）的各个子系统；一体化整合——将各个可被独立设计、生产且能作为一个整体运行（强联系）的各个子系统按照“可见设计规则（弱联系）”整合为一个运行良好的复杂系统。

二、产品设计模块化

（一）技术架构模块化

产品的技术架构包含以下三个方面：①产品的功能（通常不止一个）；②与各个功能相对应的物理元件；③各个物理元件间交互的界面（Ulrich，1995）。根据产品技术架构的定义，模块化产品的功能通常与产品内具有该功能的物理元件之间存在一一对应的关系，且元件之间的交互较为松散，而一体化产品的功能与物理元件则是一对多或多对一的关系，且元件间的交互则较为紧密（Ulrich，1994）。由于元件间的依赖关系较弱，某个元件的更改或替换并不影响其他元件的正常运行，因此，具有模块架构的产品通常比一体化架构的产品更具弹性（Sanchez and Mahoney，1996）。

（二）技术流程模块化

任何一个产品或系统的生命周期都包含四个阶段：设计或开发、生产、使用或运行和报废（Fixson，2006）。技术流程的模块化要与产品生命周期的阶段相一致（Gershenson，Prasad and Allamneni，1999）。一方面，不同的目标对不同阶段的产品设计提出不同的要求。例如，要在保证质量的前提下降低生产成本、提高生产效率，在产品生产阶段就需要关注产品的制造、装配、测试。如果要降低产品的市场推广时间，在产品开发或设计阶段就应该注意产品内模块的通用性。通用模块可以大大降低新产品或新版本的市场推广时间（Whitney et al.，2007）。另一方面，处于不同阶段的产品设计会对相应目标的实现产生重大影响。例如，与处于开发阶段的产品设计相比，处于成熟阶段的产品设计受到的约束更多，因为市场主导的产品设计与供应网络已经形成（Fourcade and Midler，2004）。

三、生产系统模块化

现实中对生产系统模块化的研究集中于讨论产品模块化与外包之间的关系。有关模块化与外包关系的研究存在两方面的分歧：第一，产品的模块化与外包之间是否存在因果关系；第二，两者之间存在什么样的关系。有些学者肯定两者之间的关系，但孰因孰果并无一致意见（Frigant and Talbot，2005）。一方面，产品的模块化特别是内嵌于产品中的技术的模块化可能会对外包产生重要影响。Sako（2003）在研究全球汽车产业的模块化与外包关系时，假定一个只生产非模块化产品的一体化企业有三种外包策略：外包设计、外包生产和同时外包生产与设计，究竟采取哪种外包策略取决于企业的技术能力。另一方面，外包这种生产方式反过来可能也会对产品的模块化产生重要影响（Takeishi and Fujimoto，2001）。事实上，即使是同一产品，不同的外包路径也会带来不同的产品架构。因此，模块化与外包之间不是单向关系而是双向关系。更进一步地，在产业层面，产品的模块化确实导致外包的出现进而影响了产业结构；但在企业层面，企业的边界选择策略（如外包）要早于企业产品架构策略（Fixson and Park，2008）。

其他学者认为企业的边界与模块边界或产品架构并不存在一一对应关系（Brusoni，Prencipe and Pavitt，2001）。Ernst（2005）在研究芯片产业时发现产品架构的模块化并不必然导致外包的产生，要应对技术的快速变化和不确定性，企业必须在管理上进行相应整合。Hoetker（2006）的实证研究则发现产品的模块化确实能提高企业的组织重构能力，但并没有促使企业活动跨越组织层级。

四、组织模块化

（一）产品模块化与组织模块化

Sanchez 和 Mahoney（1996）认为产品的架构塑造开发部门的组织架构，模块元件间界面的标准化能大大减少不同元件开发部门间的交互活动，使开发部门的组织呈模块化特点。因此，一体化产品应由一体化的组织开发，模块化产品由模块化组织开发（Campagnolo and Camuffo，2010）。模块化存在一个完美的状态：模块间依赖程度最低，同时模块内元件间依赖程度最高（Langlois，2002）。

与以上分析不同，实证方面的研究并不支持产品模块化与组织模块化之间这种单一的因果关系。例如，Brusoni 和 Prencipe（2006）在分析一个轮胎制造业的案例时发现，技术变动与组织调整确实有关联，但这种关联受知识演进的影响呈现不同的特点。王凤彬等（2011）在研究丰田汽车开发系统时提出一个与模块化产品“非同构”的组织结构，即“超模块化组织”。Sosa 等（2004）的实证研究发现部门间的非正式交互对组织的协作机制异常重要，而组织的模块化会对这种交互造成严重损害。

（二）组织设计的模块化

Baldwin 和 Clark（1997，2003）强调了组织模块化的必要性，认为当今企业需要重新设计内部组织结构以在其进入新市场时保持战略柔性或及时获得技术创新机会。在组织模块化设计方法方面，Baldwin 和 Clark（1997）认为通过将信息区分为“可见设计规则”与“隐藏设计规则”可以解决分散小组工作的整合问题；Sako（2003）从作业管理的角度提出按照组织层级将任务与组织一一对应以实现组织的模块化；Lei 等（2016）则提出多个协作机制作为部门间的交互界面：产品规则平台、基于层级的奖励体系、管理轮换与跨部门培训。以上对组织模块化的研究延续了产品模块化的研究思路，从侧面说明了组织模块化的理论体系尚未形成，组织模块化的界定、方法以及评估等仍需进一步的理论与实证研究。

第四节 文献评述

对企业边界问题的讨论为企业生产跨越企业边界并与其他企业组成生产网络奠定了理论基础，而技术创新的内生性为生产网络内部企业的技术创新提供了有益启示，企业模块化理论则对模块化生产网络这一新的产业组织形式的界定提供了理论依据。我们通过对企业模块化理论的梳理，发现一个由产品模块化、生产模块化和组织模块化构成的企业模块化理论框架已基本形成，框架内的每个板块都发展成为一个独立的研究领域，但即使在每一个单独的领域内，学者们各自的定义与测度标准也各不相同，一些实证研究的结论甚至相互矛盾。此外，我们在讨论模块化优势的同时也应考虑模块化的局限和劣势，例如，模块化并不适用于所有产品或产业，模块设计商对模块制造商生产的转移不仅会使前者丧失相关生产知识与生产能力，同时还有可能促使后者开发替代性产品与前者展开竞争等。虽然既有的模块化理论仍有许多缺陷，但以下几个对模块化理论的拓展仍具有重要的理论与现实意义。

（1）模块化与创新之间的关系。模块化理论认为通过将复杂产品或生产系统按照标准化设计规则分解为独立的子模块，每个组织专注于自己擅长的模块有利于模块的创新。同时，借助于标准化的交互界面，模块间功能互不影响，模块的重新组合能创造出更多符合个性化需求的新产品。但许多实证研究并不支持这种理论甚至认为模块化阻碍了创新活动的产生，这种观点的理论依据是模块设计商的“可见设计规则”对所有组织开放，这种开放有可能吸引竞争对手模仿进而损害模块设计商的知识产权，阻碍下一步的创新；而对模块制造商来说，“可见设计规则”固化了其创新活动，在“可见设计规则”下的创新大多是渐进性创新而非突破式创新。因此，模块化与创新之间的关系机制以及这种机制下的创新政策需要进一步的理论与实证研究。

（2）模块化与产业升级特别是中国模块制造商的产业升级问题。借助良好的工业基础和发达国家剥离非核心业务、向发展中国家转移产业的机会，中国成为全世界拥有较多模块集成商的国家并实现了经济飞跃式发展。但在拥有较强模块设计能力的发达国家制定的规则下，中国的模块集成商很难实现突破式创新。因此，研究模块化与产业升级之间的演进规律，特别是模块集成商的技术创新及升级路径对突破发达国家“可见设计规则”限制、实现突破式创新具有重要的理论与现实意义。

第三章　模块化生产网络的界定

学界对模块化生产网络的研究以定性研究为主，从经济现实中抽离出的模块化生产网络的概念、形式及经济含义对于人们理解这一新的产业组织形式有重要意义。但现有对模块化生产网络的研究仅停留在概念界定、价值评价上，我们对模块化生产网络从经济学的角度上来讲到底是一个什么样的存在；模块化生产网络内部企业的竞争行为到底是什么样的；如果我们需要对模块化生产网络进行价值评价，那么它好在什么地方，又对谁带来不利等一系列问题所知甚少。这一系列问题的回答需要一个既符合经济现实又易于操作的理论框架，而理论框架的构建需要我们对这一新的产业组织进行经济学意义上的界定，这即本章的任务。

第一节　模块化生产网络中的市场主体

一、模块生产商

模块生产商是生产复杂产品某一必需模块的厂商。随着消费不断升级，技术水平不断提高，产品的复杂程度越来越高，消费者对产品功能的需求由原先的单一化向多样化、复杂化方向发展。以移动通信设备为例，以往的通信设备只需满足消费者的通信需求即可，而现在，智能手持设备在保留基本通信功能的基础上还要满足消费者娱乐、社交、消费等需求，功能越来越多，智能手持设备生产的复杂程度越来越高、产品内部所需模块越来越多。借助于技术或接口标准的确立，产品内部模块可以独立于产品本身进行生产，这就催生了单独生产复杂产品某一模块的企业，即模块生产商。事实上，随着技术水平的不断提高、分工的进一步推进，单一模块的生产过程又可细分为模块设计与模块制造，因此，模块生产商又可分为模块设计商和模块制造商。

模块设计商专注于某一模块的设计，将模块的制造交于专业的模块制造商。以智能手持设备为例，手机中的SOC集合了微处理器、图像处理器、基带等多种手机必需的核心功能模组，属于手机的核心模块，但世界上主要的SOC供应商高通、苹果并不自己生产SOC，而是交予专业的SOC生产商台积电、三星等来生产。更进一步地，模块的部分设计也可以外包给专业的设计公司，例如ARM专注于处理器的架构设计，一些刚起步的芯片设计公司受困于技术水平只能通过向ARM购买公版架构来从事芯片的设计与制造，华为麒麟、小米松果、联发科均属此类。消费需求的不断升级对产品功能提出了越来越高的要求，而技术水平的不断提升为复杂产品的生产提供了可能，技术标准的确立促进了模块化生产方式的出现。可以预见，随着消费需求和技术水平的进一步提升，产品的模块化程度将会进一步提高。

二、模块集成商

模块集成商是将组成产品的各模块按照一定规则组合成最终品的厂商，其功能就是生产最终消费品，在我们的模型处理中，模块集成商也可以生产产品的部分模块，但生产最终品是其基本功能。同样以智能手机为例，我国的智能手机制造商更多地表现出模块集成商的特点，这些手机厂商从高通购买SOC和基带，从三星购买面板、存储芯片，从索尼购买影像传感器等，并最终将这些模块集合成最终消费品。模块集成商对不同模块的集合体现了模块化生产方式的优势，即同一系列模块的不同组合能够形成不同的产品形态，这对于满足需求日益多样化、个性化的消费者有重要意义。在标准化的界面规则下，模块集成商不用参与模块的设计与制造，只需根据消费者的需求来生产个性化的产品，解决了需求个性化与生产效率之间的矛盾。

同样，模块集成商根据分工的不同也可以进一步细分为模块集成设计商和模

块集成制造商。前者只负责最终品的集成设计，而后者负责最终品的制造，这在我国智能手机厂商的身上表现得尤为突出。以小米为代表的我国互联网手机品牌实际上从事的是智能手机的集成设计工作，这些企业从外部购买手机核心模块后，根据市场的需求重新个性化地设计手机的外观、系统的交互界面、内部功能等，将手机整机制造交于专业的集成制造企业——富士康或其他集成制造企业。集成设计与集成制造分离同样以标准化的交互界面为基础，只不过这种交互界面突出的是软硬件交互界面，而模块与模块间的交互更强调硬件接口标准。

三、代表性消费者

为了便于理论模型的构建，本书假定一个封闭型经济内的消费者数量为 N，且消费者的偏好相同。本书假定消费者对最终消费品的需求弹性因市场主体数量的不同而不同：在下文的三主体模型中，无论是模块生产商主导型生产网络还是模块集成商主导型生产网络，模块生产商与模块集成商形成的都是一种“赢者通吃”的环境，而消费者在生产网络中并没有话语权，因此，我们假定消费者的需求为无弹性，即假定每个人在任何情况下都需求一个最终消费品，这样，市场的总需求为 N；在四主体模型中，由于市场主体较多，市场竞争程度增加，我们假定消费者会根据最终消费品的定价来调整自己的需求，即 $P(Q)=a-b(Q)$。

图 3－1 概括了模块化生产网络中模块生产商、模块集成商和代表性消费者之间的关系。

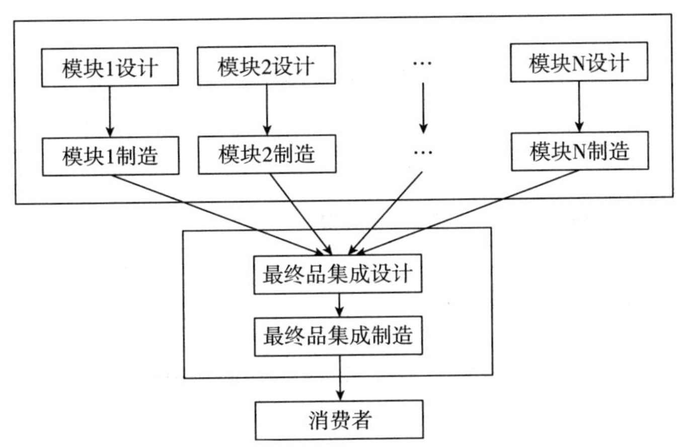

图 3－1　模块化生产网络中的市场主体

从图 3－1 中可以看出，模块化产品的生产是一个从上到下的复杂过程，但为了便于理论模型的构建，本书不对设计与制造进行区分，仅按市场主体的性质将其简化为模块生产商、模块集成商和代表性消费者。模块生产商和模块集成商均以利润最大化为目标，消费者则以效用最大化为目标。

第二节　模块化生产网络中的市场结构

从产品生产过程的角度来看，模块化生产网络中的市场结构是垂直型的。现有的有关模块化生产网络的研究存在两种截然相反的观点：一种观点认为模块化生产方式是一种新型的生产方式，能弥补传统生产方式注重生产效率但无法满足个性化需求的缺点；另一种观点则认为模块化生产方式不是“万灵药”，其自身存在缺陷，能为企业的正常运营带来额外的成本。这两种观点都是对经济现实的准确描述，但都没有抓住模块化生产网络的本质：模块化生产网络并非一个耦合的整体，而是由一个个拥有不同市场势力的企业组成的。企业在生产网络中地位的不同决定了即使面临同一种外部冲击，生产网络内部居于不同地位的企业所受到的影响也不同。根据产品的生产过程，模块化生产网络中的企业可分为模块生产商和模块集成商，从任何一个静态的时点上来看，模块生产商与模块集成商的市场势力都有强有弱，模块化生产方式所表现出来的高效率极有可能是强势企业盘剥弱势企业的结果，因此，我们一定要深入地分析模块化生产网络内部企业间的市场势力及其由不同市场势力所导致的不同竞争行为和创新绩效。为此，本书按照模块化生产网络中企业市场势力的不同将模块化生产网络的市场结构简化为两类：模块生产商主导型生产网络和模块集成商主导型网络。

一、模块生产商主导型生产网络

模块生产商主导型生产网络的主要特征是模块生产商在生产网络中的市场势力更强，拥有操控市场的能力。组成产品的各个模块按对产品功能的重要性可分为核心模块和非核心模块。模块生产商之所以在生产网络中占有主导地位，根本

在于它生产产品的核心模块，掌握垄断性核心模块的生产技术，因此可以通过控制产品核心模块的价格来干预市场结构。这类生产网络广泛存在于计算机、电子与光学设备制造业。以计算机行业为例，当下计算机整机的生产越来越趋向于模块化，在组成个人电子计算机的各类模块中，微处理器、操作系统为主要的核心部件，内存、硬盘、显示器、鼠标以及其他外部设备为非核心部件。在计算机整个生产网络中，微处理器、操作系统厂商拥有市场话语权，计算机整机制造商则处于从属地位。

图3－2详细地罗列了模块生产商主导型生产网络中不同企业间的市场地位，模块1为最终消费品的必需投入品，为核心模块，其他模块为非核心模块，多个模块集成商从事最终品的生产。值得注意的是，在这样的生产网络中，本书假定核心模块只能由核心模块生产商生产，而非核心模块也可由模块集成商生产，因此，其他某一或多个非核心模块可能并非模块集成商的必需投入品。每一模块集成商按照自身设计能力与对市场需求的理解来生产各自品牌的同类产品，消费者在这些品牌中选择性消费。生产网络中市场主体的增多增加了构建理论框架的难度，为了简化分析，本书在下文的理论模型部分只保留上游核心模块生产商，非核心模块与最终品由模块集成商生产。同时，本书在理论推导部分只选取一个或两个下游模块集成商并假定其生产的最终消费品同质。

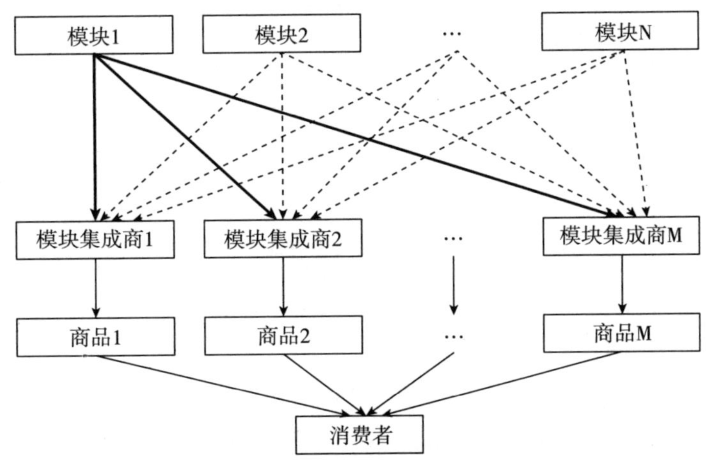

图3－2　模块生产商主导型生产网络

注：模块1为核心模块，其他为非核心模块；粗实线代表模块1为必需投入品，虚线代表其他非核心模块可能为其必要投入；每个模块集成商生产各自品牌的同类产品。

二、模块集成商主导型生产网络

与模块生产商主导型生产网络正好相反，在模块集成商主导型生产网络中，模块集成商拥有更强的市场势力，把控整个最终消费品市场需求，而上游非核心模块生产商则处于生产网络的从属地位。在这样的市场结构下，模块集成商极有可能通过限制某一上游非核心模块生产商的市场需求来达到垄断整个市场的目的。这类市场结构通常出现在那些需要大规模投入资本、技术的产业，如航空运输设备（飞机）、海上运输设备（船舶）、铁路运输设备（高铁）以及汽车产业，这类产业中的企业一般以垄断或寡头的形式存在，不仅生产最终消费品核心部件，而且生产最终消费品本身，垄断着整个最终消费品市场。它们可以通过控制消费者对某一非核心部件的需求来达到市场圈定的目的。模块集成商主导型生产网络的市场结构如图 3 – 3 所示。

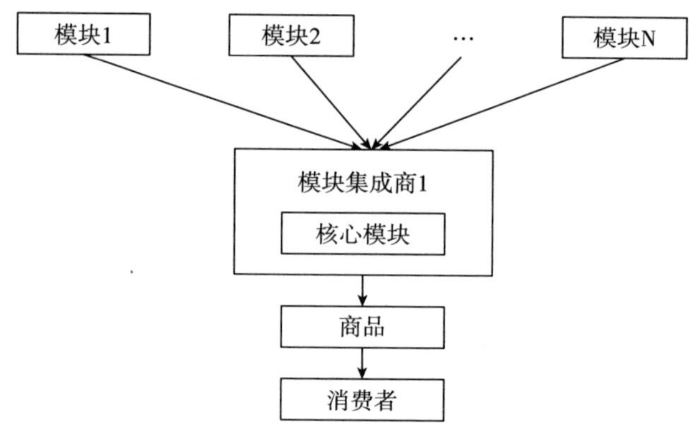

图 3 – 3　模块集成商主导型生产网络

在这样的生产网络中，上游企业生产的模块虽然为最终必需投入品，但这并不意味着它能对模块集成商的市场地位构成威胁。为了保证对非核心投入品的控制，防止非核心模块生产商进行垄断定价，生产核心模块并独占最终品市场的模块集成商通常会保留少数非核心模块供应商，这样既能保证自身在市场中的谈判权，又不至于因上游企业数量过少导致投入品垄断定价或上游企业数量过多引起

过度竞争造成资源浪费。事实上，发达国家的飞机制造业、汽车制造业多以这样的产业组织形式存在。同样地，为了理论模型的可操作性，本书在下文理论模型构建部分只选取一个或两个上游非核心模块生产商，无论是模块生产商主导型生产网络还是模块集成商主导型生产网络，更多市场主体的引入只是对特例的一般化推广，因此，只选择一个或两个上游或下游厂商并不会影响理论的一般性。

第三节 模块化生产网络中的竞争行为

在确立了不同类型的市场结构后，我们需要进一步分析模块化生产网络中各企业间的竞争行为，并在此基础上分析不同竞争行为对企业技术创新的影响。根据模块化生产网络中市场主体数量的不同，本书均将模块生产商主导型生产网络和模块集成商主导型生产网络分成三主体模块化生产网络和四主体模块化生产网络，前者与后者的区别在于后者在前者的基础上加入一个同类型的上游或下游厂商，这样，生产网络中的企业竞争就不仅限于上下游企业，还包括水平企业间的竞争。因此，可将模块化生产网络中的企业竞争分为垂直企业间的竞争与水平企业间的竞争。

一、垂直企业间

直观来看，上下游企业分属产品生产过程的不同阶段，生产互补性产品模块，企业间的竞争行为表现得并不明显。事实上，从动态的观点来看，由于生产网络内部企业间的市场势力不同，在弱势企业威胁到强势企业的垄断利益时，强势企业既可能通过控制价格或产量来将弱势企业逐出市场，自己向上游或下游市场渗透，也可能与上游或下游某一企业进行垂直一体化来达到垄断市场的目的。

具体来说，在模块生产商主导型生产网络中，如果只存在单一的模块生产商和模块集成商，两者之间的竞争表现为核心模块生产商向下游模块集成商市场渗透，这种情况可能发生在模块生产商的利润受反垄断政策限制或市场需求影响而下降时，此时模块生产商为了保护自身利益会提高核心模块产品的价格以增加模块集成商生产成本，从而将模块集成商排挤出市场；如果下游存在两个模块集成商，模块生产商也可以采取与下游某一模块集成商整合的方式来获取垄断利润，具体如图 3 –4 所示。

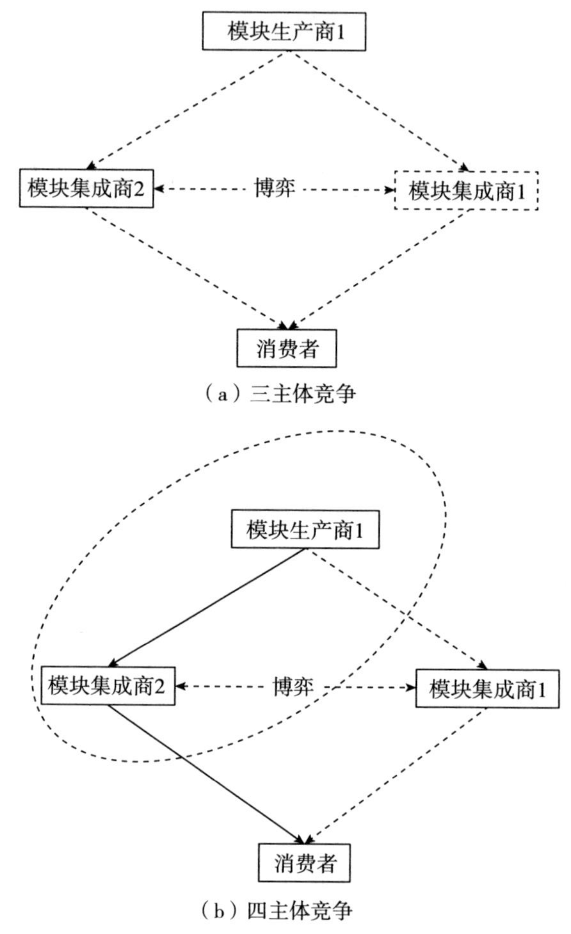

图 3 –4　模块生产商主导型生产网络中的竞争行为

注：实线代表一定会采取的行为，虚线代表可能采取的行动。

类似地，对于模块集成商主导型生产网络，如果生产网络中只存在单一的模块生产商和模块集成商，模块集成商在自身垄断利润受到威胁时同样可能采用控制产量的方式将上游非核心模块生产商排挤出上游市场，从而渗透进上游市场而

独占整个上下游市场；如果生产网络中存在两个上游非核心模块供应商，垄断模块集成商同样可以采用与某一上游非核心模块生产商垂直一体化的战略来获取更多的市场份额，具体如图 3－5 所示。

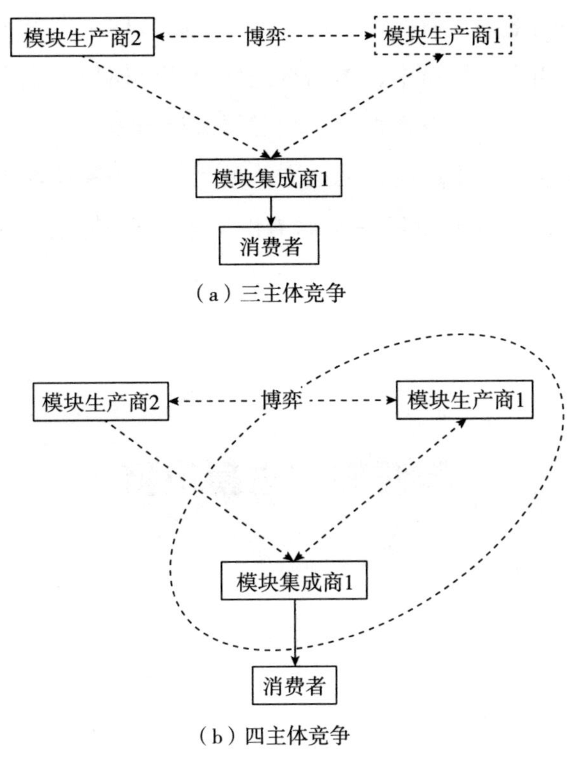

图 3－5　模块集成商主导型生产网络中的竞争行为

注：实线代表一定会采取的行为，虚线代表可能采取的行动。

二、水平企业间

在模块生产商主导型生产网络和模块集成商主导型生产网络的四主体模型中，存在两个上游或下游生产同类产品的厂商，这两个厂商会首先在上游中间品市场或下游最终品市场中展开竞争，如图 3－4 和图 3－5 所示。根据博弈的类型，我们将两者的博弈分为古诺博弈和伯特兰德博弈。古诺博弈是一种产量博弈，描述的是一种寡头瓜分市场产量的经济环境；而伯特兰德博弈是一种价格博弈，描述的是一种“赢者通吃”的市场。

具体而言，在模块生产商主导型生产网络的三主体模型中，核心模块生产商如果选择向下游最终品市场渗透，那么它将与原有的模块集成商在最终品市场展开博弈，由于生产网络中只有两个厂商，为了分析方便，本书假定双方的博弈为伯特兰德博弈；在四主体模型中，本书首先假定两个模块集成商在下游最终品市场分别进行古诺博弈和伯特兰德博弈，然后再进行与模块生产商的垂直一体化决策。在模块集成商主导型生产网络的三主体模型中，垄断模块集成商基于对自身利益的考虑进入上游投入品市场并与原有的非核心模块生产商进行伯特兰德博弈；在四主体模型中，两个上游模块生产商首先进行古诺或伯特兰德博弈，然后再决定是否与下游模块集成商进行垂直一体化。

第四节　本章小结

本章的目的是对模块化生产网络进行经济学上的界定，以为下文理论模型的构建奠定基础。

首先，本章确立了模块化生产网络中的三个市场主体：模块生产商、模块集成商和代表性消费者。模块生产商专注于构成产品的各个模块的生产，模块集成商生产最终消费品，消费者根据效用最大化原则购买最终消费品。

其次，本章对模块化生产网络中的市场结构进行了界定，确定模块生产网络是一种垂直型产业组织，并根据生产网络内部企业间市场势力的不同将模块化生产网络分为模块生产商主导型生产网络和模块集成商主导型生产网络。模块生产商主导型生产网络指模块生产商在生产网络中占主导地位，拥有通过价格手段干预生产网络内部市场结构的能力；模块集成商主导型生产网络指模块集成商在生产网络中占主导地位，拥有通过产量手段干预生产网络内部市场结构的能力。

最后，本章确定了模块化生产网络中企业间的竞争行为。根据企业所处的生产阶段，将企业的竞争行为分为垂直型竞争和水平型竞争。垂直型竞争发生在上

下游企业间，在三主体模型中，垄断型企业通过向上下游市场渗透的方式与弱势企业竞争；在四主体模型中，垄断企业通过与上下游企业垂直一体化的方式展开竞争。水平型竞争发生在生产同一产品的上游或下游企业间，根据博弈类型的不同，我们将水平企业间的竞争分为古诺博弈和伯特兰德博弈。

第四章 模块生产商主导型生产网络模型

第一节 模块生产商主导型生产网络的三主体模型

近年来，随着贸易自由化、合理化的不断推进和生产技术水平的不断提高，一种新的产业组织形式——模块化生产网络出现、发展并日益受到学界重视。模块化生产网络是以产品的可模块化为前提，通过编码化信息的交流与传递，将模块生产商与模块集成商连接起来所形成的网络生产系统。模块化理论学者认为模块化既能高效地对复杂系统进行分解与再整合以提高生产效率，同时借助于“标准化的界面”，模块化间的重新组合又能生产出更多新的产品进而满足消费者的个性化需求。模块生产商专注核心模块生产，模块集成商专注非核心互补模块生产和最终消费品的集成，两者的“合作竞争”促使“次优”[①] 市场结构的形成。但现实是，拥有众多模块集成商的中国，其最终消费品的出口却在不断下降。根据国家统计局的数据，为出口货物主体的工业制成品的出口增长率从 2011 年起逐年下滑，到 2015 年转为负数。而传统上以生产核心模块为主的发达国家（如

① 由于完全竞争型“最优”市场结构条件过于苛刻，难以实现，因而“次优”成为经济学研究者的目标。

德国和日本）的对应指标在最近几年逐渐上升①，其制造业不再专注生产核心模块而开始向终端消费品市场渗透，呈现出“逆模块化”态势。这给现有的模块化理论带来重大挑战。如何理解这一新现象及其带来的福利暗示成为模块化理论和产业组织理论研究者的一个新课题。

模块化生产网络相关研究存在的主要问题是其过于关注模块化对整体福利的改善而忽略福利在生产网络中的分配。现实中，中国通常扮演模块集成商角色，发达国家则是模块生产商，发达国家掌握着模块生产的核心技术并在生产网络中占据主导地位。发达国家在逻辑上会充分利用其技术优势打压模块集成商以获取全部垄断利润，但现实中模块生产商为何会容许模块集成商与自己共存并组成生产网络？对这一问题的思考促使我们关注核心模块的定价问题：如果核心模块的定价足够高以至于模块生产商能够获得较高利润，那么它还会排斥模块集成商吗？如果不会，那么核心模块的价格对模块集成商以及市场会带来什么样的影响？在这方面，部分学者率先进行了探索，他们研究了核心部件生产商与非核心互补品生产商在纵向差异化产品市场上的创新激励，发现核心部件生产商通过对互补品进行研发投资、实施纵向一体化的战略能够将竞争对手挤出市场并提高垄断定价（Farrell and Katz，2000；Riordan and Salop，1995）。这与传统的“芝加哥学派”的结论一致，但并未解释模块化生产网络产生的原因。Gilbert 和 Riordan（2007）在此基础上加入技术约束博弈模型，认为由于存在限制垄断行为的反垄断政策、消费需求差异等外部环境，核心部件生产商并不能完全通过垄断定价来获取全部垄断利润，这是模块集成商甚至模块化生产网络出现的根本原因，也正因如此，模块生产具备运用技术垄断力圈定竞争对手的动力。

本章将 Gilbert 和 Riordan 博弈模型应用于模块生产商主导型生产网络分析中，并进行以下拓展：第一，修改代表性消费者的偏好，假定其偏好于更高性价比的产品，厂商根据这种偏好进行定价以获取整个市场；第二，拓展原有质量提高模型的收益假定，原有模型得出垄断者可以通过纵向一体化将互补品生产商排挤出市场，但这无法解释现实中很多具备垄断力的模块生产商为什么没有这么做，通过对垄断者收益做进一步的假定，我们能够得知垄断厂商是否进行一体化

① 由 UNCTAD 提供的数据所得。

策略取决于其对策略收益的衡量；第三，修改模块集成商生产函数，原有模型得出一个悲观的结论，即只要垄断者愿意，它随时都能将处于从属地位的厂商排挤出市场，但现实并非如此，通过修改技术创新参数发现，只要模块集成商的创新效率和创新能力足够高，它就能在竞争中反败为胜。

一、基本假设

（一）博弈主体

假定一个封闭的市场中仅有三个市场主体：模块生产商、模块集成商与消费者。模块生产商用企业 1 表示，生产核心模块 A；模块集成商用企业 2 表示，生产非核心互补模块 B。模块集成商购买核心模块 A 并与自产模块 B 集成形成最终消费品。与以往模块化研究不同，本节假定具备市场垄断力的企业 1 不但可以单独供应核心模块 A，而且可以通过技术创新进行投资，形成生产模块 B 和最终消费品的能力；企业 2 的技术创新投资只能提高最终消费品的质量，不能形成生产模块 A 的能力。虽然现实中核心模块生产能力的形成需要长期的研发投入，但非核心模块生产商并非完全不可能形成核心模块生产能力。因此，这是一个很严格的假定（本节会在模块扩展部分放松此假定），但即使如此，对于模块生产商来说，生产方式的选择也不再是单一的核心模块生产，而是对模块化或一体化收益衡量的结果，这就为解释现实中的“模块化”与“逆模块化”（或“再一体化”）提供了可能。

对于消费者，本节假定市场中消费者的数量为 N，他们偏好相同且每人只需要一个最终消费品。消费者个人也可以单独购买模块 A 和模块 B 组合成最终消费品。假定他们都偏好于高性价比的消费品（性价比用消费品质量与价格之比表示，即$\frac{q_i}{p_i}$），他们会综合考虑消费品质量与价格，当性价比相同但质量不同时，消费者偏好于更高质量的消费品。

（二）博弈次序

本节设定两种不同的博弈：技术创新博弈与技术约束博弈。在技术创新博弈中，博弈分为两步：第一步，企业 1 与企业 2 独立、同时进行技术创新投资以达到各自设定的创新目标；第二步，在观察到各自的创新成果后，双方独立、同时

设定商品价格。在技术约束博弈中，博弈分为三步：第一步，同技术创新博弈相同，双方独立、同时进行技术创新投资以达到各自设定的创新目标；第二步，企业1通过技术约束（运用自身技术优势通过各种手段增加竞争对手成本以达到市场圈定的目的）降低企业2的产品质量（用δ表示，如果δ足够大，企业1就能将企业2排挤出市场）；第三步，双方独立、同时设定商品价格。

（三）博弈收益

假定最终消费品的质量由内生和外生两个部分组成：

$$q_i = \beta_i + q(r_i)，i = 1，2 \tag{4.1}$$

其中，β_i是外生参数，表示企业i最终消费品质量的外生部分；r_i为内生变量，代表企业i的技术创新投入（或模块B质量）。创新投入能提高最终消费品质量但不影响模块A的质量。为了分析的便利，定义：

$$t_i = q(r_i) = q_i - \beta_i \tag{4.2}$$

$$r_i = r(t_i) \tag{4.3}$$

其中，t_i表示企业i要实现的技术创新目标（质量提升到某个目标水平），r_i表示为实现t_i所必须投入的成本。这里，对成本函数$r(t)$做如下假设。

假设4-1：企业1与企业2的投入成本函数相同，且投入成本函数$r(t)$为递增、严格凸且二阶可导的函数，并满足$r(0) = r'(0) = 0$。

假设4-1意味着如果两个企业的创新投入相同，则其创新成果相同。$r(t)$递增表示要实现的创新目标越高，其需要的投入就越多。$r(t)$严格凸表示创新目标越高，实现的难度越大。如果企业不进行创新投入，则创新为0。我们知道技术创新的净收益为$Nt - r(t)$，基于假设4-1将净收益对t求一阶导数并令其等于0能够得出最优$r'(\bar{t}) = N$，$\bar{t}$为企业的最优创新水平，当占领全部市场后，企业达到最优创新水平的净收益为$\bar{N}t - r(\bar{t}) > 0$。

假设4-2：$\beta_2 > \beta_1$。

假设4-2意味着当企业1与企业2进行相同的创新投入时，企业2的最终消费品质量更高，是市场上最有效的消费品供应商①。因此，最大社会剩余为

① 如果假定$\beta_2 < \beta_1$，企业1在最终品市场上占有绝对优势，企业1一定会将企业2排挤出市场。

$(\beta_2+\bar{t})N-r(\bar{t})$，其中 $r(\bar{t})$ 为企业2的最优创新投入①。此时，若企业1想获取全部社会剩余，则其会将模块A定价为：$\bar{P}=(\beta_2+\bar{t})-r(\bar{t})/N$。

假设4-3：$(\beta_1+\bar{t})N-r(\bar{t})>\beta_2 N$。

假设4-3意味着如果企业2不进行创新投资，企业1进行创新投资的收益将大于企业2，企业2的外生质量优势将被企业1的内生创新投资取代。这一假定暗含这样一种经济现实：具备初始优势的企业如果不努力进行技术创新会被努力进行技术创新的劣势企业反超。

上文提到，企业1既可以以批发价格 $P\leqslant\bar{P}$ 单独售卖模块A，也可以通过创新投资形成最终品生产能力并以垄断价格 $\bar{P}$ 销售最终消费品。相应地，消费者也有两种选择，既可以选择以 $\bar{P}$ 价格购买企业1生产的最终消费品，也可以以批发价 P 购买模块A（包括单独购买模块 A 和企业2的最终消费品，这里假定模块A的批发价 P 对个体消费者和企业2无差异）。消费者的不同偏好也决定了企业1不能完全攫取垄断利润。假设 N 个消费者愿意以垄断价格 $\bar{P}$ 购买企业1生产的最终消费品，N' 个消费者愿意用 P 价格购买模块A，如果企业1不能区分两类消费者从而进行价格歧视且 N' 足够大，那么企业1会将模块A的价格设定为 P 以获取最大利润。反垄断政策也能达到相同的效果。

假设4-4：$P\leqslant\bar{P}$ 且 $P(N+N')>\bar{P}N$。

假设4-4意味着如果市场存在上述两类消费者，那么企业1以一个低的价格（P）将产品售卖给所有消费者比其以垄断价格（$\bar{P}$）将产品销售给某一类消费者（N）所获得的利润更大。因此，企业1会以价格 P 销售模块A（包括单独销售模块A和最终消费品），单独销售模块A的利润为 PN，销售最终消费品的利润为 PN'，这两类利润与后面的分析关系不大，下文略去。

在做出上述基本假设之后，我们还需要确立博弈的定价原则。由于消费者偏好最高性价比的消费品，因此，无论是技术创新博弈还是技术约束博弈，只要 $\frac{q_i}{p_i}>$

① 假定将 xN 个消费者分配给企业1，将 $(1-x)N$ 个消费者分配给企业2，社会剩余函数为 $S(x,t_1,t_2)=[x(\beta_1+t_1)+(1-x)(\beta_2+t_2)]N-r(t_1)-r(t_2)-r(t_i)$，根据假设4-1，我们直接可以得出 $S(0,0,\bar{t})>S(x,t_1,t_2)>S(1,\bar{t},0)$，因此，当 $x=0$，$t_1=0$，$t_2=\bar{t}$ 时，社会剩余最大。

$\max\left(\frac{q_j}{p_j}, 1\right)$，则企业 i 获取整个市场。均衡价格与销量取决于消费品的质量与 P，在价格子博弈均衡中，只有一个厂商向整个市场销售最终消费品。如果 $q_1 \geqslant q_2$ 且 $\frac{q_2}{P} \geqslant 1$，那么企业 2 会将价格设定为 $p_2 = P$（若 $p_2 < P$，企业 2 利润为负；若 $p_2 > P$，$\frac{q_2}{p_2}$ 可能会小于 1），企业 1 则会以价格 $p_1 = \frac{q_1}{q_2}P$ 占领整个市场；如果 $q_2 \geqslant q_1$ 且 $\frac{q_1}{P} \geqslant 1$，企业 1 会将价格设定为 $p_1 = P$，企业 2 则会以价格 $p_2 = \frac{q_2}{q_1}P$ 占领整个市场。相反，如果 $\frac{q_2}{P} < 1$，即使 $q_2 > q_1$，企业 1 仍会以 $p_1 = q_1$ 的价格获得整个市场，而如果 $\frac{q_2}{P} \geqslant 1 > \frac{q_1}{P}$，企业 2 则以 $p_2 = q_2$ 的价格赢得整个市场。从以上分析可以看出，如果企业 2 生产的最终消费品性价比小于 1，即使其产品质量大于企业 1，它也会失去整个市场。

二、技术创新博弈

根据博弈次序假设，在技术创新博弈中，企业 1 与企业 2 首先会同时、独立进行技术创新投资，根据假设 4－1，双方会在最优投资与 0 之间做出选择，即 $r_i = \{r(\bar{t}), 0\}$。其次，在观察到各自的消费品质量后，两者会在之后的价格子博弈中寻求伯特兰德－纳什均衡，确保一方进行技术创新投资以获取整个市场而另一方不进行任何投资。在均衡价格确立之后，双方的博弈收益也得以确定，如表 4－1 所示。

表 4－1　$\beta_1 < \beta_2 \leqslant P \leqslant \beta_1 + \bar{t}$ 时企业 1 与企业 2 的博弈收益

	$r_2 = r(\bar{t})$	$r_2 = 0$
$r_1 = r(\bar{t})$	$PN - r(\bar{t})$；$\left(\frac{\beta_2 - \beta_1}{\beta_1 + \bar{t}}\right)PN - r(\bar{t})$	$(\beta_1 + \bar{t})N - r(\bar{t})$；0
$r_1 = 0$	PN；$(\beta_2 + \bar{t} - P)N - r(\bar{t})$	$\beta_1 N$；0

从表 4－1 可以看出，当且仅当 $r(\bar{t}) \geqslant \left(\frac{\beta_2-\beta_1}{\beta_1+\bar{t}}\right)PN$ 时，技术创新博弈存在两个有效均衡，分别为：

第一，企业 1 不进行创新投资，企业 2 投资，即 $r_1=0$，$r_2=r(\bar{t})$，其均衡价格分别为 $p_1=P$，$p_2=\frac{q_2}{\max\left(\frac{q_1}{p_1},1\right)}=q_2=\beta_2+\bar{t}$。相应地，双方的利润为 $\pi_1=PN$（企业 1 以价格 P 向全部市场售卖模块 A），$\pi_2=(p_2-P)N-r(\bar{t})=(\beta_2+\bar{t}-P)N-r(\bar{t})\geqslant 0$［企业 2 购买模块 A 并以 $r(\bar{t})$ 成本进行投资］。

第二，当且仅当 $r(\bar{t}) \geqslant \left(\frac{\beta_2-\beta_1}{\beta_1+\bar{t}}\right)PN$ 时，企业 2 不进行创新投资，企业 1 投资，即 $r_2=0$，$r_1=r(\bar{t})$，其均衡价格分别为 $p_2=P$，$p_1=\frac{q_1}{\max\left(\frac{q_2}{p_2},1\right)}=q_1=\beta_1+\bar{t}$，双方的利润为 $\pi_1=p_1N-r(\bar{t})=(\beta_1+\bar{t})N-r(\bar{t})\geqslant 0$，$\pi_2=(p_2-P)N-r(\bar{t})=0$；当 $r(\bar{t}) \leqslant \left(\frac{\beta_2-\beta_1}{\beta_1+\bar{t}}\right)PN$ 时，存在唯一有效均衡，$r_1=0$，$r_2=r(\bar{t})$，与以上类似，双方的价格分别为 $p_1=P$，$p_2=\beta_2+\bar{t}$，利润为 $\pi_1=PN$，$\pi_2=(\beta_2+\bar{t}-P)N-r(\bar{t})$。

从以上分析中可知，对于具备垄断性的企业 1 来说，它可以有两种策略，一种是自己只售卖核心模块 A，将模块 B 的生产以及消费品的集成交予更有效率的企业 2；另一种是自己进行技术创新投资，实施一体化战略，向下游消费品市场渗透以排挤出企业 2 并获取整个市场。一个重要的问题是，为什么现实中握有主动权的模块生产商会选择模块化的生产方式，将互补品以及最终消费品的生产交予模块集成商而不是通过自我投入独占整个市场？对这个问题的回答可能会为解释模块化生产方式以及模块生产网络的出现提供重要理论依据。我们认为，企业 1 是否采取一体化策略取决于模块 A 价格的高低，因为模块 A 的价格决定了两种策略的不同收益。以上分析是建立在 $\beta_1<\beta_2\leqslant P\leqslant\beta_1+\bar{t}$ 的假设基础上的，事实上，核心模块 A 的价格 P 既可能会受反垄断、消费需求差异等因素的影响，从

而低于β_2；也可能不受影响，企业 1 可以设定一个较高的价格，如$\beta_1+\bar{t}<P\leqslant\bar{P}$。据此，可进行以下拓展：

（1）$r(\bar{t})\geqslant\left(\frac{\beta_2-\beta_1}{\beta_1+\bar{t}}\right)PN$。

1）当$P<\beta_2$时，存在两种均衡，即$r_1=0$，$r_2=r(\bar{t})$和$r_2=0$，$r_1=r(\bar{t})$，前一种均衡中企业 1 的利润为$\pi_1=PN$；后一种均衡中企业 1 的利润变为$\pi_1'=(\beta_1+\bar{t})PN/\beta_2-r(\bar{t})$。两者的大小取决于$\beta_1$、$\beta_2$和$\bar{t}$，但无论如何，两者都低于企业 1 独占市场时的利润$(\beta_1+\bar{t})N-r(\bar{t})$，因此，如果企业 1 有将企业 2 排挤出市场的手段（例如，通过技术约束增加其生产成本），其一定会实施。

2）当$\beta_2<P<(\beta_1+\bar{t})-r(\bar{t})/N$①时，在两种均衡中，企业 1 不投资的利润（$\pi_1=PN$）小于投资后的利润［$\pi_1'=(\beta_1+\bar{t})N-r(\bar{t})$］，因此，企业 1 更倾向于进行创新投资。但如果此时企业 2 进行投资，逼迫企业 1 不投资，则企业 1 利润下降［$\pi_1=PN<(\beta_1+\bar{t})N-r(\bar{t})$，$\pi_2=(\beta_2+\bar{t}-P)N-r(\bar{t})$］，那么它同样有运用市场势力干预企业 2 决策的动力。

3）当$P=(\beta_1+\bar{t})-r(\bar{t})/N$时，对于企业 1 来说，两种均衡的利润无差别［$\pi_1=PN=(\beta_1+\bar{t})N-r(\bar{t})$］，因此，企业 1 既可以选择投资，也可以选择不投资，企业 2 则根据企业 1 的选择做出相应的对策。

4）当$(\beta_1+\bar{t})-r(\bar{t})/N<P\leqslant\bar{P}$［根据$r(\bar{t})/N\geqslant\left(\frac{\beta_2-\beta_1}{\beta_1+\bar{t}}\right)P$知，$\bar{P}=\beta_1+\bar{t}>(\beta_1+\bar{t})-r(\bar{t})/N$］②时，在两种均衡中，当企业 1 投资而企业 2 不

① 代表企业 1 投资并获取整个市场时的人均利润，下文不再赘述。

② $\bar{P}-(\beta_1+\bar{t})=(\beta_2+\bar{t})-\frac{r(\bar{t})}{N}-(\beta_1+\bar{t})=\beta_2-\beta_1-\frac{r(\bar{t})}{N}$，当$r(\bar{t})\geqslant\left(\frac{\beta_2-\beta_1}{\beta_1+\bar{t}}\right)PN$时，$\left(\frac{\beta_2-\beta_1}{\beta_1+\bar{t}}\right)PN-r(\bar{t})\leqslant0$，由于$P\leqslant\beta_1+\bar{t}$，则$\left(\frac{\beta_2-\beta_1}{\beta_1+\bar{t}}\right)PN-r(\bar{t})\leqslant(\beta_2-\beta_1)N-r(\bar{t})$，因此，$(\beta_2-\beta_1)N-r(\bar{t})=0$，即$\bar{P}=\beta_1+\bar{t}$；当$r(\bar{t})<\left(\frac{\beta_2-\beta_1}{\beta_1+\bar{t}}\right)PN$时，$r(\bar{t})/N<(\beta_2-\beta_1)P/(\beta_1+\bar{t})$，由于$P\leqslant\beta_1+\bar{t}$，则$r(\bar{t})/N\leqslant(\beta_2-\beta_1)$，因此，$\bar{P}>\beta_1+\bar{t}$。

投资时，企业 1 的利润小于不投资的利润（$\pi_1 = PN > (\beta_1 + \bar{t})N - r(\bar{t})$），此时企业 1 倾向于不投资，让企业 2 投资。但如果企业 1 宁可牺牲自身利润也要独占整个市场，其则会运用市场势力阻止企业 2 投资。

（2）$r(\bar{t}) < (\frac{\beta_2 - \beta_1}{\beta_1 + \bar{t}})PN$。

1）当 $P < \beta_2$ 时，技术创新博弈只有唯一有效均衡，即 $r_1 = 0$，$r_2 = r(\bar{t})$，此时企业 1 的利润为 PN，根据假设 3，$PN < N\beta_2 < (\beta_1 + \bar{t})N - r(\bar{t})$。因此，企业 1 具有投资冲动，但值得注意的是，由于 $r(\bar{t}) < (\frac{\beta_2 - \beta_1}{\beta_1 + \bar{t}})PN$，当企业 1 进行投资时，企业 2 一定会选择投资，而企业 2 的投资会拉低企业 1 的利润［变为 $PN - r(\bar{t})$］。当企业 1 能够控制市场时，它会主动将企业 2 排挤出市场。

2）当 $\beta_2 < P < (\beta_1 + \bar{t}) - r(\bar{t})/N$ 时，情况同 1）。

3）当 $P = (\beta_1 + \bar{t}) - r(\bar{t})/N$ 时，两种均衡中企业 1 的利润无差异，因此，企业 1 既可以选择自己投资，但面临企业 2 投资拉低其利润的风险，如果企业 1 有控制企业 2 生产的手段，它可以采用这种手段来保证自己的利润不受损失，也可以将最终品的生产交予企业 2。

4）当 $(\beta_1 + \bar{t}) - r(\bar{t})/N < P < \beta_1 + \bar{t}$ 时，企业 1 将不会主动干预企业 2，即按照唯一有效均衡来生产［$r_1 = 0$，$r_2 = r(\bar{t})$］，因为此时企业 1 投资的利润小于不投资的利润。如果企业 1 投资并运用市场势力强行将企业 2 排挤出市场，则它将忍受利润损失。

5）当 $\beta_1 + \bar{t} \leqslant P \leqslant \bar{P}$ 时，企业 1 会将最终消费品生产完全交予企业 2，而不会对其投资进行任何干涉①。

图 4－1 对以上分析进行了概括。

① 假设企业 1 通过市场干预（如技术约束）来独占市场的机会成本为 Φ，则 $\Phi = PN - [(\beta_1 + \bar{t})N - r(\bar{t})]$。假定企业 1 对利润损失（即机会成本）有其忍耐极限，为 $r(\bar{t})$，即当机会成本大于其投资成本时，它将放弃进行市场干预。当 $\beta_1 + \bar{t} \leqslant P \leqslant \bar{P}$ 时，$\Phi \geqslant r(\bar{t})$，企业 1 完全将最终消费品交予企业 2 生产。

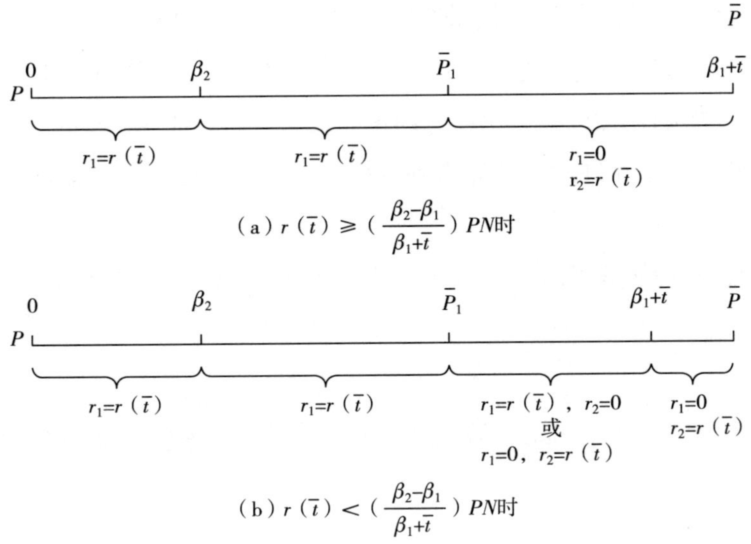

图 4-1　P 取不同值时两个企业的均衡投资策略

注：$\bar{P}_1=(\beta_1+\bar{t})-r(\bar{t})/N$，$\bar{P}=(\beta_2+\bar{t})-r(\bar{t})/N$。

由以上分析可知，垄断企业是否进行技术创新投资以实现向下游消费品市场渗透的目的取决于其对两种策略预期收益的衡量，核心模块的价格越低，模块生产商进行创新投入并实施一体化策略（“逆模块化”）的意愿越高，越倾向于排斥模块集成商；核心模块的价格越接近垄断定价，模块生产商越集中于自身模块生产，与模块集成商组成模块化生产网络的意愿就越强。上文多次强调，在企业 1 进行创新投资时，如果企业 2 也进行投资将会影响企业 1 的利润，因此，企业 1 有很强的意愿来控制企业 2 的投资决策。事实上，垄断企业不仅有意愿而且有能力控制弱势厂商，下面引入技术约束博弈。

三、技术约束博弈

在纯技术创新博弈中本书只考虑有效均衡，但如果模块 A 的价格较低，企业 1 有很强的干预市场的冲动。本书假定企业 1 可以通过技术约束来限制企业 2 的竞争，但企业 2 不能限制企业 1。本书所讲的技术约束指垄断企业为增加竞争对手成本或降低竞争对手产品质量进而达到市场圈定目的所采取的一系列手段，如降低模块 A 与模块 B 的兼容性以使最终消费品质量下降。本节以 δ 表示技术约束对企业 2 质量的影响，即 $q_2=\beta_2+t_2-\delta$，假定企业 1 实施技术约束不会对自身消费品的质量产生影响且无成本（由技术约束导致的企业 2 对模块 A 的购买量下降除外）。技术约束会毫无疑问地降低市场效率，因为它可能将更有效率的生产者排挤出市场。

同样地，我们能够得出加入技术约束后的两个企业的博弈收益，如表 4－2 所示。

表 4－2　$\beta_1<\beta_2\leqslant P\leqslant\beta_1+\bar{t}$ 时加入技术约束后企业 1 与企业 2 的博弈收益

	$r_2=r(\bar{t})$	$r_2=0$
$r_1=r(\bar{t})$	$PN-r(\bar{t})$；$\left(\frac{\beta_2-\beta_1-\delta}{\beta_1+\bar{t}}\right)PN-r(\bar{t})$	$(\beta_1+\bar{t})N-r(\bar{t})$；0
$r_1=0$	PN；$(\beta_2+\bar{t}-\delta-P)N-r(\bar{t})$	β_1N；0

根据最终消费品的定价原则我们知道，如果 $\frac{q_i}{p_i}>\max\left(\frac{q_j}{p_j},1\right)$，则企业 i 将获取整个市场。对于企业 1 来说，加入技术约束后，只要 $\frac{q_1}{p_1}>\max\left(\frac{q_2-\delta}{p_2},1\right)$，它就能获得整个市场。因此，我们需要对 δ 做出相应假定以确保其足够大，从而使企业 2 不会在任何一个均衡中赢得市场。

假设 4－5：$\delta>\bar{P}-P$。

由表 4－1 可知，有效均衡中企业 2 的最高定价 $p_2=q_2=\beta_2+\bar{t}$，加入技术约束后，$p_2=q_2-\delta=\beta_2+\bar{t}-\delta$，因此，加入技术约束后企业 2 的最高利润不超过 $\pi_2=(\beta_2+\bar{t}-\delta-P)N-r(\bar{t})$。当 $\delta>\bar{P}-P$ 时，$\pi_2<0$，此时企业 2 会退出最终消费品市场，企业 1 的市场圈定策略成功。

表 4－2 介绍的是加入技术约束后两个企业的博弈收益，而实施技术约束与否取决于模块 A 价格的高低，也就是说，企业 1 要根据事前模块 A 的价格以及由此决定的收益来决定事后是否采取技术约束。因此，同技术创新博弈类似，也

可将技术约束博弈分为两种情况：$r(\bar{t}) \geqslant \left(\frac{\beta_2-\beta_1}{\beta_1+\bar{t}}\right)PN$ 和 $r(\bar{t}) < \left(\frac{\beta_2-\beta_1}{\beta_1+\bar{t}}\right)PN$，前者对应多重均衡，后者对应唯一均衡，具体如下。

（1）$r(\bar{t}) \geqslant (\frac{\beta_2-\beta_1}{\beta_1+\bar{t}})PN$。

1）当 $P<\beta_2$ 时，存在两种均衡，$r_1=0$，$r_2=r(\bar{t})$ 和 $r_2=0$，$r_1=r(\bar{t})$，对应于企业 1 的利润分别为 $\pi_1=(\beta_1+\bar{t})PN/\beta_2-r(\bar{t})$，$\pi_1{}'=PN$，两者均小于加入技术约束后的利润 $\pi''_1=(\beta_1+\bar{t})N-r(\bar{t})$，因此，企业 1 一定会实施技术约束将企业 2 排挤出市场。此时，企业 1 以 $p_1=\beta_1+\bar{t}$ 来向整个市场销售其生产的最终消费品并赚取 $\pi''_1=(\beta_1+\bar{t})N-r(\bar{t})$ 的利润。

2）当 $\beta_2<P<(\beta_1+\bar{t})-r(\bar{t})/N$ 时，在两种均衡中，企业 1 不投资的利润 $(\pi_1=PN)$ 小于投资后的利润 $[\pi_1{}'=(\beta_1+\bar{t})N-r(\bar{t})]$，因此，企业 1 一定会进行创新投资。但如果此时企业 2 进行投资，它将迫使企业 1 不投资，从而使企业 1 的利润下降为 $\pi_1=PN<\pi_1{}'$，那么企业 1 将对企业 2 进行技术约束威胁，逼迫其退出市场；如果企业 2 不投资，则企业 1 投资并获取整个市场。

3）当 $P=(\beta_1+\bar{t})-r(\bar{t})/N$ 时，企业 1 在两种均衡中的利润无差别 $[\pi_1=PN=(\beta_1+\bar{t})N-r(\bar{t})]$，因此，企业 1 既可以进行技术约束威胁，将企业 2 排挤出市场，自己投资，也可以选择让企业 2 投资，自己不投资。

4）当 $(\beta_1+\bar{t})-r(\bar{t})/N<P\leqslant\bar{P}[\bar{P}=\beta_1+\bar{t}>(\beta_1+\bar{t})-r(\bar{t})/N]$ 时，两种均衡中，企业 1 投资（企业 2 不投资）的利润小于不投资的利润（$\pi_1=PN>(\beta_1+\bar{t})N-r(\bar{t})$），此时企业 1 选择不投资，将最终消费品的生产交予企业 2。同样，如果企业 1 宁可牺牲自身利润也要霸占整个市场，则其将实施技术约束将更有效率的企业 2 排挤出市场。

（2）$r(\bar{t}) < (\frac{\beta_2-\beta_1}{\beta_1+\bar{t}})PN$。

1）由于 $r(\bar{t}) < (\frac{\beta_2-\beta_1}{\beta_1+\bar{t}})PN$ 在纯技术创新博弈中只有唯一的有效均衡，即

$r_1=0$，$r_2=r(\bar{t})$，当 $P<\beta_2$ 时，企业 1 的利润为 $PN<N\beta_2<(\beta_1+\bar{t})N-r(\bar{t})$。所以，企业 1 一定会投资，而企业 2 在企业 1 进行投资时一定会选择投资，因为其投资的利润大于不投资的利润。但企业 2 的投资会拉低企业 1 利润(变为 $PN-r(\bar{t})$)，因此企业 1 一定会实施技术约束将企业 2 排挤出市场。

2）当 $\beta_2<P<(\beta_1+\bar{t})-r(\bar{t})/N$ 时，同上，企业 1 一定会实施技术约束。

3）当 $P=(\beta_1+\bar{t})-r(\bar{t})/N$ 时，两种均衡中企业 1 的利润无差异，企业 1 既可以选择自己投资（此时如果企业 2 投资，企业 1 采取技术约束威胁），也可以将最终品的生产交予企业 2。

4）当 $(\beta_1+\bar{t})-r(\bar{t})/N<P<\beta_1+\bar{t}$ 时，企业 1 进行投资的利润将小于不投资的利润，通常企业 1 不会进行投资。但如果其想独占市场，它将实施技术约束，将企业 2 驱逐出最终消费品市场，而此时它将忍受小于最优投资成本的利润损失。

5）当 $\beta_1+\bar{t}\leqslant P\leqslant\bar{P}$ 时，企业 1 实施技术约束的机会成本大于其忍耐极限，它会将最终消费品生产完全交予企业 2，而不会对其投资进行任何干涉。

图 4-2 对以上分析进行了概括。

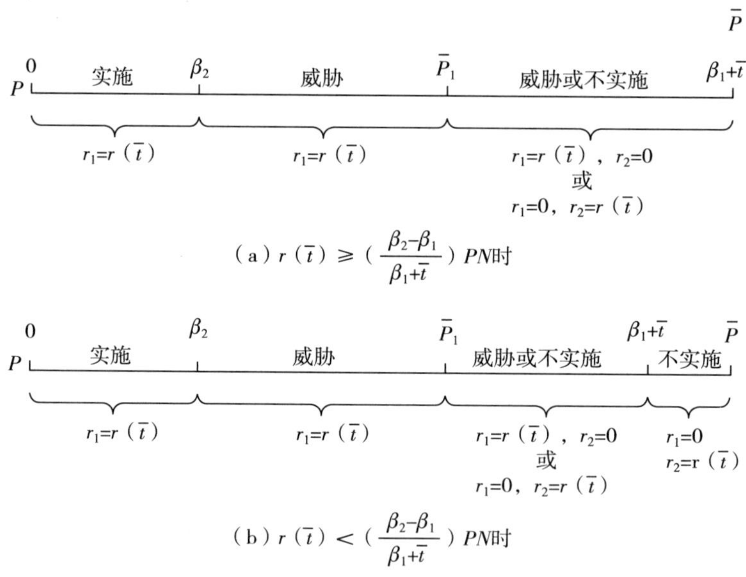

图 4-2　P 取不同值时企业 1 市场圈定策略

注：$\bar{P}_1=(\beta_1+\bar{t})-r(\bar{t})/N$，$\bar{P}=(\beta_2+\bar{t})-r(\bar{t})/N$。

综上，技术约束博弈存在以下三种均衡：

第一，如果 $P<\beta_2$，存在一种均衡使$r_1=r(\bar{t})$，$r_2=0$。企业 1 对企业 2 实施技术约束并独占整个市场。企业 1 将最终品价格设定为$p_1=\beta_1+\bar{t}$，获取利润$\pi_1=(\beta_1+\bar{t})N-r(\bar{t})$；企业 2 将最终品价格设定为$p_2=P$，其利润$\pi_2=0$。

第二，如果$\beta_2\leqslant P<\beta_1+\bar{t}$，存在一种均衡使$r_1=r(\bar{t})$，$r_2=0$。企业 1 不会对企业 2 实施技术约束，但如果企业 2 投资，则企业 1 会实施技术约束。企业 1 独占整个市场并将最终品价格设定为$p_1=\beta_1+\bar{t}$，获取利润$\pi_1=(\beta_1+\bar{t})N-r(\bar{t})$；企业 2 将最终品价格设定为$p_2=P$，利润$\pi_2=0$。

第三，如果 $P\geqslant(\beta_1+\bar{t})-r(\bar{t})/N$，存在一种均衡使得$r_1=0$，$r_2=r(\bar{t})$。企业 1 不会实施技术约束，并将整个最终消费品市场交予企业 2。企业 2 将最终消费品价格设定为$p_2=\beta_2+\bar{t}$，获得利润$\pi_2=(\beta_2+\bar{t})N-r(\bar{t})$；企业 1 设定模块 A 的价格，即 $p_1=P$，获得利润$\pi_1=PN$。

技术约束博弈清晰地表明了垄断模块生产商干预市场的意愿与能力。当模块价格低于其实施一体化战略的收益时，其会毫无疑问地干预市场策略；当模块价格高于其实施一体化战略的收益时，它仍然可以通过技术约束将更有效率的模块集成商排斥在市场之外。垄断模块生产商的不同投资策略会对消费者以及整个市场的福利产生不同程度的影响，下面引入福利分析。

四、福利分析

（一）社会福利

无论是在技术创新博弈还是在技术约束博弈中，产品市场均衡都取决于博弈双方同时投资时企业 2 的收益即$\left(\frac{\beta_2-\beta_1}{\beta_1+\bar{t}}\right)PN-r(\bar{t})$的大小。当$\left(\frac{\beta_2-\beta_1}{\beta_1+\bar{t}}\right)PN-r(\bar{t})>0$时，技术创新博弈存在唯一的有效均衡：$r_1=0$，$r_2=r(\bar{t})$。此时的社会福利最优，如果企业 1 通过技术约束将企业 2 排挤出市场，则整体社会福利遭受损失。当$\left(\frac{\beta_2-\beta_1}{\beta_1+\bar{t}}\right)PN-r(\bar{t})<0$时，技术创新博弈存在多重均衡：$P<\beta_2$时，存在两种有效均衡，企业 1 实施技术约束虽然会提高其自身利润，但会破坏有效市

场结构，降低社会福利；$\beta_2 \leqslant P < \beta_1 + \bar{t}$时，技术创新博弈存在两种有效均衡，企业1与企业2的利润相同，企业1通过技术约束手段独占整个市场并不改变整个社会的福利。基于此，得出以下两个推论。

推论4-1-1：如果$r(\bar{t}) \geqslant \left(\dfrac{\beta_2 - \beta_1}{\beta_1 + \bar{t}}\right)PN$，相对于技术创新博弈均衡，$P < \beta_2$时，技术约束会降低社会福利；$\beta_2 \leqslant P < \beta_1 + \bar{t}$时，技术约束不会对社会福利造成影响。

推论4-1-2：如果$r(\bar{t}) < \left(\dfrac{\beta_2 - \beta_1}{\beta_1 + \bar{t}}\right)PN$，相对于技术创新博弈均衡，任何实施或威胁将要实施的技术约束都会降低社会福利。

（二）消费者福利

与社会总福利相比，消费者福利相对复杂。根据消费者偏好高性价比产品的假定，本节以最终消费品的性价比来代表消费者福利，即$CW = \dfrac{q_i}{p_i}$，CW的取值与模块A的价格P紧密相关并在博弈均衡与非均衡中呈现出不同特点，本节仍然从$r(\bar{t}) \geqslant \left(\dfrac{\beta_2 - \beta_1}{\beta_1 + \bar{t}}\right)PN$和$r(\bar{t}) < \left(\dfrac{\beta_2 - \beta_1}{\beta_1 + \bar{t}}\right)PN$两个方面分析技术创新博弈和技术约束博弈对消费者福利的影响。

1. 技术创新博弈

（1）$r(\bar{t}) \geqslant \left(\dfrac{\beta_2 - \beta_1}{\beta_1 + \bar{t}}\right)PN$。

1）当$P < \beta_1$时，有效均衡时消费者福利分别为：$CW_{r_1=0, r_2=r(\bar{t})} = \dfrac{q_2}{p_2} = \dfrac{(\beta_2 + \bar{t})\beta_1}{P(\beta_2 + \bar{t})} = \dfrac{\beta_1}{P} > 1$，$CW_{r_1=r(\bar{t}), r_2=0} = \dfrac{\beta_2}{P} > \dfrac{\beta_1}{P} > 1$；非有效均衡时消费者福利分别为：$CW_{r_1=r(\bar{t}), r_2=r(\bar{t})} = \dfrac{\beta_1 + \bar{t}}{P} > \dfrac{\beta_2}{P} > \dfrac{\beta_1}{P} > 1$，$CW_{r_1=0, r_2=0} = \dfrac{\beta_1}{\beta_1} = 1$。因此，$CW_{r_1=r(\bar{t}), r_2=r(\bar{t})} > CW_{r_1=r(\bar{t}), r_2=0} > CW_{r_1=0, r_2=r(\bar{t})} > CW_{r_1=0, r_2=0}$，具体如表4-3所示。

表 4－3　$P<\beta_1$时消费者的福利

	$r_2=r(\bar{t})$	$r_2=0$
$r_1=r(\bar{t})$	$\frac{\beta_1+\bar{t}}{P}$	$\frac{\beta_2}{P}$
$r_1=0$	$\frac{\beta_1}{P}$	1

2）当$\beta_1\leqslant P<\beta_2$时，有效均衡时消费者福利分别为：$CW_{r_1=0,r_2=r(\bar{t})}=\frac{q_2}{p_2}=\frac{q_2}{q_2/\max(\frac{\beta_1}{P},1)}=1$，$CW_{r_1=r(\bar{t}),r_2=0}=\frac{q_1}{q_1/\max(\frac{\beta_2}{P},1)}=\frac{\beta_2}{P}>1$；非有效均衡时消费者福利分别为：$CW_{r_1=r(\bar{t}),r_2=r(\bar{t})}=\frac{q_2}{q_2/\max(\frac{\beta_1+\bar{t}}{P},1)}=\frac{\beta_1+\bar{t}}{P}>\frac{\beta_2}{P}$，$CW_{r_1=0,r_2=0}=1$。因此，$CW_{r_1=r(\bar{t}),r_2=r(\bar{t})}>CW_{r_1=r(\bar{t}),r_2=0}>CW_{r_1=0,r_2=r(\bar{t})}=CW_{r_1=0,r_2=0}$，具体如表 4－4 所示。

表 4－4　$\beta_1\leqslant P<\beta_2$时消费者的福利

	$r_2=r(\bar{t})$	$r_2=0$
$r_1=r(\bar{t})$	$\frac{\beta_1+\bar{t}}{P}$	$\frac{\beta_2}{P}$
$r_1=0$	1	1

3）当$\beta_2\leqslant P<\beta_1+\bar{t}$时，有效均衡时消费者福利分别为：$CW_{r_1=0,r_2=r(\bar{t})}=\frac{q_2}{p_2}=\frac{q_2}{q_2/\max(\frac{\beta_1}{P},1)}=1$，$CW_{r_1=r(\bar{t}),r_2=0}=\frac{q_1}{q_1/\max(\frac{\beta_2}{P},1)}=1$；非有效均衡时消费者福利分别为：$CW_{r_1=r(\bar{t}),r_2=r(\bar{t})}=\frac{q_2}{q_2/\max(\frac{\beta_1+\bar{t}}{P},1)}=\frac{\beta_1+\bar{t}}{P}>1$，$CW_{r_1=0,r_2=0}=1$。因

此，$CW_{r_1=r(\bar{t}),r_2=r(\bar{t})} > CW_{r_1=r(\bar{t}),r_2=0} = CW_{r_1=0,r_2=r(\bar{t})} = CW_{r_1=0,r_2=0}$，具体如表4－5所示。

表4－5　$\beta_2 \leq P < \beta_1 + \bar{t}$时消费者的福利

	$r_2=r(\bar{t})$	$r_2=0$
$r_1=r(\bar{t})$	$\frac{\beta_1+\bar{t}}{P}$	1
$r_1=0$	1	1

4）当$P=\beta_1+\bar{t}$时，有效均衡时消费者福利分别为：$CW_{r_1=0,r_2=r(\bar{t})} = \frac{q_2}{p_2} = \frac{q_2}{q_2/\max(\frac{\beta_1}{P},\ 1)} = 1$，$CW_{r_1=r(\bar{t}),r_2=0} = \frac{q_1}{q_1/\max(\frac{\beta_2}{P},\ 1)} = 1$；非有效均衡时消费者福利分别为：$CW_{r_1=r(\bar{t}),r_2=r(\bar{t})} = \frac{q_2}{q_2/\max(\frac{\beta_1+\bar{t}}{P},\ 1)} = \frac{\beta_1+\bar{t}}{P} = 1$，$CW_{r_1=0,r_2=0}=1$。因此，$CW_{r_1=r(\bar{t}),r_2=r(\bar{t})} = CW_{r_1=r(\bar{t}),r_2=0} = CW_{r_1=0,r_2=r(\bar{t})} = CW_{r_1=0,r_2=0}$，具体如表4－6所示。

表4－6　$P=\beta_1+\bar{t}$时消费者的福利

	$r_2=r(\bar{t})$	$r_2=0$
$r_1=r(\bar{t})$	1	1
$r_1=0$	1	1

（2）$r(\bar{t}) < (\frac{\beta_2-\beta_1}{\beta_1+\bar{t}})PN$。

此种情况下，P取不同值时的消费者福利与以上分析的结果基本相同，唯一区别在于，当$r(\bar{t}) < (\frac{\beta_2-\beta_1}{\beta_1+\bar{t}})PN$时，技术创新博弈只存在唯一有效均衡，即

$r_1=0$，$r_2=r(\bar{t})$，两个企业的其他策略选择均为非有效均衡。而当 $r(\bar{t})\geqslant(\frac{\beta_2-\beta_1}{\beta_1+\bar{t}})PN$ 时，存在双重均衡，$r_1=0$，$r_2=r(\bar{t})$ 和 $r_1=r(\bar{t})$，$r_2=0$ 均为有效均衡。综上，能够得出以下推论。

推论 4－1－3：模块 A 的价格越低，消费者福利越高；模块 A 价格越高，消费者福利越低；当模块 A 的价格 $P\geqslant\beta_1+\bar{t}$ 时①，消费者福利降至最低。

推论 4－1－4：当模块 A 的价格 $P<\beta_1+\bar{t}$ 时，双方同时投资虽然是非有效的市场均衡，但此时的消费者福利达到最大。

2. 技术约束博弈

（1）$r(\bar{t})\geqslant\left(\frac{\beta_2-\beta_1}{\beta_1+\bar{t}}\right)PN$。

当 $P<\beta_2$ 时，在技术创新博弈中 $CW_{r_1=r(\bar{t}),r_2=0}>CW_{r_1=0,r_2=r(\bar{t})}>1$，但如果此时企业 1 通过实施技术约束将企业 2 排挤出市场并将价格设定为 $p_1=\beta_1+\bar{t}$，则消费者福利变为 $CW'_{r_1=r(\bar{t}),r_2=0}=\frac{q_2}{p_2}=\frac{\beta_2+\bar{t}}{\beta_2+\bar{t}}=1<CW_{r_1=0,r_2=r(\bar{t})}<CW_{r_1=r(\bar{t}),r_2=0}$，消费者剩余被企业 1 全部攫取，低于纯技术创新博弈中的消费者剩余。当 $\beta_2\leqslant P\leqslant\beta_1+\bar{t}$ 时，在技术创新博弈中 $CW_{r_1=r(\bar{t}),r_2=0}=CW_{r_1=0,r_2=r(\bar{t})}=1$，此时消费者福利已被企业 1 或企业 2 全部攫取，企业 1 实施或威胁实施技术约束不会对消费者福利造成影响，只会将被攫取的消费者福利转移到企业 1 身上。

（2）$r(\bar{t})<\left(\frac{\beta_2-\beta_1}{\beta_1+\bar{t}}\right)PN$。

当 $P<\beta_2$ 时，技术创新博弈存在唯一有效均衡：$r_1=0$，$r_2=r(\bar{t})$，此时消费者福利为 $CW_{r_1=0,r_2=r(\bar{t})}=\frac{\beta_1}{P}>1$。如果此时企业实施技术约束，则消费者福利变为 $CW'_{r_1=r(\bar{t}),r_2=0}<CW_{r_1=0,r_2=r(\bar{t})}$，技术约束使消费者福利降低。当 $\beta_2\leqslant P\leqslant\beta_1+\bar{t}$ 时，

---

① 当 $r(\bar{t})<\left(\frac{\beta_2-\beta_1}{\beta_1+\bar{t}}\right)PN$ 时，$\bar{P}>\beta_1+\bar{t}$。所以，当 $\beta_1+\bar{t}\leqslant P\leqslant\bar{P}$ 时，$CW_{r_1=r(\bar{t}),r_2=r(\bar{t})}=CW_{r_1=r(\bar{t}),r_2=0}=CW_{r_1=0,r_2=r(\bar{t})}=CW_{r_1=0,r_2=0}=1$。

唯一有效均衡下的消费者福利为$CW_{r_1=0,r_2=r(\bar{t})}=\frac{\beta_1}{P}=1=CW'_{r_1=r(\bar{t}),r_2=0}$，实施或威胁实施技术约束不会对消费者福利造成影响。基于以上分析，能够得出如下推论。

推论4-1-5：当$P<\beta_2$时，相比技术创新博弈，实施或威胁实施技术约束会显著降低消费者福利；当$P\geqslant\beta_2$时，消费者福利被厂商全部攫取，实施或威胁实施技术约束不会对消费者福利产生影响。

技术创新博弈模型和技术约束博弈模型似乎得出一个悲观的结论：模块化生产网络的出现或者说具有垄断特性的模块生产商之所以允许模块集成商存在并与自己形成模块化生产网络，其根本原因在于模块集成商并未从根本上损害模块生产商的利益，当核心模块价格较低时，模块生产商会毫不犹豫地实施“逆模块化”战略，将模块集成商排挤出市场，甚至，只要模块生产商愿意，它就随时可以这样做（哪怕暂时损害自己的利润）。如果真如模型所暗示的那样，那么模块集成商是否永远难逃“任人宰割”的命运？垄断模块生产商是否永远扮演“剥削者”的角色？事实上，以上结论依赖于三个很强的假设：第一，模块生产商与模块集成商技术创新函数相同；第二，模块集成商不能通过研发来生产核心模块；第三，模块集成商的初始质量优势更大（$\beta_2>\beta_1$）。这三种假定未必总是合乎现实，下面通过修改这三个假设对原有模块进行了相应拓展。

五、模型扩展

本部分从修改以上假定入手，分别对博弈模型进行以下三个方面的扩展：第一，修改技术创新函数相同的假定，假定在相同技术创新投资的前提下，企业2的技术创新成果更多；第二，允许企业2向上游核心模块领域渗透；第三，企业1拥有更高的初始质量优势。

（一）企业2拥有更高的创新效率

在技术创新博弈和技术约束博弈中，上文假定企业1与企业2的创新效率相同，即相同技术创新投入前提下，企业1与企业2创新成果相同［当$t_i=\bar{t}$时，$r_i=r(\bar{t})$］。现在，假定企业2的创新效率更高，即在相同技术创新投入情况下，企业2的创新成果更高（当$r_1=r_2=\bar{r}$，$t_1<t_2$）。其他假定与上文类似，当

$\beta_1<\beta_2\leqslant P\leqslant\beta_1+\bar{t}_1$时，企业 1 与企业 2 的博弈收益如表 4-7 所示。

表 4-7　$\beta_1<\beta_2\leqslant P\leqslant\beta_1+\bar{t}_1$时企业 1 与企业 2 的博弈收益①

	$r_2=\bar{r}$	$r_2=0$
$r_1=\bar{r}$	$PN-\bar{r}$；$(\frac{\bar{t}_2-\bar{t}_1+\beta_2-\beta_1}{\beta_1+\bar{t}_1})PN-\bar{r}$	$(\beta_1+\bar{t}_1)N-\bar{r}$；0
$r_1=0$	PN；$(\beta_2+\bar{t}_2-P)N-\bar{r}$	β_1N；0

上述博弈是否存在唯一有效均衡取决于企业 2 技术创新效率的高低，我们同样可以从两个方面进行分析：

（1）如果企业 2 的技术创新效率足够高使$(\frac{\bar{t}_2-\bar{t}_1+\beta_2-\beta_1}{\beta_1+\bar{t}_1})PN-\bar{r}\geqslant0$，即当$\bar{t}_2\geqslant\frac{\bar{r}+PN}{PN}(\beta_1+\bar{t}_1)-\beta_2$时，技术创新博弈存在唯一有效均衡：$r_1=0$，$r_2=\bar{r}$。此时，企业 1 定价为$p_1=P$，获取利润为$\pi_1=PN$；企业 2 定价为$p_2=\beta_2+\bar{t}_2$，获取利润为$\pi_2=(\beta_2+\bar{t}_2-P)N-\bar{r}$，拥有更高效率的企业 2 获得全部市场。

此种情况下，我们仍然可以对 P 进行与上文类似的扩展：当 $P<\beta_1+\bar{t}_1-\bar{r}/N$ 时，存在唯一有效均衡情况下的企业 1 的收益为$\pi_1=PN<(\beta_1+\bar{t}_1)N-\bar{r}$，有效均衡时的利润低于其独占市场时的利润，因此，企业 1 一定会实施技术约束；当$\beta_1+\bar{t}_1-\bar{r}/N\leqslant P<\beta_1+\bar{t}_1$时，企业 1 实施技术约束的利润低于其不实施技术约束时的利润，企业 1 不会实施技术约束，除非它宁可忍受利润损失也要独占市场；当$\beta_1+\bar{t}_1\leqslant P\leqslant\bar{P}$时，企业 1 独占市场的机会成本达到最大，因此它不会实施技术约束。

（2）如果企业 2 的技术创新效率不足以使$(\frac{\bar{t}_2-\bar{t}_1+\beta_2-\beta_1}{\beta_1+\bar{t}_1})PN-\bar{r}\geqslant0$，即

---

① 根据假设 4-1 我们知道，每一企业都存在一个最优的创新目标（$t_i=\bar{t}_i$）。相应地，双方也都存在一个最优技术创新成本［$r_i=r(\bar{t}_i)$］，为了便于分析，这里假定$r(\bar{t}_1)=r(\bar{t}_2)=\bar{r}$，$\bar{t}_1<\bar{t}_2$。

当$\bar{t}_2 \leqslant \frac{\bar{r}+PN}{PN}(\beta_1+\bar{t}_1)-\beta_2$时，技术创新博弈存在双重均衡：$r_1=0$，$r_2=\bar{r}$和$r_1=\bar{r}$，$r_2=0$。前一种均衡中，企业1定价为$p_1=P$，获取利润为$\pi_1=PN$；企业2定价为$p_2=\beta_2+\bar{t}_2$，获取利润为$\pi_2=(\beta_2+\bar{t}_2-P)N-\bar{r}$。后一种均衡中，企业1定价为$p_1=\beta_1+\bar{t}_1$，获取利润为$\pi_1=(\beta_1+\bar{t}_1)N-\bar{r}$；企业2定价为$p_2=P$，获取利润为$\pi_2=0$。

同样地，当$P<\beta_2$时，根据假设4-3①，企业1不投资时的利润小于其投资时的利润，因此，企业1一定会实施技术约束独占市场；当$\beta_2 \leqslant P<\beta_1+\bar{t}_1-\bar{r}/N$时，由于存在双重均衡，企业1会对企业2进行技术约束威胁以独占市场；当$\beta_1+\bar{t}_1-\bar{r}/N\beta_2 \leqslant P \leqslant \bar{P}$时，企业1将最终消费品市场交予企业2时的利润更大，因此，企业1通常不会进行技术约束，除非它宁可忍受利润损失也要独占市场。

相应地，福利方面的结论与上文类似，此处不再赘述。综上，企业1是否实施技术约束策略以独占市场取决于模块A价格的高低，因此，对企业2技术创新效率的修改并未从根本上改变原模型的结论，但它仍对模块集成商具有重要启示：如果外生核心模块价格较高，模块集成商的技术创新效率越高，越有可能促使唯一有效均衡的实现。在这种均衡中，高效率的企业2获取整个最终消费品市场，企业1的利润处于相对较高水平，社会福利达到最优。因此，对于模块集成商来说，提高技术创新效率是其在与垄断模块生产商博弈中生存下去的重要手段。

（二）企业2拥有核心模块技术创新能力

上述模型外生性地假定企业2只能通过购买企业1生产的核心模块才能提供最终消费品的假定不能完全令人信服。这里假定企业2可以通过对核心模块的研发投资实现核心模块的自给自足，但核心模块的研发需要大量的投入。如果企业2具备核心模块A的生产能力，则在最终消费品市场上，企业2将与企业1进行古诺博弈。假定企业2生产的最终消费品的质量与企业1相同，即$q_1=q_2=q$，价格也相同，即$p_1=p_2=P$。$t_1=q_1-\beta_1=q-\beta_1$，代表企业1为实现具备模块B的生产

① 假设4-3在此处修改为$(\beta_1+\bar{t}_1)N-r(\bar{t})>\beta_2 N$。

能力所必需的质量提升目标；$t_2 = q_2 - \beta_2 = q - \beta_2$，代表企业 2 为实现具备模块 A 的生产能力所必需的质量提升目标（注意，在技术创新博弈和技术约束博弈中，t_2代表企业 2 的最终消费品质量的提升目标）。由于假定$\beta_1 < \beta_2$，所以$t_1 > t_2$，如果模块 A 与模块 B 的研发成本函数相同，根据假设 4－1 则能够得到 $r(t_1) > r(t_2)$。但由于技术复杂程度不同，模块 A 与模块 B 的研发成本函数存在根本不同，具有更高复杂程度的模块 A 的研发成本通常更高，即 $r(t_1) < r(t_2)$。结合以上分析，可得出企业 1 与企业 2 在最终消费品市场上的博弈收益，如表 4－8 所示。

表 4－8　企业 2 能够生产模块 A 时两个企业的博弈收益

	$r_2 = r(t_2)$	$r_2 = 0$
$r_1 = r(t_1)$	$\frac{1}{2}PN - r(t_1)$；$\frac{1}{2}PN - r(t_2)$	$PN - r(t_1)$；0
$r_1 = 0$	0；$PN - r(t_2)$	0；0

由表 4－8 可知，当一方投资另一方不投资时，投资方将独占整个最终消费品市场，并达到最大利润；当双方同时进行投资时，两企业在最终消费品市场进行古诺博弈，均分最终消费品市场；当双方都不投资以进入最终消费品市场时，双方收益都为 0。博弈均衡取决于最终消费品价格 P 的大小，当$\pi_2 = \frac{1}{2}PN - r(t_2) > 0$ 时，市场存在唯一有效均衡：$r_1 = r(t_1)$，$r_2 = r(t_2)$，但由于 $r(t_1) < r(t_2)$，企业 2 的利润小于企业 1；当$\pi_1 = \frac{1}{2}PN - r(t_1) < 0$ 时，市场仍然存在唯一有效均衡：$r_1 = r(t_1)$，$r_2 = 0$，由于通过模块 A 研发进入最终消费品市场的利润为负，企业 2 退出最终消费品市场，企业 1 获取整个市场。

由于企业 2 具备生产模块 A 的能力，因此，企业 1 不能实施技术约束将企业 2 排挤出市场。对企业 2 技术创新能力假设的扩展带给我们很强的政策启示：第一，模块集成商要加强核心模块技术创新投入，不断向上游核心模块生产领域渗入，形成核心模块生产能力。虽然初次创新成功后的利润低于原有核心模块生产商，这主要是因为初次创新的成本较高，但研发成功后，其研发成本就会与原有核心模块生产商相同进而双方利润相同，与原有模块生产商势均力敌，市场也因此进入完全竞争，社会福利达到最优。第二，当一个企业（组织、地区甚至国家）正在进行技术模仿时（在尊重知识产权的前提下），任何由外部环境（如政府政策、经济危机等）所导致的产品价格下降都会对模仿者造成重创，这为制定技术模仿及技术赶超的产业政策提供了理论依据。一方面，在技术模仿阶段，政府不要用行政手段压低模仿品的价格，同时政府应担负起维持经济秩序的责任；另一方面，若模仿品与被模仿品的价格差距较大，政府应给予模仿企业适当的补助以弥补其高额的研发成本。

（三）企业1拥有初始质量优势

以上对垄断模块生产商进行的武断性“负面”假设可能对其并不公平，现在转而假定它拥有更高的初始质量优势，即$\beta_1>\beta_2$，那么此时模块A的垄断定价变为$\widetilde{P}=(\beta_1+\bar{t})-r(\bar{t})/N$。类似地，当$\beta_2<\beta_1\leqslant P\leqslant\beta_2+\bar{t}$时，博弈收益如表4-9所示。

表4-9　$\beta_2<\beta_1\leqslant P\leqslant\beta_2+\bar{t}$时企业1与企业2的博弈收益

	$r_2=r(\bar{t})$	$r_2=0$
$r_1=r(\bar{t})$	$PN+\left(\dfrac{\beta_1-\beta_2}{\beta_2+\bar{t}}\right)PN-r(\bar{t})$；$-r(\bar{t})$	$(\beta_1+\bar{t})N-r(\bar{t})$；0
$r_1=0$	PN；$(\beta_2+\bar{t}-P)N-r(\bar{t})$	β_1N；0

此时，博弈均衡取决于$\left(\dfrac{\beta_1-\beta_2}{\beta_2+\bar{t}}\right)PN$与$r(\bar{t})$的大小，当$\left(\dfrac{\beta_1-\beta_2}{\beta_2+\bar{t}}\right)PN>r(\bar{t})$时，存在唯一有效均衡：$r_1=r(\bar{t})$，$r_2=0$；当$\left(\dfrac{\beta_1-\beta_2}{\beta_2+\bar{t}}\right)PN\leqslant r(\bar{t})$时，存在双重均衡：$r_1=r(\bar{t})$，$r_2=0$和$r_1=0$，$r_2=r(\bar{t})$。

与以上分析类似，如果$P\leqslant\beta_2$，则根据假设4-3，$PN\leqslant\beta_2N<(\beta_1+\bar{t})N-r(\bar{t})$，企业1一定会实施技术约束以达到市场有效均衡$r_1=r(\bar{t})$，$r_2=0$；如果$\beta_2<P\leqslant\widetilde{P}$，则$\pi_1\leqslant(\beta_1+\bar{t})N-r(\bar{t})$，此时的有效市场均衡仍为$r_1=r(\bar{t})$，$r_2=0$，

企业1不会实施技术约束(除非企业2进入)。综上，无论 P 取值如何，只要企业1拥有初始质量优势，那么企业1投资、企业2不投资就永远是最优市场均衡。因此，这种情况下企业1的技术约束有利于筛选出最优市场均衡。

第二节 模块生产商主导型生产网络的四主体模型

Gilbert 和 Riordan（2007）分析了单一核心部件生产商与最终消费品生产商在一个“赢者通吃”市场上的竞争与创新行为，但他们将技术创新与核心部件生产企业的垂直一体化混同，事实上技术创新仅仅是企业向下游市场渗透的一种方式。Chen 和 Sappington（2010）在 Gilbert 和 Riordan 的基础上增加了一个最终消费品生产商，并分析了两个最终消费品生产商的不同博弈对核心部件生产商技术创新的影响，但其忽略了两类博弈对自身技术创新的影响。Buehler 和 Schmutzler（2008）在 Chen 和 Sappington 的基础上增加了一个核心部件生产商，分别分析了对称与非对称市场结构下最终消费品生产商的技术创新，但遗憾的是，他们并未分析不同市场结构对核心部件生产商的冲击。在上述学者研究的基础上，本节提出一个综合的、便于处理的分析框架——将研究对象规范为三个（单个模块生产商、两个模块集成商)，并在下游模块集成商进行古诺博弈的基础上综合分析不同市场结构下上下游厂商的技术创新。

本节的主要结构如下：第一部分为基本假设；第二部分为博弈的逆向归纳；第三部分为最终消费品市场均衡；第四部分为引申结果；第五部分为技术创新投资决策；第六部分为市场结构选择；第七部分为福利分析；第八部分为模型的扩展；最后为结论。

一、基本假设

本节假定一个由单个模块生产商、两个模块集成商和 N 个代表性消费者组成的封闭式生产网络。在这个生产网络中，模块生产商（用企业1表示）生产核心模块，具有垄断性，能够决定核心模块的价格；模块集成商（用企业2和企业3

表示）生产非核心模块和最终消费品。本节假定模块集成商每生产一单位的最终消费品必须使用一单位的核心模块作为投入。消费者偏好相同且每个消费者需要一个单位的最终消费品，因此，最终消费品的市场总需求为 N。为了便于分析，本节假定一个线性的最终消费品市场需求函数：

$$P(N) = a - bN, \quad b > 0 \tag{4.4}$$

其中，a、b 为常数。$N = n_2 + n_3$，其中，n_2、n_3 为企业 2 和企业 3 在最终消费品市场中的产量。

博弈次序如下：第一步，在外生性技术创新驱动（指技术创新的外部环境，如知识产权保护力度）给定的情况下，企业 1 选择是否与企业 2 或企业 3 进行一体化整合①；第二步，三个企业同时进行技术创新决策，其中企业 1 进行技术创新以降低核心模块的生产成本，企业 2 与企业 3 进行技术创新以降低最终消费品的生产成本；第三步，在观察到降低的生产成本后，企业 1 设定核心模块的价格；第四步，企业 2 与企业 3 在最终消费市场进行古诺博弈或伯特兰德博弈以确定各自的均衡产量。

二、古诺博弈

（一）逆向回归

假定企业 2 和企业 3 在最终消费品市场进行古诺博弈。由于这是一个有限的动态博弈，为了得出子博弈完美纳什均衡，这里运用逆向回归法从博弈的最后一步开始。

第四步：在最后一步，企业 2 和企业 3 面临相同的最终消费品需求线 $P(N) = a - bN = a - b(n_2 + n_3)$，两者选择各自最优的产量以最大化其在最终消费品市场上的利润：

$$\max n_i(P(N) - c_i), \quad i = 2, 3 \tag{4.5}$$

其中，c_i 为企业 i（$i = 2$，3）的边际成本，分别求一阶条件能够得出企业 2 和企业 3 在最终消费品市场上的均衡产量：

---

① 在古诺博弈中，本节假定企业 2 和企业 3 生产的最终消费品同质，因此，企业 1 与企业 2 或企业 3 的一体化整合无差异，本节假定企业 1 选择是否与企业 2 进行一体化整合；在伯特兰德博弈中，企业 1 选择是否与赢得市场的企业进行一体化整合。

$$n_2^*(c_2, c_3) = \frac{a + c_3 - 2c_2}{3b} \tag{4.6}$$

$$n_3^*(c_2, c_3) = \frac{a + c_2 - 2c_3}{3b} \tag{4.7}$$

相应地，均衡时的最终消费品市场总需求和价格也得以确定：

$$N^* = n_2^*(c_2, c_3) + n_3^*(c_2, c_3) = \frac{2a - c_2 - c_3}{3b} \tag{4.8}$$

$$P^* = a - b(n_2^* + n_3^*) = \frac{a + c_2 + c_3}{3} \tag{4.9}$$

第三步：在这一步，企业 1 在设定核心模块价格时面临两种选择。如果企业 1 与企业 2 进行一体化整合，则企业 1 为企业 2 设定更优惠的价格，而企业 3 处于分解状态，面临企业 1 为其设定的垄断价格w^I；如果企业 1 不与任何一个企业进行一体化，那么它将设定一个垄断定价w^S并获得整个市场。

第二步：在第二步，三个企业同时进行技术创新投资以降低各自的生产成本（分别用c_1、c_2、c_3表示，c_1为企业 1 生产核心模块的边际成本，c_2、c_3则是企业 2 与企业 3 生产最终消费品的边际成本，后者包括核心模块的价格）。假定企业 1 生产核心模块的初始生产成本为$\bar{c}_1$，企业 2 与企业 3 有相同的最终消费品初始生产成本，即$\bar{c}_2 = \bar{c}_3 = \bar{c}$，此时三者通过技术创新能够将各自的边际成本降低$\alpha_i$（$i = 1, 2, 3$）：

$$c_1 = \bar{c}_1 - \alpha_1 \tag{4.10}$$

$$c_2 = w_2 + \bar{c} - \alpha_2 \tag{4.11}$$

$$c_3 = w_3 + \bar{c} - \alpha_3 \tag{4.12}$$

当然，成本降低需要相应的研发投入。企业 i 要想获得α_i的成本降低，需要付出 $R(\alpha_i)$的研发成本，假定 $R(\alpha_i)$为α_i的严格递增、凸函数，且$\lim_{\alpha_i \to 0} R(\alpha_i) = 0$，$\lim_{\alpha_i \to \bar{c}_i} R(\alpha_i) = \infty$以及$\lim_{\alpha_i \to 0} R'(\alpha_i) = 0$（$i = 1, 2, 3$）①。

第一步：在第一步，企业 1 与企业 2 决定是否进行垂直一体化整合。假定企业 1 与企业 2 面临的固定整合成本分别为 F_1 和 F_2（同样，如果企业 1 与企业 3 整

---

① 这里假定三个企业的技术创新函数相同，即相同技术创新投入下，三个企业所达到的技术创新成果相同。

合，企业3面临的整合成本为 F_3，假定 $F_2=F_3$），$F_1+F_2=F$。根据上面的分析，两者是否进行一体化整合会对核心模块价格 $w_i(i=1, 2, 3)$ 产生影响，而模块价格的变动会对其边际成本甚至技术创新投资带来冲击，从而改变利润。因此，假定企业的利润函数为 $\pi_i^v(\alpha_1, \alpha_2, \alpha_3)$，$i=1, 2, 3$，$v\in\{I, S\}$（$v=I$ 表示企业1与企业2整合，$v=S$ 表示企业1与企业2分解）。

当 $v=S$ 时，企业 i 选择 α_i 以最大化其利润：

$$\max \pi_i^S(\alpha_1, \alpha_2, \alpha_3)-R(\alpha_i) \tag{4.13}$$

当 $v=I$ 时，假定企业1与企业2组成联合体，其利润最大化变为：

$$\max \pi_i^I(\alpha_1, \alpha_2, \alpha_3)-R(\alpha_i)-F_i, \ i=1, 2 \tag{4.14}$$

此时，企业3的利润最大化为①：

$$\max \pi_3^I(\alpha_1, \alpha_2, \alpha_3)-R(\alpha_3) \tag{4.15}$$

由于企业1与企业2是否实施一体化战略将对三个企业的利润和技术创新投资带来重要影响，所以下面从垂直分解化和垂直一体化两个方面分析产品市场均衡时各企业利润与技术创新之间的关系。

（二）最终消费品市场均衡

1. 垂直分解化

在垂直分解化的市场结构中，企业2和企业3在最终消费品市场进行古诺博弈瓜分市场需求量，企业1完全专注于核心模块的生产并根据最终消费品市场均衡时的需求量进行垄断定价（此时企业2和企业3面临相同的核心模块价格）。结合式（4.8）、式（4.11）、式（4.12）能够得到下游市场均衡时的需求量（N^S）与上游核心模块价格（w_1）之间的关系：

$$w_1(N^S)=w_2=w_3=\frac{2a-2\bar{c}-3bN^S+\alpha_2+\alpha_3}{2} \tag{4.16}$$

上游核心模块生产商企业1选择最优产量以最大化利润：

$$\max(w_1-c_1)N^S \tag{4.17}$$

求一阶条件得出上游企业1核心模块的最优产量：

① 注意，π_3^I 这里假定为企业1与企业2一体化时企业3的利润，而不是企业1与企业2整合时企业3的利润。

$$N^S=\frac{2a-2\bar{c}-2\bar{c}_1+2\alpha_1+\alpha_2+\alpha_3}{6b} \tag{4.18}$$

代入式（4.16）得出垂直分解化时核心模块的垄断定价为：

$$w^S=\frac{2a-2\bar{c}-2\alpha_1+2\bar{c}_1+\alpha_2+\alpha_3}{4} \tag{4.19}$$

代入式（4.6）、式（4.7）、式（4.8）、式（4.9）分别得：

$$n_2^S=\frac{2a-2\bar{c}-2\bar{c}_1+2\alpha_1+7\alpha_2-5\alpha_3}{12b} \tag{4.20}$$

$$n_3^S=\frac{2a-2\bar{c}-2\bar{c}_1+2\alpha_1+7\alpha_3-5\alpha_2}{12b} \tag{4.21}$$

$$n_1^S=N^S=n_2^S+n_3^S=\frac{2a-2\bar{c}-2\bar{c}_1+2\alpha_1+\alpha_3+\alpha_2}{6b} \tag{4.22}$$

$$P_S^*=\frac{4a+2\bar{c}-2\bar{c}_1+2\alpha_1-\alpha_3-\alpha_2}{6} \tag{4.23}$$

相应地，各企业的利润为：

$$\pi_1^S(\alpha_1,\ \alpha_2,\ \alpha_3)=(w^S-c_1)N^S=\frac{(2a-2\bar{c}-2\bar{c}_1+2\alpha_1+\alpha_2+\alpha_3)^2}{24b} \tag{4.24}$$

$$\pi_2^S(\alpha_1,\ \alpha_2,\ \alpha_3)=(P_S^*-c_2)n_2^S=\frac{(2a-2\bar{c}-2\bar{c}_1+2\alpha_1+7\alpha_2-5\alpha_3)^2}{72b} \tag{4.25}$$

$$\pi_3^S(\alpha_1,\ \alpha_2,\ \alpha_3)=(P_S^*-c_3)n_3^S=\frac{(2a-2\bar{c}-2\bar{c}_1+2\alpha_1+7\alpha_3-5\alpha_2)^2}{72b} \tag{4.26}$$

2. 垂直一体化

在垂直一体化的市场结构中，企业 1 与企业 2 组成联合体，企业 3 仍处于分解状态。根据上面的假设，企业 1 会为企业 2 设定一个相对优惠的核心模块价格，为了便于分析，将其设定为$w_2^I=c_1=\bar{c}_1-\alpha_1$，也就是说，企业 1 以成本价为企业 2 提供核心模块。企业 3 仍面临垄断定价。同样地，根据式（4.7）、式（4.10）、式（4.11）、式（4.12）能够得出最终消费品市场均衡时企业 3 面临的核心模块价格与需求量之间的关系：

$$w_3(n_3^I)=\frac{a-\bar{c}-3b\,n_3^I-\alpha_2+2\alpha_3+\bar{c}_1-\alpha_1}{2} \tag{4.27}$$

企业 1 选择最优产量以最大化其利润：

$$\max(w_3 - c_1)n_3^I \tag{4.28}$$

通过一阶条件得出最优产量：

$$n_3^I = \frac{a - \bar{c} - \bar{c}_1 + \alpha_1 - \alpha_2 + 2\alpha_3}{6b} \tag{4.29}$$

代入式（4.27）得出企业 1 为企业 3 设定的垄断定价：

$$w_3^I = w^I = \frac{a - \bar{c} + 3\bar{c}_1 - \alpha_2 + 2\alpha_3 - 3\alpha_1}{4} \tag{4.30}$$

代入式（4.6）、式（4.8）、式（4.9）可得：

$$n_2^I = \frac{5a - 5\bar{c} - 5\bar{c}_1 + 5\alpha_1 + 7\alpha_2 - 2\alpha_3}{12b} \tag{4.31}$$

$$n_1^I = N^I = n_2^I + n_3^I = \frac{7a - 7\bar{c} - 7\bar{c}_1 + 7\alpha_1 + 5\alpha_2 + 2\alpha_3}{12b} \tag{4.32}$$

$$P_I^* = \frac{5a + 7\bar{c} + 7\bar{c}_1 - 7\alpha_1 - 2\alpha_3 - 5\alpha_2}{12} \tag{4.33}$$

进而各企业的利润为：

$$\pi_1^I = (w_2{}^I - c_1)n_2^I + (w_3^I - c_1)n_3^I = \frac{(a - \bar{c} - \bar{c}_1 + \alpha_1 - \alpha_2 + 2\alpha_3)^2}{24b} \tag{4.34}$$

$$\pi_2^I = (P_I^* - c_2)n_2^I = \frac{(5a - 5\bar{c} - 5\bar{c}_1 + 5\alpha_1 + 7\alpha_2 - 2\alpha_3)^2}{144b} \tag{4.35}$$

$$\pi_3^I = (P_I^* - c_3)n_3^I = \frac{(2a - 2\bar{c} - 2\bar{c}_1 + 2\alpha_1 - 2\alpha_2 + 4\alpha_3)^2}{144b} \tag{4.36}$$

（三）引申结果

1. 产出引理

（1）最终消费品市场均衡时企业 1 的产出是企业 2 和企业 3 成本的减函数，即N^*（c_2，c_3）是c_2和c_3的减函数；企业 2 和企业 3 的产出是其自身成本的减函数、对方成本的增函数。

（2）企业 1 的均衡产出是三个企业技术创新的增函数，即$N^v(\alpha_1, \alpha_2, \alpha_3)$，$v = I$，$S$ 是α_1、α_2和α_3的增函数；无论是在垂直分解化的市场结构中还是在垂直一体化的市场结构中，企业 i 的产出是企业 1 和自身技术创新的增函数、企业 j 技术创新的减函数，即$n_i^S(\alpha_1, \alpha_2, \alpha_3)$是$\alpha_1$和$\alpha_i$的增函数、$\alpha_j$的减函数（$i$，$j = 2$，3；$i \neq j$）。

（3）企业 1 与企业 2 一体化整合时企业 2 的均衡产量大于企业 1 与企业 3 整合时企业 2 的均衡产量①。

证明：产出引理（1）是线性古诺博弈模型的基本特征，从式（4.6）、式（4.7）、式（4.8）中可以很容易地得出；产出引理（2）可以通过将各企业均衡时的产出对技术创新求一阶导数得出；产出引理（3）通过比较自身处于不同条件下的均衡产量（例如，比较n_2^I与n'^I_2）便可得知。

产出引理（1）意味着下游模块集成商生产成本的降低将提高消费品的总产出，而自身生产成本的降低在提高自身产出的同时能够抑制竞争对手。产出引理（2）告诉我们无论处于什么样的市场结构下，生产网络中任一企业的技术创新都能提高模块生产商的产出，因为任何企业的技术创新都能提高自身的产出水平进而提高总产出水平。模块集成商则不同：模块集成商的产出除了与上游模块生产商正相关外，其自身的技术创新也能提高产出，这是因为上游模块生产商的技术创新能降低下游模块集成商的采购成本，而自身的技术创新则直接降低自身的生产成本；相反，竞争对手的技术创新则会降低其生成成本，从而瓜分更多的市场份额。产出引理（3）意味着如果模块生产商只能在“自身一体化”和“看着对方一体化”中做出选择，它一定会选择前者，因为前者能占有更多市场份额。因此，即使不考虑市场势力的影响，模块集成商的一体化策略仍然是一种优势策略。

2. 技术创新驱动引理

（1）企业 1 在垂直分解化市场结构中的技术创新动力大于其在垂直一体化市场结构中的技术创新动力：

$$\frac{\partial \pi_1^S}{\partial \alpha_1} > \frac{\partial \pi_1^I}{\partial \alpha_1}$$

（2）垂直分解化时，企业 1 的技术创新动力与三个企业的技术创新正相关；

① 假定企业 1 与企业 3 一体化整合时企业 2 的产量为n'^I_2，根据式（4.31）可得到$n'^I_2 = \frac{2a - 2\bar{c} - 2\bar{c}_1 + 2\alpha_1 - 2\alpha_3 + 4\alpha_2}{12b}$（注意，这里调换了原式中$\alpha_2$与$\alpha_3$的位置），$n_2^I - n'^I_2 = \frac{a - \bar{c} - \bar{c}_1 + \alpha_1 + \alpha_2}{4b}$，根据$c_2 > 0$的条件知，$n_2^I - n'^I_2 > 0$。

垂直一体化时，企业 1 的技术创新动力与自身和企业 3 的技术创新正相关、与企业 2 的技术创新负相关，即：

$$\frac{\partial^2 \pi_1^S}{\partial {\alpha_1}^2}>0,\ \frac{\partial^2 \pi_1^S}{\partial \alpha_1 \alpha_2}>0,\ \frac{\partial^2 \pi_1^S}{\partial \alpha_1 \alpha_3}>0$$

$$\frac{\partial^2 \pi_1^I}{\partial {\alpha_1}^2}>0,\ \frac{\partial^2 \pi_1^I}{\partial \alpha_1 \alpha_2}<0,\ \frac{\partial^2 \pi_1^I}{\partial \alpha_1 \alpha_3}>0$$

（3）企业 1 与企业 2 一体化整合时企业 2 的技术创新动力大于企业 1 与企业 3 整合时企业 2 的技术创新动力：

$$\frac{\partial \pi_2^I}{\partial \alpha_2}>\frac{\partial {\pi'}_2^I}{\partial \alpha_2}$$①

（4）企业 1 与企业 2 的一体化整合对企业 2 的技术创新动力有正向影响，对企业 3 的技术创新动力有负向影响：

$$\frac{\partial \pi_2^I}{\partial \alpha_2}>\frac{\partial \pi_2^S}{\partial \alpha_2}>\frac{\partial {\pi'}_2^I}{\partial \alpha_2}$$

（5）无论在何种市场结构下，企业 2 的技术创新动力与企业 3 的技术创新负相关：

$$\frac{\partial^2 \pi_2^v}{\partial \alpha_2 \alpha_3}<0,\ v=I,\ S$$

证明：技术创新驱动引理（1）求π_1^v（$v=I,\ S$）对α_1的一阶导数，然后令其相减即可得证②；技术创新驱动引理（2）和技术创新驱动引理（5）可以通过对π_i^v（$v=I,\ S$）分别求α_i（$i=1,\ 2,\ 3$）的二阶导数或偏导数得出；技术创新驱

---

① ${\pi'}_2^I$表示当企业 3 与企业 1 垂直一体化时，企业 2 的利润，即 ${\pi'}_2^I=\frac{(2a-2\bar{c}-2\bar{c}_1+2\alpha_1-2\alpha_3+4\alpha_2)^2}{144b}$代表当企业 1 与企业 3 整合时企业 2 的利润（注意，这里将π_3^I中α_2与α_3的位置颠倒）。

② $\frac{\partial \pi_1^S}{\partial \alpha_1}=\frac{2a-2\bar{c}-2\bar{c}_1+2\alpha_1+\alpha_2+\alpha_3}{6b}$，$\frac{\partial \pi_1^I}{\partial \alpha_1}=\frac{a-\bar{c}-\bar{c}_1+\alpha_1-\alpha_2+2\alpha_3}{12b}<\frac{a-\bar{c}-\bar{c}_1+\alpha_1+\alpha_3}{12b}$，$a-\bar{c}-\bar{c}_1>0$，在垂直分解化的市场结构中，$\alpha_2^S=\alpha_3^S$；在垂直一体化市场结构中$\alpha_2^I>\alpha_3^I$（见下文推论 4-2-1 与推论 4-2-2），$\frac{\partial \pi_1^S}{\partial \alpha_1}=\frac{a-\bar{c}-\bar{c}_1+{\alpha^S}_1+{\alpha^S}_3}{3b}$，$\frac{\partial \pi_1^I}{\partial \alpha_1}<\frac{a-\bar{c}-\bar{c}_1+\alpha_1^I+\alpha_3^I}{12b}$，又$\alpha_1^S>\alpha_1^I$，$\alpha_3^S>{\alpha^I}_3$。因此，$\frac{\partial \pi_1^S}{\partial \alpha_1}>\frac{\partial \pi_1^I}{\partial \alpha_1}$。

动引理（3）和技术创新驱动引理（4）先求π_i^I有关α_i（$i=2$，3）的一阶导数，然后结合均衡产出与价格为正的条件（$w_3{}^I>0$，$N^I>0$）很容易得证。

技术创新驱动引理（1）意味着上游企业 1 更乐意在垂直分解化的市场中进行技术创新投资，这是因为只有在垂直分解化的市场结构中，企业 1 的技术创新才能同时影响企业 2 和企业 3，从而提高市场总需求与利润。而在垂直一体化的市场结构中，企业 1 技术创新的外部性完全被企业 2 获取，但企业 2 产出的提高无法对企业 1 的利润产生影响，企业 3 成为企业 1 技术创新对影响自身利润的唯一渠道，这就限制了企业 1 在垂直一体化市场中的技术创新动力。

技术创新驱动引理（2）表明在垂直分解化的市场结构中，每一企业的技术创新都能提高企业 1 的技术创新动力，原因在于每一企业的技术创新都能提高产品市场均衡时的市场总需求，从而提高企业 1 的利润。而在垂直一体化的市场结构中，企业 1 自身和企业 3 的技术创新投资能提高企业 1 的技术创新动力，而企业 2 的技术创新削弱了企业 1 的技术创新动力。这是因为企业 1 与企业 2 一体化时企业 1 以成本价为企业 2 提供投入品，这意味着企业 1 从企业 2 身上赚取的利润为 0，也就是说，一体化时企业 1 的利润主要来源于企业 3。而企业 2 的技术创新降低了企业 3 的投入品价格 w_3^I 以及产品市场均衡时企业 3 的产出，从而降低了企业 1 的整体利润。

技术创新驱动引理（3）说明，垂直一体化的市场结构更容易推动那些主动与上游模块生产商进行一体化的企业的技术创新。当一个企业主动与上游模块生产商进行一体化整合时，它的技术创新对处于分解地位的竞争对手的技术创新有两方面的负面影响：一是整合企业（如企业 1）的技术创新能降低市场均衡时的产品价格，从而降低竞争对手的利润；二是这种技术创新会降低竞争对手的均衡产量，从而也降低其利润。这种技术创新对整合企业自身的利润存在正反两种效应：一方面，整合企业的技术创新能够提高自身的均衡产量，从而提高利润；另一方面，这种技术创新会降低市场均衡时的产品价格，降低利润。产量效应大于价格效应使整合企业的利润升高，从而其技术创新动力得以提高。

技术创新驱动引理（4）表明不同的市场结构确实会对企业的技术创新带来影响，突出表现为同一下游模块集成商在垂直一体化市场结构下的技术创新动力更高，而且这种技术创新会对竞争对手产生抑制作用。与以上分析类似，整合企业的技术创新同时降低竞争对手的产品在市场均衡时的产出与价格，相应地，也就降低了它的技术创新动力。

技术创新驱动引理（5）表现了技术创新投资的替代性：竞争对手的技术创新削弱了整合企业的技术创新投资动力。这是因为无论在何种市场结构下，竞争对手的技术创新不仅会降低市场均衡时消费品的价格，还会降低市场均衡时自身的市场需求，从而降低利润。

（四）投资决策

以上分析构建了不同市场结构下各企业利润与其自身技术创新之间的关系，利用这种关系能够得到各企业的最优技术创新投资①，在此基础上，还可以进一步分析不同市场结构对企业技术创新的影响。

1. 最优技术创新投资

在垂直分解化的市场结构中，企业选择最优技术创新（投资）以最大化此市场结构下的利润：

$$\text{Max}\ \pi_i^S(\alpha_1,\ \alpha_2,\ \alpha_3)-R(\alpha_i) \tag{4.37}$$

为了简化分析，假定三个企业的技术创新函数相同：$R(\alpha_i)=k\alpha_i^2$，$k>0$。将式（4.24）、式（4.25）、式（4.26）代入式（4.37）并求一阶条件，运用MATLAB能够得到垂直分解化市场结构下企业 i 的最优技术创新投资 $\alpha_i^S(a,\ b,\ \bar{c},\ \bar{c}_1,\ k)$：

$$\alpha_1^S(a,\ b,\ \bar{c},\ \bar{c}_1,\ k)=\frac{6(a-\bar{c}-\bar{c}_1)}{36bk-13} \tag{4.38}$$

$$\alpha_2^S(a,\ b,\ \bar{c},\ \bar{c}_1,\ k)=\alpha_3^S(a,\ b,\ \bar{c},\ \bar{c}_1,\ k)=\frac{7(a-\bar{c}-\bar{c}_1)}{36bk-13} \tag{4.39}$$

类似地，也能够得出垂直一体化市场结构下企业 i 的最优技术创新投资 $\alpha_i^I(a,\ b,\ \bar{c},\ \bar{c}_1,\ k)$：

---

① 由于 $R(\alpha_i)=k\alpha_i^2$，$k>0$，$R(\alpha_i)$ 为 α_i 的严格递增、凸函数，因此，文中技术创新与技术创新投资等义，下文不做区分。

$$\alpha_1^I(a, b, \bar{c}, \bar{c}_1, k)=\frac{3(12kb-7)(a-\bar{c}-\bar{c}_1)}{864b^2k^2-426bk+49} \tag{4.40}$$

$$\alpha_2^I(a, b, \bar{c}, \bar{c}_1, k)=\frac{14(15kb-2)(a-\bar{c}-\bar{c}_1)}{864b^2k^2-426bk+49} \tag{4.41}$$

$$\alpha_3^I(a, b, \bar{c}, \bar{c}_1, k)=\frac{4(12kb-7)(a-\bar{c}-\bar{c}_1)}{864b^2k^2-426bk+49} \tag{4.42}$$

2. 市场结构与技术创新投资

(1) 同一市场结构下不同企业的技术创新投资。

确定不同市场结构下各企业均衡时的技术创新投资之后，就能够对其进行比较。这里首先分析同一市场结构下不同企业技术创新的大小。根据上面的分析，α_i^I 是 a、b、$\bar{c}$、$\bar{c}_1$、k 的函数，固定 a、b、$\bar{c}$、$\bar{c}_1$ 并用 MATLAB 模拟发现，无论在哪个市场结构下，当 $k\to\infty$ 时，$\alpha_i^I\to 0$ $(i=1, 2, 3)$①，即当技术创新成本较高时，无论哪个企业都不会进行技术创新投资。因此，该部分首先假定各企业的技术创新外生，即 $\alpha_i^I=0(i=1, 2, 3)$。此时，在垂直分解化的市场结构下，$n_1^S(0, 0, 0)=N^S(0, 0, 0)=2n_2^S(0, 0, 0)=2n_3^S(0, 0, 0)$，$\pi_1^S(0, 0, 0)=3\pi_2^S(0, 0, 0)=3\pi_3^S(0, 0, 0)$，均衡时企业 2 与企业 3 在产出和利润上相等，企业 1 的产出是两者的 2 倍、利润是两者的 3 倍。此时，在垂直一体化的市场结构下，$N^I(0, 0, 0)=n_1^I(0, 0, 0)>n_2^I(0, 0, 0)>n_3^I(0, 0, 0)$，$\pi_2^I(0, 0, 0)>\pi_1^I(0, 0, 0)>\pi_3^I(0, 0, 0)$。一方面，虽然企业 1 的产出最高，但企业 1 与企业 2 的一体化使投入品以成本定价，拉低了企业 1 的利润水平；另一方面，即使都不进行技术创新投资，企业 1 与企业 2 的一体化也能使企业 2 拥有更高的市场份额和利润水平。

当技术创新内生时，参照 Buehler 和 Schmutzler 的做法，假定市场规模 $a-\bar{c}-\bar{c}_1>0$②。在垂直分解化的市场结构中，运用 MATLAB 很容易得出 $\alpha_2^S=\alpha_3^S>\alpha_1^S$，如图 4-3 所示。

① 参见下文模拟部分。

② 这里假定 $a-\bar{c}-\bar{c}_1>0$，a 为最终品市场需求为 0 时产品的价格，$\bar{c}_1$ 和 $\bar{c}$ 分别为生产核心模块和最终品的初始成本，因此，$a-\bar{c}-\bar{c}_1$ 可作为衡量市场规模的标准，这里假定市场模块大于 0。

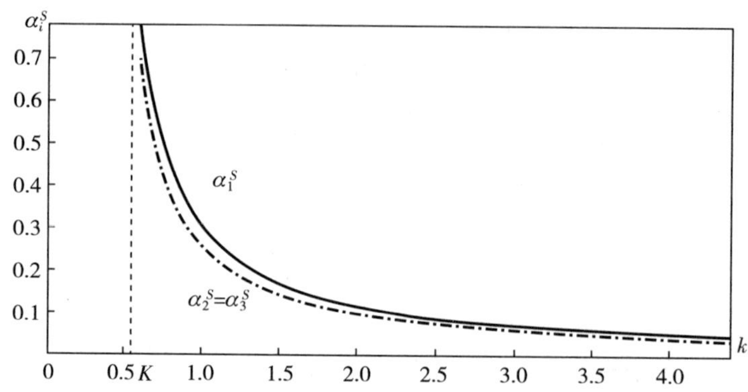

图 4-3　垂直分解化市场结构下各企业技术创新投资（$a-\bar{c}-\bar{c}_1=1$，$b=1$）

从图 4-3 中可以看出，当 $k>K$ 时，$\alpha_1^S>\alpha_2^S=\alpha_3^S$，也就是说，在垂直分解化的市场结构中，上游企业 1 的技术创新投入要恒大于下游企业 2 和企业 3，这是因为产品市场均衡时企业 1 的市场需求量为企业 2 和企业 3 的和。相应地，在相同市场价格下，企业 1 的利润要恒大于企业 2 和企业 3，更高的利润推动其进行更高水平的技术创新投资。同时，技术创新的内生性并未改变各个企业的产出与利润差额①。

而在垂直一体化的市场结构下，$\alpha_2^I>\alpha_3^I>\alpha_1^I$（$k>0$，$b>0$），企业 1 仍然是技术创新最低的一个，而一体化整合使企业 2 的技术创新相比企业 3 更高，与此同时，技术创新的内生性虽未改变三个企业产出和利润的相对地位②，但相对产出与利润的差距逐渐扩大③，如图 4-4 所示。

概括地说，能够得出如下推论。

在一个由单个模块生产商、两个模块集成商和 N 个代表性消费者组成的生产网络中，如果两个下游模块集成商进行古诺博弈，那么：

---

① $n_1^S(\alpha_1^S,\alpha_2^S,\alpha_3^S)=N^S(\alpha_1^S,\alpha_2^S,\alpha_3^S)=2n_2^S(\alpha_1^S,\alpha_2^S,\alpha_3^S)=2n_3^S(\alpha_1^S,\alpha_2^S,\alpha_3^S)$，$\pi_1^S(\alpha_1^S,\alpha_2^S,\alpha_3^S)=3\pi_2^S(\alpha_1^S,\alpha_2^S,\alpha_3^S)=3\pi_3^S(\alpha_1^S,\alpha_2^S,\alpha_3^S)$。

② $N^I(\alpha_1^I,\alpha_2^I,\alpha_3^I)=n_1^I(\alpha_1^I,\alpha_2^I,\alpha_3^I)>n_2^I(\alpha_1^I,\alpha_2^I,\alpha_3^I)>n_3^I(\alpha_1^I,\alpha_2^I,\alpha_3^I)$，$\pi_2^I(\alpha_1^I,\alpha_2^I,\alpha_3^I)>\pi_1^I(\alpha_1^I,\alpha_2^I,\alpha_3^I)>\pi_3^I(\alpha_1^I,\alpha_2^I,\alpha_3^I)$。

③ 运用 MATLAB 发现：$n_2^I(\alpha_1^I,\alpha_2^I,\alpha_3^I)-n_3^I(\alpha_1^I,\alpha_2^I,\alpha_3^I)>n_2^I(0,0,0)-n_3^I(0,0,0)$；$\pi_2^I(\alpha_1^I,\alpha_2^I,\alpha_3^I)-\pi_3^I(\alpha_1^I,\alpha_2^I,\alpha_3^I)>\pi_2^I(0,0,0)-\pi_3^I(0,0,0)$。

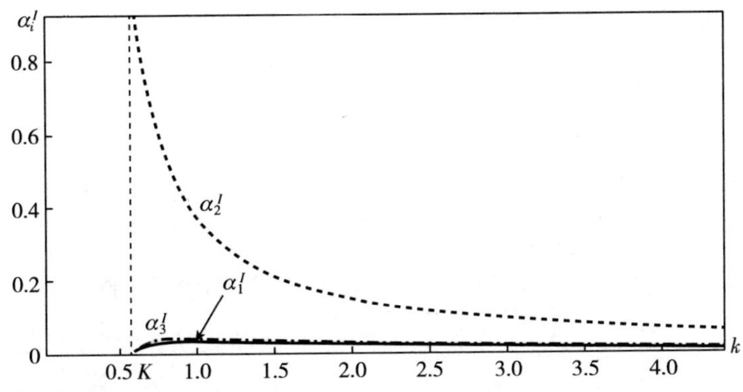

图 4-4　垂直一体化市场结构下各企业技术创新投资（$a-\bar{c}-\bar{c}_1=1$，$b=1$）

推论 4-2-1：在垂直分解化的市场结构中，如果技术创新外生且相等，市场均衡时垄断模块生产商的产出是模块集成商的 2 倍，利润是其 3 倍；如果技术创新内生，市场均衡时模块集成商的技术创新大于垄断模块生产商的技术创新，但上下游厂商的产出与利润差距并未改变。

推论 4-2-2：在垂直一体化的市场结构中，如果技术创新投资外生且相等，垄断模块生产商虽然在市场均衡时其产出最大，但利润小于整合的集成商、大于分解的模块集成商①，而模块集成商在市场均衡时整合的模块集成商比分解的模块集成商拥有更高的市场份额与利润水平；如果技术创新投资内生，市场均衡时整合的模块集成商的技术创新投资依次大于分解的模块集成商技术创新投资、垄断模块生产商的技术创新投资，三者在市场份额与利润方面的差距不断扩大。

垂直分解化市场结构下企业 1 占据全部市场需求，企业 2 与企业 3 平均瓜分市场需求，因此企业 1 的产出和利润与企业 2 和企业 3 之间的差额并未改变。而在垂直一体化市场结构下，企业 2 与企业 3 在下游市场仍通过古诺博弈瓜分市场，但企业 1 由于为企业 2 的投入品设定成本价格，因此其利润受到影响；就企业 2 和企业 3 来说，当技术创新投资外生时，整合的模块集成商拥有的更高的市

① 整合的模块集成商指与模块生产商一体化整合的模块集成商，分解的模块集成商指除整合的模块集成商外的另一模块集成商，下同。

场份额与利润水平来源于一体化时模块生产商为其设定的较低投入品（核心模块）价格；当技术创新投资内生时，由于产品市场均衡时整合模块集成商产出（即市场需求）更高，其技术创新驱动更高［技术创新驱动引理（2）］，最终导致其技术创新投资更高。

（2）不同市场结构下同一企业的技术创新投资。

现在进一步分析不同市场结构对同一企业技术创新投资的影响。首先比较垂直分解化和垂直一体化市场结构下企业 1 技术创新投资的大小。与以上分析类似，选取固定的 a、b、$\bar{c}$、$\bar{c}_1$ 值，运用 MATLAB 模拟发现，当 $k>K$ 时①，$\alpha_1^S>\alpha_1^I$，如图 4－5 所示。

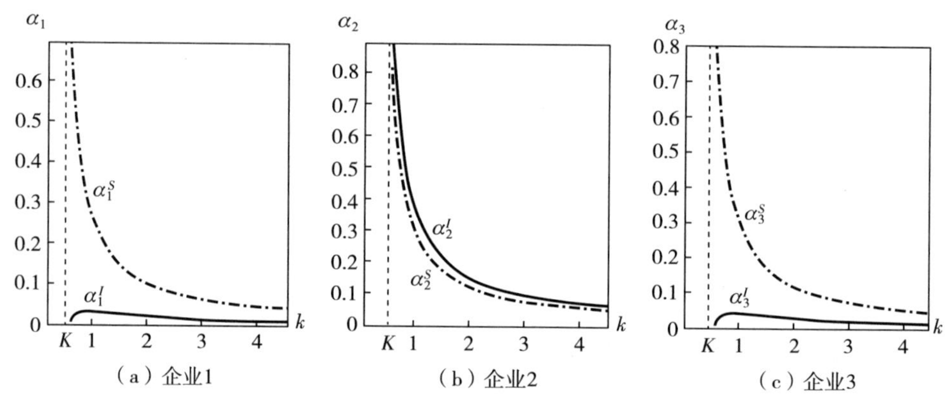

图 4－5　不同市场结构下同一企业的技术创新投资（$a-\bar{c}-\bar{c}_1=1$，$b=1$）

图 4－5 意味着企业 1 垂直分解化下的技术创新投资大于垂直一体化下的技术创新投资，这与技术创新驱动引理（1）逻辑一致——垂直分解化市场结构下企业 1 的技术创新动力更高。值得注意的是，这与 Chen 和 Sappington（2010）的结论相反，他们的结论建立在上游企业投入品价格外生的基础上（以成本对投入品进行定价），本节假定上游企业投入品价格内生于下游产品需求。对于企业 2 和企业 3，这里发现 $\alpha_2^I>\alpha_2^S$，$\alpha_3^I<\alpha_3^S$，这表明相比于垂直分解化的市场结构，垂

① 此处假定 $k>K$ 是为了保证各企业利润函数的凹性。

直一体化下企业 2 的技术创新投资更高（企业 1 与企业 2 整合时）、企业 3 的技术创新投资更低。由于 $\alpha_2^I > \alpha_2^S = \alpha_3^S$，因此 $\alpha_2^I > \alpha_2^S > \alpha_3^I$，这体现了 Buehler 等提出的“一体化的恐吓效应”（Intimidation Effect），即垂直一体化在提高被整合企业技术创新投资的同时损害了处于这种情况下分解企业的技术创新投资。

推论 4－2－3：在一个由单个模块生产商、两个模块集成商和 N 个代表性消费者组成的生产网络中，如果两个下游模块集成商进行古诺博弈，那么模块生产商与一个模块集成商的垂直一体化在提高这个模块集成商技术创新投资的同时会降低模块生产商与另一模块集成商的技术创新投资。

这是本节得出的一个关键结论，体现了垂直一体化的战略优势。对于企业 1，垂直一体化虽提高了其在市场均衡时的产出（$n_1^I > n_1^S$），但企业 1 对企业 2 的差别性定价使这种产出并未全部转化为利润，这导致了一体化时企业 1 的总体利润水平低于分解时的利润水平（$\pi_1^I > \pi_1^S$）；对于企业 2 和企业 3，一体化整合对它们的影响根源于一体化对市场均衡时产出的影响，同产出引理（3）和技术创新驱动引理（4）一致，一体化整合在使企业 2 的产出和创新动力增加的同时降低了企业 3 的产出和创新动力，这种替代性导致了产品市场均衡时企业 2 与企业 3 技术创新投资的“此增彼减”。

（五）市场结构选择

上述对市场结构与技术创新及利润之间关系的探讨建立在市场结构外生假定的基础上，例如，本节推论 4－2－2 中的“利润水平”是企业在产品市场均衡时的利润扣除研发成本后的净利润，它并未考虑垂直一体化时的整合成本 F_i。本部分内生化企业的市场结构选择策略，假定各企业的净利润为 $\overline{\pi}_i^v = \pi_i^v - R(\alpha_i)$，$i = 1, 2, 3$，$v = I, S$。同上面分析类似，本部分固定市场规模与产品的边际需求，运用 MATLAB 模拟得到图 4－6。

从图 4－6 可以看出，$\overline{\pi}_1^I + \overline{\pi}_i^I < \overline{\pi}_1^S + \overline{\pi}_i^S$，自然地，$\overline{\pi}_1^I + \overline{\pi}_i^I - F < \overline{\pi}_1^S + \overline{\pi}_i^S$。也就是说，即使一体化整合的成本为 0（$F = 0$），垂直分解化市场结构下企业 1 与企业 2 利润之和也恒大于垂直一体化时两者的利润之和，因此，市场结构一定会保持垂直分解化的状态。

推论 4－2－4：在一个由单个模块生产商、两个模块集成商和 N 个代表性消费者组成的生产网络中，如果下游两个模块集成商进行古诺博弈，那么在模块生

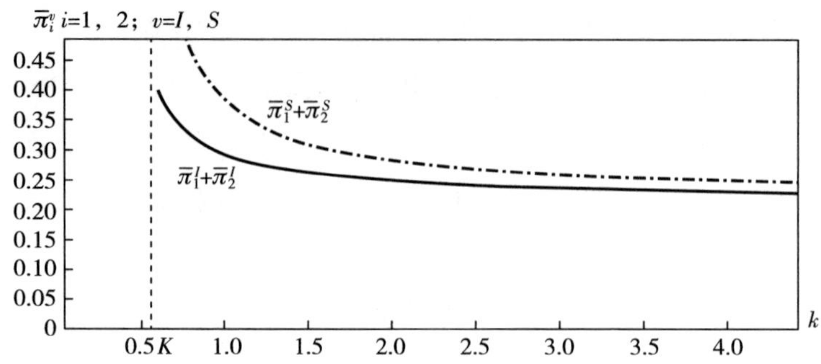

图4－6　不同市场结构下企业1与企业2净利润之和（$a-\overline{c}-\overline{c}_1=1$，$b=1$）

产商与模块集成商的技术创新内生的情况下，市场结构将保持垂直分解化状态。

垂直一体化虽然提高了整合模块集成商的净利润，但这是以损害模块生产商和另一模块集成商的净利润为前提的。通过计算我们得知，一体化整合使企业2提高的利润（$\overline{\pi}_2^I-\overline{\pi}_2^S$）要小于其给企业1带来的利润损失（$\overline{\pi}_1^I-\overline{\pi}_1^S$），这种损失来源于企业1为企业2设定较低的投入品价格，本节将会在扩展部分进一步讨论投入品定价问题。

（六）福利分析

本部分讨论模块化生产网络中企业不同的市场结构选择对消费者和社会（整个生产网络）福利的影响。

1. 消费者福利

由于本节假定最终消费品同质，因此，价格成为衡量消费者福利的标准：价格越高，消费者福利越低；价格越低，消费者福利越高。根据前面的分析，垂直分解化和垂直一体化市场结构下的均衡产品价格分别为：

$$P_S^*=\frac{4a+2\overline{c}-2\overline{c}_1+2\alpha_1-\alpha_3-\alpha_2}{6} \tag{4.43}$$

$$P_I^*=\frac{5a+7\overline{c}+7\overline{c}_1-7\alpha_1-2\alpha_3-5\alpha_2}{12} \tag{4.44}$$

将各企业最优技术创新投资α_i^v（$i=1，2，3$；$v=I，S$）代入上式得：

$$P_S^*=-\frac{27a+12\overline{c}-14\overline{c}_1-72abk-2\alpha_3-36bck+36b\overline{c}_1k}{3(36bk-13)} \tag{4.45}$$

$$P_I^* = \frac{12(49a - 294abk - 132\bar{c}bk - 132b\bar{c}_1k + 360ab^2k^2 + 504\bar{c}b^2k^2 + 504\bar{c}_1b^2k^2)}{864b^2k^2 - 426bk + 49} \tag{4.46}$$

固定 a、b、$\bar{c}$、$\bar{c}_1$ 的值发现，当 $k > K$ 时，$P_I^* > P_S^*$，即垂直一体化提高了产品价格，也就降低了消费者福利。

推论 4－2－5：在一个由单个模块生产商、两个模块集成商和 N 个代表性消费者组成的生产网络中，如果下游两个模块集成商进行古诺博弈，在技术创新投资内生的情况下，垂直一体化市场结构下的消费者福利低于垂直分解化市场结构下的消费者福利。

2. 社会福利

由于社会福利不仅与产品市场均衡时的总产出相关，还受均衡时产品价格的影响，所以本节将不同市场结构下产品市场均衡时的总产出与产品价格之积作为社会福利（W）的衡量标准。由上面的分析可知，产品市场均衡时的社会总产出为：

$$N^S = \frac{2a - 2\bar{c} - 2\bar{c}_1 + 2\alpha_1 + \alpha_3 + \alpha_2}{6b}$$

$$N^I = \frac{7a - 7\bar{c} - 7\bar{c}_1 + 7\alpha_1 + 5\alpha_2 + 2\alpha_3}{12b}$$

那么不同市场结构下的社会总福利分别为：

$$W^S = P_S^* N^S = \frac{(4a + 2\bar{c} - 2\bar{c}_1 + 2\alpha_1 - \alpha_3 - \alpha_2)(2a - 2\bar{c} - 2\bar{c}_1 + 2\alpha_1 + \alpha_3 + \alpha_2)}{36b} \tag{4.47}$$

$$W^I = P_I^* N^I = \frac{(5a + 7\bar{c} + 7\bar{c}_1 - 7\alpha_1 - 2\alpha_3 - 5\alpha_2)(7a - 7\bar{c} - 7\bar{c}_1 + 7\alpha_1 + 2\alpha_3 + 5\alpha_2)}{144b} \tag{4.48}$$

将各企业最优技术创新投资 α_i^v（$i = 1, 2, 3$；$v = I, S$）代入式（4.47）和式（4.48）并运用 MATLAB 模拟得到图 4－7。

由图 4－7 可知，$W^I > W^S$。也就是说，垂直一体化时的社会福利更高，表现在产品市场均衡时垂直一体化市场结构下的社会总产出更高，这来源于上游企业对下游整合企业的投入品设定较低的价格，较低的定价大幅提高了整合企业的产

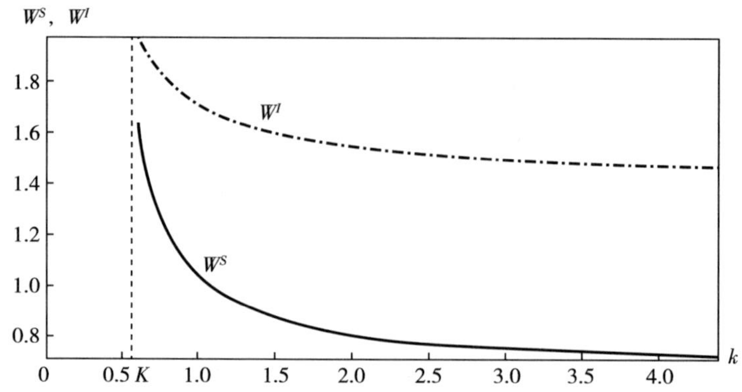

图4-7　不同市场结构下的社会福利（$a-\bar{c}-\bar{c}_1=1$，$b=1$）

出水平，进而推动了总产出的提高。

推论4-2-6：在一个由单个模块生产商、两个模块集成商和N个代表性消费者组成的生产网络中，如果下游两个模块集成商进行古诺博弈，在技术创新投资内生的情况下，垂直一体化市场结构下的社会福利高于垂直分解化市场结构下的社会福利。

（七）模型扩展

由推论4-2-4得知，下游模块集成商在技术创新内生情况下进行古诺博弈将导致垂直分解化的市场结构。上游模块生产商（如企业1）之所以会放弃与下游模块集成商（如企业2）的垂直一体化，根本原因在于一体化使两者的总利润相比分解化时更低，而总利润降低的原因在于本节对企业2投入品价格的假定——企业1以模块生产成本为企业2定价，这种假定使得一体化时企业1从企业2身上获取0利润。这符合传统交易成本理论中一体化能够完全消除交易成本的结论，但现实情况是即使在大型垂直一体化企业（或集团）的纯内部交易中，上下游子企业也要保证自身的相对利润。因此，本部分将对上游模块生产商在垂直一体化市场结构中的投入品定价问题进行扩展。

现在固定w_2^I，运用相同的思路来计算垂直一体化市场结构下各企业均衡时的参数，如下：

$$n_3^I=\frac{a-\bar{c}-2\bar{c}_1+w_2^I+2\alpha_1-\alpha_2+2\alpha_3}{6b} \tag{4.49}$$

$$w_3^I = \frac{a - \bar{c} + 2\bar{c}_1 + w_2^I - 2\alpha_1 - \alpha_2 + 2\alpha_3}{4} \tag{4.50}$$

$$n_2^I = \frac{5a - 5\bar{c} + 2\bar{c}_1 - 7w_2^I - 2\alpha_1 + 7\alpha_2 - 2\alpha_3}{12b} \tag{4.51}$$

$$n_1^I = N^I = n_2^I + n_3^I = \frac{7a - 7\bar{c} - 2\bar{c}_1 + 2\alpha_1 - 5w_2^I + 5\alpha_2 + 2\alpha_3}{12b} \tag{4.52}$$

$$P_I^* = \frac{5a + 7\bar{c} + 2\bar{c}_1 - 2\alpha_1 + 5w_2^I - 2\alpha_3 - 5\alpha_2}{12} \tag{4.53}$$

各企业的利润为：

$$\pi_1{}^I = (w_2^I - c_1)n_2^I + (w_3^I - c_1)n_3^I = \frac{(a - \bar{c} - 2\bar{c}_1 + w_2^I + 2\alpha_1 - \alpha_2 + 2\alpha_3)^2}{24b} + \frac{(w_2^I - \bar{c} + \alpha_1)(5a - 5\bar{c} + 2\bar{c}_1 - 7w_2^I - 2\alpha_1 + 7\alpha_2 - 2\alpha_3)}{12b} \tag{4.54}$$

$$\pi_2^I = (P_I^* - c_2)n_2^I = \frac{(5a - 5\bar{c} + 2\bar{c}_1 - 7w_2^I - 2\alpha_1 + 7\alpha_2 - 2\alpha_3)^2}{144b} \tag{4.55}$$

$$\pi_3{}^I = (P_I^* - c_3)n_3^I = \frac{(a - \bar{c} - 2\bar{c}_1 + w_2^I + 2\alpha_1 - \alpha_2 + 2\alpha_3)^2}{36b} \tag{4.56}$$

均衡时的技术创新投资为：

$$\alpha_1^I(a, b, \bar{c}, \bar{c}_1, k) = \frac{(14\bar{c}_1 - 14w_2^I + 1512ab^2k^2 - 1512\bar{c}b^2k^2 - 1512w_2^Ib^2k^2 - 396abk + 396b\bar{c}k + 57b\bar{c}_1k + 339bkw_2^I)}{5184b^3k^3 - 2340b^2k^2 + 225bk + 14} \tag{4.57}$$

$$\alpha_2^I(a, b, \bar{c}, \bar{c}_1, k) = \frac{7(2\bar{c} - 2a + 2w_2^I + 180ab^2k^2 - 180\bar{c}b^2k^2 + 72\bar{c}_1b^2k^2 - 252w_2^Ib^2k^2 - 45abk + 45\bar{c}bk + 45w_2^Ibk)}{5184b^3k^3 - 2340b^2k^2 + 225bk + 14} \tag{4.58}$$

$$\alpha_3^I(a, b, \bar{c}, \bar{c}_1, k) = \frac{2(7\bar{c} - 7a + 7w_2^I + 144ab^2k^2 - 144\bar{c}b^2k^2 - 288\bar{c}_1b^2k^2 + 144w_2^Ib^2k^2 + 84\bar{c}_1bk - 84w_2^Ibk)}{5184b^3k^3 - 2340b^2k^2 + 225bk + 14} \tag{4.59}$$

为了求出企业 1 与企业 2 在不同市场结构下净利润总和相等时的 w_2^I，令：

$$\bar{\pi}_1{}^I + \bar{\pi}_i{}^I - F = \bar{\pi}_1{}^S + \bar{\pi}_i{}^S \tag{4.60}$$

将均衡时各企业的技术创新投资 α_1^I、α_2^I、α_3^I 代入均衡时的净利润函数中（$\bar{\pi}_i{}^I = \pi_i^I - k\,\alpha_i^2$；$i=1$，2，3；$v=I$，$S$）并固定 F 的值，一定能够得出 $w_2^I = \bar{w}_2^I > c_1$①。进而，当 $w_2^I > \bar{w}_2^I$时，$\bar{\pi}_1^I + \bar{\pi}_i^I - F > \bar{\pi}_1^S + \bar{\pi}_i^S$，这时企业 1 与企业 2 一定会进行垂直一体化；当 $w_2^I < \bar{w}_2^I$时，$\bar{\pi}_1^I + \bar{\pi}_i^I - F < \bar{\pi}_1^S + \bar{\pi}_i^S$，企业 1 与企业 2 将保持垂直分解状态。概括地说，能够得出如下推论。

推论 4-2-7：在一个由单个模块生产商、两个模块集成商和 N 个代表性消费者组成的生产网络中，如果下游两个模块集成商进行古诺博弈，那么市场结构将取决于一体化时上游模块生产商为下游模块集成商设定的投入品价格的大小：当 $w_2^I \geqslant \bar{w}_2^I$时，市场结构为垂直一体化；当 $w_2^I < \bar{w}_2^I$时，市场结构则为垂直分解化。

三、伯特兰德博弈

模块化生产网络的一个重要特征是网络中企业间的市场地位并不相同，核心模块生产商往往拥有更大的市场势力。在古诺博弈中，核心模块生产商拥有投入品的市场定价权，可以运用市场势力来影响市场结构。但在伯特兰德博弈中，无论模块生产商怎样进行投入品定价以及选择什么样的市场结构，下游模块集成商总能瓜分一定的市场份额，这是因为我们假定下游产品市场不仅产品同质，而且价格相同。现在假定一个“赢者通吃”的市场环境，即下游产品市场产品仍然同质，但价格不同，价低者能够获得整个市场。基本假设与古诺博弈相同，仍然从逆向归纳开始。

（一）逆向归纳

第四步：在最终消费品市场上，企业 2 与企业 3 进行伯特兰德博弈。由于此处仍然假定产品同质，所以在最终消费品市场上出价最低者获得整个市场：

$$n_i^{vB} = \begin{cases} N, & p_i < p_j \\ 0, & p_i > p_j \\ \dfrac{a + c_j - 2\,c_i}{3b}, & p_i = p_j \end{cases} \qquad v = S,\ I;\ i,\ j = 2,\ 3;\ i \neq j \tag{4.61}$$

① 固定 a、b、$\bar{c}$、$\bar{c}_1$ 的值一定能救出w_2^I，但由于其形式过于复杂，在此省略，这并不影响该部分的分析。

其中，n_i^{vB} 表示企业 i 在 v 市场结构下进行伯特兰德博弈的产出。对于企业 1 来说，无论哪个下游模块集成商胜出，它都能获得整个市场。下游市场的伯特兰德博弈决定最终消费品价格等于下游企业边际成本较大的那一个，因为在面临竞争对手以边际成本定价时，较大边际成本企业的利润为 0。

$$n_1^{vB} = N \tag{4.62}$$

$$P = \max\{c_2, c_3\} \tag{4.63}$$

第三步：企业 1 设定核心模块价格。在这一步，企业 1 仍然面临两种定价选择：如果企业 1 不与企业 2 进行一体化整合，那么企业 1 按照市场需求为企业 i 设定一个垄断价格 $w^{SB} = w_i^{SB}$ ①（i 代表胜出企业，$i=2$ 或 3，S 代表 Seperation，B 代表 Bertrand）；如果企业 1 与企业 i 进行垂直一体化整合，那么企业 1 会为企业 i 设定一个优惠的价格 $c_1 < w^{IB} = w_i^{IB} < w_i^{SB}$。

第二步：类似地，在第二步三个企业同时进行技术创新投资以降低各自的边际成本。边际成本用 c_i（$i=1, 2, 3$）表示，各自的技术创新投资能够将边际成本降低 α_i（$i=1, 2, 3$）。假定企业 1 生产核心模块的初始生产成本为 $\bar{c}_1$，企业 2 与企业 3 有相同的最终消费品初始生产成本，即 $\bar{c}_2 = \bar{c}_3 = \bar{c}$，得：

$$c_1 = \bar{c}_1 - \alpha_1 \tag{4.64}$$

$$c_2 = w_2^{SB} + \bar{c} - \alpha_2 \tag{4.65}$$

$$c_3 = w_3^{SB} + \bar{c} - \alpha_3 \tag{4.66}$$

另外，假定技术创新函数为 $R(\alpha_i)$，$R(\alpha_i)$ 为 α_i 的严格递增、凸函数，且 $\lim_{\alpha_i \to 0} R(\alpha_i) = 0$，$\lim_{\alpha_i \to \bar{c}_i} R(\alpha_i) = \infty$ 以及 $\lim_{\alpha_i \to 0} R'(\alpha_i) = 0 (i=1, 2, 3)$②。

第一步：在这一步，企业 1 与企业 2 决定是否进行垂直一体化整合。固定整合成本的假定与古诺博弈类似。类似地，当 $v=S$ 时，企业 i 选择 α_i 以最大化其利润：

$$\max \pi_i^{SB}(\alpha_1, \alpha_2, \alpha_3) - R(\alpha_i), \ i=1, 2 \tag{4.67}$$

当 $v=I$ 时，假定企业 1 与企业 i 组成联合体，因此，两者利润最大化变为：

---

① 由于此时市场只有一个下游企业胜出，因此，企业 1 不对投入品进行差别性定价。

② 这里同样假定三个企业的技术创新函数相同。

$$\max \pi_i^{IB}(\alpha_1, \alpha_2, \alpha_3) - R(\alpha_i), \ i = 1, 2 \tag{4.68}$$

(二) 最终消费品市场均衡

这部分仍然分两步来讨论:

1. 垂直分解化市场结构

在垂直分解化的市场结构下,企业 1 根据自身利润最大化进行投入品定价。假定$p_2 < p_3$,此时企业 2 获得整个最终消费品市场,固定 α_3,此时最终消费品市场价格为:

$$P^{SB} = p_2 = c_3 = w_3^{SB} + \bar{c} - \alpha_3 = c_3 = w^{SB} + \bar{c} - \alpha_3 \tag{4.69}$$

相应地,最终消费品市场的需求为:

$$N^{SB} = \frac{a - w^{SB} - \bar{c} + \alpha_3}{b} \tag{4.70}$$

这同时也是市场对企业 1 核心模块的需求,因此,企业 1 的利润最大化变为:

$$\max(w^{SB} - c_1)\left(\frac{a - w^{SB} - \bar{c} + \alpha_3}{b}\right) \tag{4.71}$$

通过对w^{SB}求一阶条件,能够得出企业 1 最优的投入品定价:

$$w^{SB} = \left(\frac{a - \bar{c} + \alpha_3 + \bar{c}_1 - \alpha_1}{2}\right) \tag{4.72}$$

将式(4.70)代入式(4.67)、式(4.68)得:

$$P^{SB} = p_2^{SB} = \frac{a + \bar{c} - \alpha_3 + \bar{c}_1 - \alpha_1}{2} \tag{4.73}$$

$$n_1^{SB} = N^{SB} = \frac{a - \bar{c}_1 + \alpha_1 - \bar{c} + \alpha_3}{2b} \tag{4.74}$$

进而企业 1 与企业 2 的利润分别为:

$$\pi_1^{SB}(\alpha_1, \alpha_3) = (w^{SB} - c_1)N^{SB} = \frac{(a - \bar{c}_1 + \alpha_1 - \bar{c} + \alpha_3)^2}{4b} \tag{4.75}$$

$$\pi_2^{SB}(\alpha_1, \alpha_3) = (P^{SB} - c_2)N^{SB} = \frac{(\alpha_2 - \alpha_3)(a - \bar{c}_1 + \alpha_1 - \bar{c} + \alpha_3)}{2b} \tag{4.76}$$

同理,如果$p_2 > p_3$,那么:

$$w^{SB} = \left(\frac{a - \bar{c} + \alpha_2 + \bar{c}_1 - \alpha_1}{2}\right) \tag{4.77}$$

$$P^{SB}=p_2^{SB}=\frac{a+\bar{c}-\alpha_2+\bar{c}_1-\alpha_1}{2} \tag{4.78}$$

$$n_1^{SB}=N^{SB}=\frac{a-\bar{c}_1+\alpha_1-\bar{c}+\alpha_2}{2b} \tag{4.79}$$

$$\pi_1^{SB}(\alpha_1,\ \alpha_3)=(w^{SB}-c_1)N^{SB}=\frac{(a-\bar{c}_1+\alpha_1-\bar{c}+\alpha_2)^2}{4b} \tag{4.80}$$

$$\pi_2^{SB}(\alpha_1,\ \alpha_3)=(P-c_2)N^{SB}=\frac{(\alpha_3-\alpha_2)(a-\bar{c}_1+\alpha_1-\bar{c}+\alpha_2)}{2b} \tag{4.81}$$

2. 垂直一体化市场结构

在垂直一体化的市场结构下，企业 1 选择与下游博弈胜出企业垂直一体化。假定企业 2 胜出，此时企业 1 外生性地对企业 2 的投入品进行定价，而一体化时作为投入品的核心模块的价格为$c_1<w^{IB}<w^{SB}$，那么：

$$P^{IB}=p_2=c_3=w_3^{IB}+\bar{c}-\alpha_3=c_3=w^{IB}+\bar{c}-\alpha_3 \tag{4.82}$$

$$n_1^{IB}=N^{IB}=\frac{a-w^{IB}-\bar{c}+\alpha_3}{b} \tag{4.83}$$

$$\pi_1^{IB}(\alpha_1,\ \alpha_3)=(w^{IB}-\bar{c}_1+\alpha_1)(\frac{a-w^{IB}-\bar{c}+\alpha_3}{b}) \tag{4.84}$$

$$\pi_2^{IB}(\alpha_1,\ \alpha_3)=(\alpha_2-\alpha_3)\left(\frac{a-w^{IB}-\bar{c}+\alpha_3}{b}\right) \tag{4.85}$$

综合以上分析，能够得出以下引理：

（1）产出引理。

当下游两个厂商进行伯特兰德博弈时，上游厂商与下游获胜方分别独占上游和下游市场，市场均衡时的产出与上游厂商和下游非获胜方的技术创新正相关，与下游获胜方的技术创新不相关。

（2）技术创新驱动引理。

1）在每一种市场结构下，上游厂商与下游获胜方的技术创新驱动相同：

$$\frac{\partial\ \pi_1^{SB}}{\partial\ \alpha_1}=\frac{\partial\ \pi_2^{SB}}{\partial\ \alpha_2},\ \frac{\partial\ \pi_1^{IB}}{\partial\ \alpha_1}=\frac{\partial\ \pi_2^{IB}}{\partial\ \alpha_2}$$

2）上游厂商和下游获胜方在垂直一体化市场结构下的技术创新动力要大于两者在垂直分解化市场结构下的技术创新动力：

$$\frac{\partial \pi_1^{IB}}{\partial \alpha_1} > \frac{\partial \pi_1^{SB}}{\partial \alpha_1}, \quad \frac{\partial \pi_2^{IB}}{\partial \alpha_2} > \frac{\partial \pi_2^{SB}}{\partial \alpha_2}$$

3）在垂直分解化市场结构下，上游厂商和下游获胜方的技术创新动力与上游厂商和下游非获胜方的技术创新正相关；在垂直一体化市场结构下，上游厂商和下游获胜方的技术创新动力与下游非获胜方的技术创新正相关：

$$\frac{\partial^2 \pi_1^{SB}}{\partial \alpha_1{}^2} = \frac{\partial^2 \pi_2^{SB}}{\partial \alpha_2 \alpha_1} > 0, \quad \frac{\partial^2 \pi_1^{SB}}{\partial \alpha_1 \alpha_3} = \frac{\partial^2 \pi_2^{SB}}{\partial \alpha_2 \alpha_3} > 0$$

$$\frac{\partial^2 \pi_1^{IB}}{\partial \alpha_1 \alpha_3} = \frac{\partial^2 \pi_2^{IB}}{\partial \alpha_2 \alpha_3} > 0$$

证明：产出引理由市场均衡时的总产出分别对α_1和α_3求一阶导数得出；技术创新引理1）和引理3）分别以不同市场结构下均衡时的利润函数对相应技术创新参数求一阶或二阶导数得出；技术创新引理2）先对不同市场结构下同一厂商利润求其技术创新参数的一阶导数，然后结合假定$c_1 < w^{IB} < w^{SB}$即可得证。

产出引理表明当上游厂商和下游非获胜方进行技术创新时，市场均衡情况下的总需求（或总产出）将提高，这是因为两者的技术创新降低了市场均衡时的产品价格，刺激了总需求。总产出与获胜方的技术创新无关，根本原因在于获胜方以对手边际成本定价，这个价格与其技术创新无关。技术创新驱动引理1）暗示了相同市场结构下上游厂商与下游获胜方技术创新动力相同，两者的边际利润在不同市场结构下都与自身的技术创新线性相关，而在不同市场结构下两者还都面临相同的市场需求量。技术创新驱动引理2）意味着当厂商能在不同市场结构下做出选择时，垂直一体化市场结构更有可能推动自身的技术创新，垂直一体化时虽然上游厂商为下游获胜方设定一个较低的投入品价格，降低了上游厂商的边际利润，但较低的投入品价格同时降低了下游获胜方的成本，提高了市场总需求，而需求提高的正效应大于价格降低的负效应，所以总利润仍然提高，进而使技术创新投资得以实施。技术创新驱动引理3）与引理1）的逻辑一致，表明相同市场结构下，下游非获胜方的技术创新对上游厂商与下游获胜方技术创新的推动作用相同，垂直一体化时上游厂商和下游获胜方的技术创新动力之所以只跟非获胜方的技术创新相关是因为本节外生化了投入品价格。

（三）投资决策

上面的研究得出了不同市场结构下上下游企业在市场均衡时的利润与各自技

术创新之间的关系，现在内生化技术创新投资，将技术创新成本纳入模型分析中，可得出不同市场结构下各企业的最优技术创新投资。

1. 最优技术创新投资

在垂直分解化的市场结构中，企业 1 与企业 2 选择最优的技术创新投资 α_1 与 α_2 以最大化各自的利润（这里仍然以企业 1 与企业 2 的垂直分解化或垂直一体化为例，企业 1 与企业 3 的垂直分解化或垂直一体化的分析与此类似，在此省略，下同），表达式同式（4.64）。

$\max \pi_i^{SB}(\alpha_1, \alpha_2, \alpha_3) - R(\alpha_i), \ i=1, 2$

与以上分析类似，同样假定各企业的技术创新函数相同，即 $R(\alpha_i) = k\alpha_i^2$，$k>0(i=1, 2, 3)$。通过计算，能够得出企业 1 与企业 2 在垂直分解化市场结构下的最优技术创新投资：

$$\alpha_1^{SB} = \alpha_2^{SB} = \frac{a - \bar{c}_1 - \bar{c} + \alpha_3}{4bk - 1} \tag{4.86}$$

同理，能够得出垂直一体化时企业 1 与企业 2 的最优技术创新投资：

$$\alpha_1^{IB} = \alpha_2^{IB} = \frac{a - w^{IB} - \bar{c} + \alpha_3}{2bk} \tag{4.87}$$

2. 市场结构与技术创新投资

（1）同一市场结构下不同企业的技术创新投资。

得出各企业在不同市场结构下的最优技术创新投资后，就能够对这些技术创新投资进行比较。分析式（4.86）和式（4.87）发现，无论在哪种市场结构下，企业 1 与企业 2 的技术创新投资都与技术创新成本 k 负相关，当 $k\to\infty$ 时，最优技术创新投资全部趋于 0，也就是说，当技术创新成本较高时，各企业均不会选择技术创新。假定三个企业的技术创新外生且相等：在垂直分解化的市场结构下，技术创新外生意味着企业 1 与企业 2 产出相同，企业 2 的利润为 0[①] 且企业 1 的利润大于企业 2，即 $n_1^{SB} = N^{SB}$，$\pi_1^{SB} > \pi_2^{SB} = 0$；垂直一体化市场结构与垂直分解化市场结构下的结果类似，即 $n_1^{IB} = N^{IB}$，$\pi_1^{IB} > \pi_2^{IB} = 0$。

① 这是因为均衡时企业 2 的边际利润为企业 2 与企业 3 的技术创新之差，技术创新外生时两者之差为 0。

在技术创新投资内生的情况下，从式（4.86）和式（4.87）可以看出，无论是在垂直分解化的市场结构下还是在垂直一体化的市场结构下，产品市场均衡时企业 1 与企业 2 的技术创新投资都相等。总的来说，能够得到以下推论。

推论 4－2－8：在一个由单个模块生产商、两个模块集成商和 N 个代表性消费者组成的生产网络中，如果两个下游模块集成商进行伯特兰德博弈，无论在垂直分解化的市场结构中还是在垂直一体化的市场结构中，如果技术创新外生且相等，产品市场均衡时模块生产商与博弈获胜的模块集成商的产出相同，获胜模块集成商的利润为 0，模块生产商的利润大于获胜模块集成商的利润；如果技术创新内生，产品市场均衡时模块生产商的技术创新投资与获胜模块集成商的技术创新投资相等。

上述技术创新外生且相等时的推论与产出引理的逻辑一致，无论技术创新外生与否，模块生产商与博弈获胜的模块集成商都能分别占据上下游全部市场。但由于获胜模块集成商的边际利润为其自身技术创新与竞争对手技术创新之差，所以产品市场均衡时它的利润为 0。技术创新内生时的推论与技术创新驱动引理 1）一致，由于产品市场均衡时模块生产商与博弈获胜方的技术创新动力相同，所以在相同的技术创新成本函数下，两者的最优技术创新投资也相同。

（2）不同市场结构下同一企业的技术创新。

现在来比较不同市场结构下同一企业技术创新的差别。由于产品市场均衡时模块生产商与获胜方的技术创新相同，所以仅需要比较两种不同市场结构下一个企业的技术创新即可，这里以企业 1 为例：

$$\alpha_1^{SB} - \alpha_1^{IB} = \alpha_2^{SB} - \alpha_2^{IB} = \frac{a - \bar{c}_1 - \bar{c} + \alpha_3}{4bk - 1} - \frac{a - w^{IB} - \bar{c} + \alpha_3}{2bk} \tag{4.88}$$

结合 $c_1 < w^{IB} < w^{SB}$ 可得：

$$\alpha_1^{IB} = \alpha_2^{IB} > \alpha_1^{SB} = \alpha_2^{SB} \tag{4.89}$$

也就是说，产品市场均衡时无论是企业 1 还是企业 2，其垂直一体化时的技术创新投资都要大于其垂直分解化时的技术创新投资，这与技术创新驱动引理 2）的逻辑一致，垂直一体化的技术创新能够带来更多的利润，使两企业在垂直一体化市场结构下的技术创新投资更多。相应地，能够得出如下推论。

推论 4－2－9：在一个由单个模块生产商、两个模块集成商和 N 个代表性消费者组成的生产网络中，

费者组成的生产网络中，如果两个下游模块集成商进行伯特兰德博弈，那么模块生产商和博弈获胜模块集成商在垂直一体化市场结构下的技术创新投资均大于两者在垂直分解化市场结构下的技术创新投资。

（四）市场结构选择

现在将垂直一体化时的整合成本加入到模型中，综合考虑厂商的商场结构选择行为。与古诺博弈类似，这里仍然以企业 1 与企业 2 的垂直一体化为例，假定伯特兰德博弈下的企业净利润为$\overline{\pi}_i^{vB} = \pi_i^{vB} - R(\alpha_i)$（$i = 1, 2$），此时企业 1 与企业 2 考虑是否进行垂直一体化。如果企业 1 与企业 2 垂直一体化的净收益（减去整合成本 F 的净利润）大于两者垂直分解化时的净收益（这里可以将其看作垂直一体化的机会成本），那么企业 1 和企业 2 会选择垂直一体化；相反，如果企业 1 与企业 2 垂直一体化的净收益小于其成本，那么两者将选择垂直分解化的市场结构。现在令两者垂直一体化的净收益与其成本相等：

$$\overline{\pi}_1^{IB} + \overline{\pi}_2^{IB} - F = \overline{\pi}_1^{SB} + \overline{\pi}_2^{SB} \tag{4.90}$$

将式（4.86）、式（4.87）分别代入式（4.80）、式（4.81）、式（4.84）、式（4.85），减去技术创新成本，并将结果代入式（4.87）能够得到一个$\overline{w}^{IB}$①。同样，能够得到如下推论。

推论 4－2－10：在一个由单个模块生产商、两个模块集成商和 N 个代表性消费者组成的生产网络中，如果下游两个模块集成商进行伯特兰德博弈，那么市场结构将取决于垂直一体化时模块生产商为博弈获胜的模块集成商设定的投入品价格的大小：当$w^{IB} > \overline{w}^{IB}$时，市场结构为垂直一体化；当$w^{IB} < \overline{w}^{IB}$时，市场结构则为垂直分解化。

（五）福利分析

1. 消费者福利

在伯特兰德博弈中本节仍然假设产品同质，因此，消费者福利仍然可以用产品价格来衡量：产品价格越高，消费者福利越低；产品价格越低，消费者福利越高。垂直一体化和垂直分解化市场结构下产品市场均衡时的价格分别为：

① $\overline{w}^{IB}$形式较为复杂，在此省略，但这并不影响分析。

$$P^{SB}=\frac{a+\bar{c}-\alpha_3+\bar{c}_1-\alpha_1}{2}$$

$$P^{IB}=w^{IB}+\bar{c}-\alpha_3$$

两式相减得：

$$P^{SB}-P^{IB}=\frac{a-2w^{IB}-\bar{c}+\alpha_3+\bar{c}_1-\alpha_1}{2} \tag{4.91}$$

由于$w^{IB}>c_1=\bar{c}_1-\alpha_1$且假定市场规模$a-\bar{c}-\bar{c}_1>0$，所以：

$$P^{SB}>P^{IB} \tag{4.92}$$

推论4-2-11：在一个由单个模块生产商、两个模块集成商和N个代表性消费者组成的生产网络中，如果下游两个模块集成商进行伯特兰德博弈，在技术创新投资内生的情况下，垂直一体化市场结构下的消费者福利低于垂直分解化市场结构下的消费者福利。

2. 社会福利

由于不同市场结构下产品价格不同，因此在衡量社会福利时要综合考虑产品价格与市场需求，社会福利（W）用总产出与价格之积来衡量。同样，垂直一体化与垂直分解化市场结构下的社会总产出分别为：

$$N^{SB}=\frac{a-\bar{c}_1+\alpha_1-\bar{c}+\alpha_3}{2b}$$

$$N^{IB}=\frac{a-w^{IB}-\bar{c}+\alpha_3}{b}$$

那么不同市场结构下的社会福利分别为：

$$W^{SB}=P^{SB}N^{SB}=\frac{a^2-(\bar{c}+\bar{c}_1-\alpha_3-\alpha_1)^2}{4b} \tag{4.93}$$

$$W^{IB}=P^{IB}N^{IB}=\frac{a(w^{IB}+\bar{c}-\alpha_3)-(w^{IB}+\bar{c}-\alpha_3)^2}{b} \tag{4.94}$$

由于$w^{IB}<w^{SB}$，所以：

$$W^{IB}-W^{SB}<\frac{a(w^{SB}+\bar{c}-\alpha_3)-(w^{SB}+\bar{c}-\alpha_3)^2}{b}-\frac{a^2-(\bar{c}+\bar{c}_1-\alpha_3-\alpha_1)^2}{4b}=0 \tag{4.95}$$

进而得：

$$W^{IB} < W^{SB} \tag{4.96}$$

由此，能够得出如下推论。

推论4-2-12：在一个由单个模块生产商、两个模块集成商和N个代表性消费者组成的生产网络中，如果下游两个模块集成商进行伯特兰德博弈，在技术创新投资内生的情况下，垂直一体化市场结构下的社会福利低于垂直分解化市场结构下的社会福利。

第三节　本章小结

一、三主体模型

本章第一节探讨了在一个封闭市场中模块生产商与模块集成商之间的竞争与创新行为，通过引入技术创新博弈和技术约束博弈，为现实中的模块化与“逆模块化”提供了理论依据。在技术创新博弈中，本节忽略模块生产商对市场的操控，只研究模块生产商对市场进行干预的驱动。研究发现，当模块生产商生产的核心模块价格较低时，它有很强的干预市场的动力；当核心模块的价格接近于垄断定价时，模块生产商更愿意只生产核心模块，将最终消费品生产交予更有效率的模块集成商。而在技术约束博弈中，当模块生产商拥有操控市场的能力时，它一定会在核心模块价格较低时干预市场并结合向下游市场渗透的策略排挤竞争对手，只有当核心模块价格趋近于垄断定价时，它才会放弃对市场的操控，专注于生产核心模块。因此，前者解释了“逆模块化”，后者解释了“模块化”。

这一节同样分析了垄断模块生产商市场操控策略对整个社会和消费者福利的影响。如果技术创新博弈出现唯一有效均衡，那么任何实施或威胁实施的技术约束都会显著地降低社会福利，但对消费者福利的影响取决于核心模块的价格：当$P<\beta_2$时，实施技术约束会使消费者福利降低；当$\beta_2 \leqslant P \leqslant \beta_1 + \bar{t}$时，实施或威胁实施技术约束不会对消费者福利造成影响。如果技术创新博弈出现双重有效均衡，则当$P<\beta_2$时，实施技术约束会使社会福利和消费者福利都降低；当$\beta_2 \leqslant$

$P\leqslant\beta_1+\bar{t}$时，实施或威胁实施技术约束不会对社会福利和消费者福利造成影响。因此，任何有关技术约束的反垄断政策都有利于社会福利和消费者福利的提高。

最后，这一节从模块集成商的创新效率、创新能力以及模块生产商的初始质量优势三个方面对原始模型进行了扩展，这为我国政府和大量存在的模块集成商带来了重要的政策启示：一方面，政府要准确地识别垄断模块生产商与模块集成商在最终品生产中的初始优势，如果前者更有优势，则任何形式的反垄断政策都会阻碍有效技术创新的产生；如果后者更有优势，则政府应主动、合理地实施产业扶植政策，特别是当前我国正处于技术赶超的关键期，政府不仅要肩负起稳定经济秩序的责任，还要对正处于技术模仿阶段的模块集成企业进行研发补贴。另一方面，模块集成企业要不断提高最终消费品的技术创新效率，稳固现有的在集成领域的效率优势，同时也要对核心模块的技术创新活动进行大量投资以逐步形成核心模块生产能力，并最终实现技术赶超。

二、四主体模型

本章第二节从古诺博弈和伯特兰德博弈两方面分析了一个由单个模块生产商、两个模块集成商和 N 个代表性消费者组成的生产网络中的竞争与技术创新行为。

通过研究发现，在古诺博弈中，市场结构对模块生产商和模块集成商的技术创新均有影响。具体来讲，上游模块生产商与下游某一模块集成商的一体化整合能显著地提高整合模块集成商的技术创新，但这以损害模块生产商与另一模块集成商的技术创新为代价。进一步分析发现，各厂商技术创新的“此增彼减”根源于模块生产商为模块集成商设定的投入品价格。垂直分解化时模块生产商根据产品市场总需求进行垄断定价，两个模块集成商面临相同的投入品价格；垂直一体化时模块生产商为照顾整合的模块集成商，对其投入品进行成本定价，促使市场需求大量转移到整合的模块集成商身上，另一模块集成商利润被大量蚕食，技术创新受到严重影响，而较低的投入品价格也损害了模块生产商自身的利润与技术创新。垂直一体化提高了产品市场均衡时最终消费品市场的价格与产量，提高了社会福利，但降低了消费者福利。通过进一步扩展模型发现，市场结构取决于一体化时上游模块生产商对下游模块集成商的投入品定价，定价较高时，市场结

构为垂直一体化；相反，市场结构为垂直分解化。

在伯特兰德博弈中，上游模块生产商与下游博弈获胜的模块集成商的垂直一体化策略也会给各自的技术创新带来影响。具体来讲，相比垂直分解化，两者实施垂直一体化整合策略能显著地提高各自的技术创新。与古诺博弈不同的是，在伯特兰德博弈中，无论在什么样的市场结构下，上游模块生产商与下游博弈获胜的模块集成商的技术创新均相等，这是因为伯特兰德博弈环境下，两者均能独占上下游市场，因此，两者的市场总需求相同，同时两者的边际利润相等，在技术创新投入函数相同的情况下，其技术创新投资必然相同。在福利方面，垂直一体化市场结构下的社会福利低于垂直分解化市场结构下的社会福利，在消费者福利方面，垂直分解化市场结构下的消费者福利同样高于垂直一体化市场结构下的消费者福利。

第五章　模块集成商主导型生产网络模型

第一节　模块集成商主导型生产网络三主体模型

市场上不仅存在模块生产商主导型生产网络，同样也存在模块集成商主导型生产网络，消费品部门具有寡头垄断性质的企业就是主导型模块集成商，这些企业具备较强的核心竞争力，在某种程度上垄断最终消费品市场需求。这类企业的一个重要特征是其不仅生产最终消费品核心部件，而且负责最终消费品的生产，但将一些非核心部件交予其他企业生产。这就产生了一个问题：既然垄断性模块集成商能垄断最终消费品市场，为什么不独占消费品的每一个价值链市场，而要将非核心部件交给其他企业生产呢？显然，在生产非核心零部件方面垄断性模块集成商面临是自己生产还是交予别人生产的选择。我们不禁要问，不同的选择会给垄断性模块集成商和非核心模块生产商的利润和技术创新带来什么影响；这种影响会不会给消费者福利和社会福利带来冲击；为什么经济现实中会出现以垄断模块集成商为主导的生产网络？对这些问题的回答不仅能够对经济现实中存在的模块集成商主导型生产网络做出理论解释，而且能够为政府制定反垄断政策提供指导。本章先从一个简化的理论模型开始。

一、基本假设

（一）市场主体

本节假定一个由单个模块生产商、单个模块集成商和 N 个代表性消费者组成的特殊生产网络。垄断模块集成商用企业 1 表示，生产核心部件 A 和最终消费品；模块生产商用企业 2 表示，生产非核心部件 B；市场总体消费者数量为 N，偏好相同且每人只需要一个最终消费品。

由于企业 1 生产高技术水平的核心部件 A 并垄断最终消费品市场，所以，企业 1 在生产网络中具有更大的市场势力，占据主导地位。本节假定企业 1 生产一单位的最终消费品必须使用一单位的投入品 B。在这里，企业 1 具备通过技术创新投资形成生产部件 B 的能力，而企业 2 不能通过技术创新投资形成生产核心部件 A 的能力（非核心部件的技术水平要求较低，所以，短期的技术创新投资可以实现；而核心部件的生产能力需要长期的研发投入才能形成）。企业 1 对非核心部件 B 的需求取决于非核心部件 B 的性价比（性价比用部件 B 的质量与价格之比表示，即q_i/w_i，$i=1$，2，代表生产企业），企业 1 只使用性价比最高的投入品 B，而不管是否自己生产（除非它无视利润损失）。

（二）博弈次序

本节将博弈分为技术创新博弈和产出约束博弈。在技术创新博弈中，假定最终消费品市场和中间品市场的需求非弹性，忽略掉厂商市场势力对生产网络中的竞争行为的影响；在产出约束博弈中，放松这样的假定，着重分析具有垄断势力的厂商如何影响生产网络中的竞争与创新行为。

在技术创新博弈中，博弈次序为：第一步，企业 1 与企业 2 独立、同时进行技术创新投资以达到各自设定的创新目标；第二步，在观察到各自的创新成果后，双方独立、同时设定投入品 A 的价格；第三步，企业 1 与企业 2 在投入品市场上进行伯特兰德博弈并实现伯特兰德－纳什均衡。

在产出约束博弈中，博弈次序为：第一步，同技术创新博弈相同，双方独立、同时进行技术创新投资以达到各自设定的创新目标；第二步，企业 1 通过产出约束（运用自身对最终消费品市场的垄断，通过控制中间品的需求来干预企业 2 生产的中间品价格以达到市场圈定的目的）提高企业 2 的中间品价格（用$\overline{w}_2$表示，如果$\overline{w}_2$足够大，企业1就能将企业2排挤出市场）；第三步，双方独立、同时设定商品价格；第四步，企业1与企业2在投入品市场上进行伯特兰德博弈并实现伯特兰德－纳什均衡。

（三）博弈收益

本节假定消费者对最终消费品的需求非弹性，即总需求为N，将最终消费品的垄断价格固定为P。同模块生产商主导型生产网络的分析类似，这里不考虑企业1与企业2生产最终消费品和中间品的固定成本，只考虑中间品价格。这里假定w_i为企业i投入品价格，对于生产最终消费品的企业1，如果它自己生产模块B，那么w_1为其机会成本，如果它通过购买企业2生产的模块B，那么w_2则为其直接投入成本。

自然地，如果企业1不进入模块B市场，在不考虑企业1对模块B技术创新投资的情况下企业1的利润便为：

$$\pi_1=(P-w_2)N \tag{5.1}$$

现在假定企业1可以通过某种方式（如研发）形成非核心模块B的生产能力①，在形成生产模块B的能力后，企业1与企业2在中间品市场进行伯特兰德博弈。假定企业1与企业2生产的模块B的质量受内生和外生两种因素的影响：

$$q_i=\beta_i+q(r_i),\ i=1,\ 2 \tag{5.2}$$

其中，β_i是外生参数，表示企业i生产的中间品模块B质量的外生部分；r_i为内生变量，代表企业i的技术创新②投入。为了分析方便，本节定义：

$$t_i=q(r_i)=q_i-\beta_i \tag{5.3}$$

$$r_i=r(t_i) \tag{5.4}$$

其中，t_i表示企业i要实现的技术创新目标（质量提升到某个目标水平），r_i表示为实现t_i所必需的投入成本。本节对成本函数$r(t)$做如下假设。

假设5－1：企业1与企业2的技术创新成本函数相同，且技术创新成本函数$r(t)$为递增、严格凸且二阶可导的函数，并满足$r(0)=r'(0)=0$。

① 需要说明的是，本节将“技术创新投资”与“模块B生产能力”分离，也就是说，技术创新投资并非是模块B生产能力形成的唯一条件，在下文博弈矩阵中我们可以看到，在企业2不进行技术创新投资的情况下，企业1不进行技术创新投资同样可以独占整个中间品市场。

② 如无特别说明，本节的技术创新专用于中间品质量的提高。

假设5-1表明如果两个企业的创新投入相同，则其创新成果相同。$r(t)$递增表示要实现的创新目标越高，其需要的投入就越多。$r(t)$严格凸表示创新目标越高，实现的难度越大。如果企业不进行创新投入，则创新为0。技术创新的净收益为$Nt-r(t)$，基于假设1将净收益对t求一阶导数并令其等于0能够得出最优$r'(\bar{t})=N$，$\bar{t}$为企业的最优创新水平，当某一中间品生产企业占领全部市场后，其达到最优创新水平的净收益为$N\bar{t}-r(\bar{t})>0$。

假设5-2：$\beta_1<\beta_2$。

假设5-2意味着当企业1与企业2进行相同的创新投入时，企业2的中间品质量更高。这是因为与长期存在于部件B市场上的企业2相比，企业1作为部件B市场上的新进入者，其初始生产效率理应低于企业2。

假设5-3：$\beta_2N<(\beta_1+\bar{t})N-r(\bar{t})$。

假设5-3意味着如果企业2不进行创新投资，企业1进行创新投资的收益将大于企业2，企业2的外生质量优势将被企业1的内生创新投资取代。这一假定暗含这样一种经济现实：具备初始优势的企业如果不努力进行技术创新会被努力进行技术创新的劣势企业反超。

在做出上述基本假设后，还需要确立两个企业在中间品市场中的博弈定价原则。由于最终消费品生产商偏好最高性价比的中间品，所以，无论是技术创新博弈还是产出约束博弈，只要$\frac{q_i}{w_i}>\max\left(\frac{q_j}{w_j},\ 1\right)$，则企业$i$获取整个市场，在价格子博弈均衡中，只有一个厂商向整个市场销售中间品。因此，当企业1通过技术创新投资向上游中间品市场渗透时，它会按照$\frac{q_1}{w_1}=\max\left(\frac{q_2}{w_2},\ 1\right)$来定价；而当企业1放弃中间品市场时，企业2以垄断价格独占整个中间品市场。

二、技术创新博弈

现在来分析中间品市场中的博弈行为。根据假设5-1知道，企业1和企业2会在最优投资与0之间做出选择，即$r_i=\{r(\bar{t}),\ 0\}$。换句话说，某一企业在看到对方做出技术创新投资决策后一定会做出对应的投资决策。不同的投资决策受中间品价格取值的影响产生不同的博弈收益。本部分分段讨论中间品价格w_i以及由其带来的博弈均衡。

我们知道中间品价格w_i为最终消费品的成本，这就意味着在企业1不生产模块B的情况下，中间品价格越高，企业1的利润越低，中间品价格越低，企业1的利润越高。由于本节假定企业1在生产网络中占据主导地位，所以企业1一定不会允许中间品的价格大于最终消费品的价格，进而极力压低中间品的价格。因此，

$$0 < w_i < P \tag{5.5}$$

由于w_i的取值决定了两企业在不同技术创新决策下的收益，所以根据分析的需要，本部分将w_i的取值范围分为三段。

（一）$0 < \bar{w} \leqslant w_i < \beta_i$

1. $r_1 = 0$，$r_2 = r(\bar{t})$

$\bar{w}$为中间品最低定价，这里假定$\bar{w}N - r(\bar{t}) > 0$，也就是说，模块生产商在中间品市场进行技术创新投资时的利润要为正。当$0 < \bar{w} \leqslant w_i < \beta_i$时，如果企业1不进行技术创新投资、企业2进行技术创新投资，那么此时企业2的中间品价格为$w_2 = q_2/\max\left(\frac{q_1}{w_1},\ 1\right)$，由于此时$\bar{w} \leqslant w_1 < \beta_1$，所以，只有$w_1 = \bar{w}$时，$\frac{q_1}{w_1}$达到最大。此时，

$$w_2 = \frac{q_2}{\max\left(\frac{q_1}{w_1},\ 1\right)} = \frac{\beta_2}{\beta_1}\bar{w} \tag{5.6}$$

相应地，企业2此时的利润为：

$$\pi_2 = w_2 N - r(\bar{t}) = \frac{\beta_2}{\beta_1}\bar{w}N - r(\bar{t}) \tag{5.7}$$

此时由于企业1既不进行技术创新投资，也不向上游市场渗透，通过购买企业2生产的模块B进行最终消费品生产，所以企业1的利润为：

$$\pi_1 = (P - w_2)N = \left(P - \frac{\beta_2}{\beta_1}\bar{w}\right)N \tag{5.8}$$

2. $r_1 = 0$，$r_2 = 0$

在企业2不进行技术创新投资的情况下，企业1一定不会进行技术创新投

资。这是因为此时企业 1 在不进行技术创新投资的情况下通过$w_1 = q_1/\max\left(\frac{q_2}{w_2}, 1\right)$的中间品定价原则向中间品市场渗入也能将企业 2 排挤出市场。与以上分析类似，只有$w_2 = \bar{w}$时，$\frac{q_2}{w_2}$达到最大。此时，

$$w_1 = \frac{q_1}{\max\left(\frac{q_2}{w_2}, 1\right)} = \frac{\beta_1}{\beta_2}\bar{w} \tag{5.9}$$

由于企业 1 独占中间品和最终消费品两个市场，因此，企业 1 的利润由两部分组成：

$$\pi_1 = PN + w_1 N = \left(P + \frac{\beta_1}{\beta_2}\bar{w}\right)N \tag{5.10}$$

从以上可以看出，只要企业 1 独占中间品和最终消费品两个市场，模块 B 的价格可以看成本企业 1 的机会成本而非直接投入成本。

企业 2 被排挤出中间品市场，因此其利润为 0（$\pi_2 = 0$）。

3. $r_1 = r(\bar{t})$，$r_2 = 0$

现在来看企业 2 不进行技术创新投资、企业 1 进行技术创新投资的情况。在企业 2 不进行技术创新投资的情况下，如果企业 1 进行技术创新投资，那么它一定会按照$w_1 = q_1/\max\left(\frac{q_2}{w_2}, 1\right)$的中间品定价原则进入中间品市场并将企业 2 排挤出市场。在$0 < w_2 < \beta_2$的情况下，只有$w_2 = \bar{w}$时，$\frac{q_2}{w_2}$达到最大。此时，企业 1 生产的中间品价格$w_1 = \frac{\beta_1 + \bar{t}}{\beta_2}\bar{w}$，两企业的利润为：

$$\pi_1 = \left(P + \frac{\beta_1 + \bar{t}}{\beta_2}\bar{w}\right)N - r(\bar{t})$$
$$\pi_2 = 0 \tag{5.11}$$

4. $r_1 = r(\bar{t})$，$r_2 = r(\bar{t})$

当两企业同时进行技术创新投资时，企业 2 会按照$w_2 = q_2/\max\left(\frac{q_1}{w_1}, 1\right)$的中

间品定价原则占领整个中间品市场。在 $0 < w_1 < \beta_1$ 的情况下，只有 $w_1 = \bar{w}$ 时，$\frac{q_1}{w_1}$ 达到最大，此时 $w_2 = \frac{\beta_2 + \bar{t}}{\beta_1 + \bar{t}}\bar{w}$。企业 1 通过购买企业 2 生产的模块 B 进行最终消费品的生产，两者的利润为：

$$\pi_1 = \left(P - \frac{\beta_2 + \bar{t}}{\beta_1 + \bar{t}}\bar{w}\right)N - r(\bar{t})$$
$$\pi_2 = \frac{\beta_2 + \bar{t}}{\beta_1 + \bar{t}}\bar{w}N - r(\bar{t}) \tag{5.12}$$

综上，能够得到如表 5 - 1 所示的博弈矩阵。

表 5 - 1　$\bar{w} < w_i < \beta_i$ 时企业 1 与企业 2 的博弈收益

	$r_2 = r(\bar{t})$	$r_2 = 0$
$r_1 = r(\bar{t})$	$\left(P - \frac{\beta_2 + \bar{t}}{\beta_1 + \bar{t}}\bar{w}\right)N - r(\bar{t})$；$\frac{\beta_2 + \bar{t}}{\beta_1 + \bar{t}}\bar{w}N - r(\bar{t})$	$\left(P + \frac{\beta_1 + \bar{t}}{\beta_2}\bar{w}\right)N - r(\bar{t})$；0
$r_1 = 0$	$\left(P - \frac{\beta_2}{\beta_1}\bar{w}\right)N$；$\frac{\beta_2}{\beta_1}\bar{w}N - r(\bar{t})$	$\left(P + \frac{\beta_1}{\beta_2}\bar{w}\right)N$；0

分析表 5 - 1 所示的各企业的博弈选择发现，博弈矩阵中只存在唯一的纳什均衡：$r_1 = 0$，$r_2 = r(\bar{t})$（这里假定 $\bar{w}$ 足够小使 $\pi_{1,r_1=r(\bar{t}),r_2=r(\bar{t})} < \pi_{1,r_1=0,r_2=r(\bar{t})}$、$\pi_{1,r_1=r(\bar{t}),r_2=0} < \pi_{1,r_1=0,r_2=r(\bar{t})}$，且 $\pi_{2,r_1=r(\bar{t}),r_2=r(\bar{t})} < 0$）。在这种情况下，企业 1 将中间品交予更有效率的企业 2 生产，自己通过购买企业 2 生产的模块独占整个最终消费品市场。由于 $\pi_{1,r_1=r(\bar{t}),r_2=0} < \pi_{1,r_1=0,r_2=r(\bar{t})}$，所以此种均衡状态下企业 1 与企业 2 共同获取最大利润，市场也达到最优状态，企业 1 也不会有任何干预市场的动力。

（二）$\beta_i \leqslant w_i < \beta_i + \bar{t}$

1. $r_1 = 0$，$r_2 = r(\bar{t})$

如果企业 1 不进行技术创新投资、企业 2 进行技术创新投资，那么企业 2 会按照 $w_2 = q_2/\max\left(\frac{q_1}{w_1}, 1\right)$ 的中间品定价原则独占整个中间品市场。由于 $\beta_1 \leqslant w_1 <$

$\beta_1+\overline{t}$，所以，只有$w_1=\beta_1$时，$\frac{q_1}{w_1}=\frac{\beta_1}{\beta_1}=1$达到最大。此时，

$$w_2=q_2=\beta_2+\overline{t} \tag{5.13}$$

相应地，企业2此时的利润为：

$$\pi_2=w_2N-r(\overline{t})=(\beta_2+\overline{t})N-r(\overline{t}) \tag{5.14}$$

此时企业1独占最终消费品市场并通过购买企业2生产的模块B进行最终消费品生产，因此，企业1的利润为：

$$\pi_1=(P-w_2)N=(P-\beta_2-\overline{t})N \tag{5.15}$$

2. $r_1=0$，$r_2=0$

在企业1与企业2同时不进行技术创新投资的情况下，企业1可以通过$w_1=q_1/\max\left(\frac{q_2}{w_2},\ 1\right)$的中间品定价原则向中间品市场渗入并将企业2排挤出市场。同样地，只有$w_2=\beta_2$时，$\frac{q_2}{w_2}=1$达到最大。此时，

$$w_1=q_1=\beta_1 \tag{5.16}$$

企业1的利润为：

$$\pi_1=PN+\beta_1N \tag{5.17}$$

企业2被排挤出中间品市场，因此其利润为0（$\pi_2=0$）。

3. $r_1=r\ (\overline{t})$，$r_2=0$

现在来看企业1进行技术创新投资、企业2不进行技术创新投资的情况。在企业2不进行技术创新投资的情况下，如果企业1进行技术创新投资，那么它一定会按照$w_1=q_1/\max\left(\frac{q_2}{w_2},\ 1\right)$的中间品定价原则进入中间品市场并将企业2排挤出市场。在$\beta_2\leqslant w_2<\beta_2+\overline{t}$的情况下，只有$w_2=\beta_2$时，$\frac{q_2}{w_2}=1$达到最大。此时，企业1生产的中间品的价格为：

$$w_1=q_1=\beta_1+\overline{t} \tag{5.18}$$

两企业的利润为：

$$\begin{cases}\pi_1=PN+(\beta_1+\overline{t})N-r(\overline{t})\\ \pi_2=0\end{cases} \tag{5.19}$$

4. $r_1 = r(\bar{t})$，$r_2 = r(\bar{t})$

当两企业同时进行技术创新投资时，企业 2 会按照$w_2 = q_2/\max\left(\frac{q_1}{w_1}, 1\right)$的中间品定价原则占领整个中间品市场。在$\beta_1 \leqslant w_1 < \beta_1 + \bar{t}$的情况下，只有$w_1 = \beta_1$时，$\frac{q_1}{w_1} = \frac{\beta_1 + \bar{t}}{\beta_1}$达到最大，此时企业 2 生产的中间品的价格为：

$$w_2 = \frac{q_2}{q_1} w_1 = \frac{(\beta_2 + \bar{t})\beta_1}{\beta_1 + \bar{t}} \tag{5.20}$$

企业 2 的利润为：

$$\pi_2 = w_2 N - r(\bar{t}) = \frac{(\beta_2 + \bar{t})\beta_1}{\beta_1 + \bar{t}} N - r(\bar{t}) \tag{5.21}$$

企业 1 通过购买企业 2 生产的模块 B 进行最终消费品的生产，因此，企业 1 的利润为：

$$\pi_1 = (P - w_2)N - r(\bar{t}) = \left(P - \frac{(\beta_2 + \bar{t})\beta_1}{\beta_1 + \bar{t}}\right) N - r(\bar{t}) \tag{5.22}$$

综上，能够得到如表 5－2 所示的博弈矩阵。

表 5－2　$\beta_i \leqslant w_i < \beta_i + \bar{t}$时企业 1 与企业 2 的博弈收益

	$r_2 = r(\bar{t})$	$r_2 = 0$
$r_1 = r(\bar{t})$	$\left(P - \frac{(\beta_2 + \bar{t})\beta_1}{\beta_1 + \bar{t}}\right) N - r(\bar{t})$；$\frac{(\beta_2 + \bar{t})\beta_1}{\beta_1 + \bar{t}} N - r(\bar{t})$	$PN + (\beta_1 + \bar{t})N - r(\bar{t})$；0
$r_1 = 0$	$(P - \beta_2 - \bar{t})N$；$(\beta_2 + \bar{t})N - r(\bar{t})$	$PN + \beta_1 N$；0

比较表 5－2 中两企业的博弈收益会发现，博弈均衡取决于两企业同时进行技术创新投资时企业 2 的利润$\frac{(\beta_2 + \bar{t})\ \beta_1}{\beta_1 + \bar{t}} N - r(\bar{t})$的大小。

如果$\frac{(\beta_2 + \bar{t})\beta_1}{\beta_1 + \bar{t}} N - r(\bar{t}) > 0$，博弈存在唯一纳什均衡：$r_1 = r(\bar{t})$，$r_2 = r(\bar{t})$。此时，企业 2 垄断中间品市场。比较此时与企业 1 投资、企业 2 不投资时企业 1

的利润发现，前者低于后者，因此，如果企业 1 有阻止企业 2 技术创新投资的方式，它一定会实施。

如果$\frac{(\beta_2+\bar{t})\ \beta_1}{\beta_1+\bar{t}}N-r(\bar{t})\leqslant 0$，博弈同样存在唯一有效均衡：$r_1=r(\bar{t})$，$r_2=0$。此时企业 1 在技术创新的同时生产中间品，将企业 2 排挤出市场。此时企业 1 获取最高利润，市场达到最优，企业 1 没有干预市场的动力。

（三）$\beta_i+\bar{t}\leqslant w_i<P$

1. $r_1=0$，$r_2=r\ (\bar{t})$

先来看企业 1 不进行技术创新投资、企业 2 进行技术创新投资的情况。同样地，如果企业 1 不投资、企业 2 投资，那么企业 2 会按照$w_2=q_2/\max\left(\frac{q_1}{w_1},\ 1\right)$的中间品定价原则独占整个中间品市场。由于此时$\beta_1+\bar{t}\leqslant w_1<P$，$\frac{q_1}{w_1}\leqslant\frac{\beta_1}{\beta_1+\bar{t}}<1$，所以：

$$w_2=q_2=\beta_2+\bar{t} \tag{5.23}$$

相应地，企业 2 此时的利润为：

$$\pi_2=w_2N-r\ (\bar{t})\ =\ (\beta_2+\bar{t})\ N-r\ (\bar{t}) \tag{5.24}$$

此时企业 1 独占最终消费品市场并通过购买企业 2 生产的模块 B 进行最终消费品生产，因此，企业 1 的利润为：

$$\pi_1=(P-w_2)N=(P-\beta_2-\bar{t})N \tag{5.25}$$

2. $r_1=0$，$r_2=0$

再来考虑企业 1 与企业 2 同时不进行技术创新投资的情况。此时企业 1 可以在不进行技术创新投资的情况下通过$w_1=q_1/\max\left(\frac{q_2}{w_2},\ 1\right)$的中间品定价原则向中间品市场渗入并将企业 2 排挤出市场。同样地，由于在$\beta_2+\bar{t}\leqslant w_2<P$时，$\frac{q_2}{w_2}\leqslant\frac{\beta_2}{\beta_2+\bar{t}}<1$，所以：

$$w_1=q_1=\beta_1 \tag{5.26}$$

企业 1 的利润仍为：

$$\pi_1 = PN + \beta_1 N \tag{5.27}$$

企业 2 被排挤出中间品市场，因此其利润为 0（$\pi_2 = 0$）。

3. $r_1 = r(\bar{t})$，$r_2 = 0$

最后来看企业 1 进行技术创新投资、企业 2 不进行技术创新投资的情况。在企业 2 不进行技术创新投资的情况下，如果企业 1 进行技术创新投资，那么它一定会按照$w_1 = q_1/\max\left(\frac{q_2}{w_2}, 1\right)$的中间品定价原则进入中间品市场并将企业 2 排挤出市场。在$\beta_2 + \bar{t} \leqslant w_2 < P$ 的情况下，$\max\left(\frac{q_2}{w_2}, 1\right) = 1$，因此，企业 1 生产的中间品价格为：

$$w_1 = q_1 = \beta_1 + \bar{t} \tag{5.28}$$

两企业的利润仍为：

$$\begin{cases} \pi_1 = PN + (\beta_1 + \bar{t})N - r(\bar{t}) \\ \pi_2 = 0 \end{cases} \tag{5.29}$$

4. $r_1 = r(\bar{t})$，$r_2 = r(\bar{t})$

当两企业同时进行技术创新投资时，企业 2 会按照$w_2 = q_2/\max\left(\frac{q_1}{w_1}, 1\right)$的中间品定价原则占领整个中间品市场。在$\beta_1 + \bar{t} \leqslant w_1 < P$ 的情况下，$\max\left(\frac{q_1}{w_1}, 1\right) = 1$，此时企业 2 生产的中间品价格为：

$$w_2 = q_2 = \beta_2 + \bar{t} \tag{5.30}$$

企业 2 的利润为：

$$\pi_2 = w_2 N - r(\bar{t}) = (\beta_2 + \bar{t})N - r(\bar{t}) \tag{5.31}$$

企业 1 的利润为：

$$\pi_1 = (P - w_2)N = (P - \beta_2 - \bar{t})N \tag{5.32}$$

综上，能够得到如表 5 - 3 所示的博弈矩阵。

比较表 5 - 3 中各企业在不同技术创新投资策略下的收益能够得出矩阵的唯一纳什均衡：$r_1 = 0$，$r_2 = r(\bar{t})$。即当$\beta_i + \bar{t} \leqslant w_i < P$ 时，企业 1 不进行技术创新投资、企业 2 进行技术创新投资是市场上唯一有效均衡。比较企业 2 投资时企业 1

投资与否的收益发现，如果企业 1 投资，那么投资不仅不会增加利润，反而会产生额外的研发成本，对于企业 1 来说，最优决策就是放弃技术创新投资。另外，比较有效均衡时企业 1 的利润与企业 1 进行技术创新并独占中间品市场时的利润发现，前者明显低于后者。因此，同样地，对于在生产网络中具备垄断势力的企业 1 来说，它具有干预企业 2 投资决策的动力。图 5－1 对技术创新博弈进行了概括。

表 5－3　$\beta_i+\bar{t}\leqslant w_i<P$ 时企业 1 与企业 2 的博弈收益

	$r_2=r(\bar{t})$	$r_2=0$
$r_1=r(\bar{t})$	$(P-\beta_2-\bar{t})N-r(\bar{t})$；$(\beta_2+\bar{t})N-r(\bar{t})$	$PN+(\beta_1+\bar{t})N-r(\bar{t})$；0
$r_1=0$	$(P-\beta_2-\bar{t})N$；$(\beta_2+\bar{t})N-r(\bar{t})$	$PN+\beta_1 N$；0

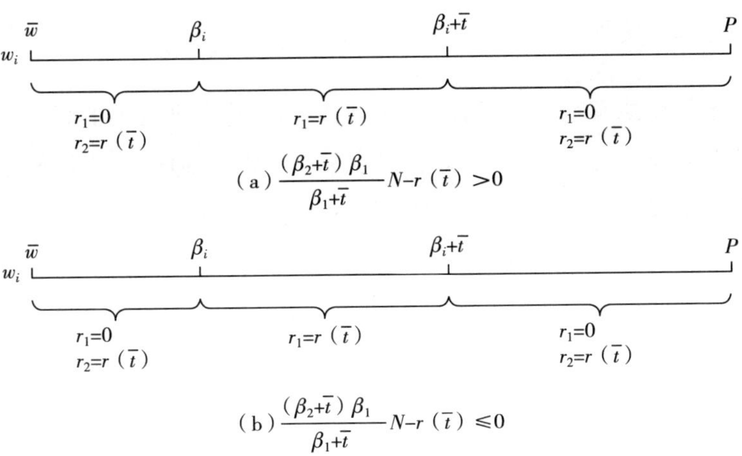

图 5－1　技术创新博弈中的均衡

在不考虑垄断模块集成商干预企业 2 投资决策的技术创新博弈模型中，我们能够清楚地看到两企业会随着中间品价格的变化而做出相应的进入或退出以及技术创新决策。对于垄断模块集成商来说，中间品价格的不断提高在博弈均衡机制下不仅逐步将其排挤出中间品市场，而且逐渐降低了它的垄断利润。相反，模块生产商逐渐占据中间品市场，其利润也得到提高。这使具有垄断势力的模块集成商拥有越来越强的干预市场的动力，特别是看到它独占整个中间品和最终品市场时的巨大利润。对于技术创新，不同的中间品价格对各企业的技术创新有不同的影响：如果单从博弈均衡时各企业的技术创新来看，较低的中间品价格有利于企业 2 的技术创新，不利于企业 1 的技术创新。居中的价格对两个厂商的技术创新的影响取决于$\frac{(\beta_2+\bar{t})\beta_1}{\beta_1+\bar{t}}N-r(\bar{t})$的大小，如果$\frac{(\beta_2+\bar{t})\beta_1}{\beta_1+\bar{t}}N-r(\bar{t})>0$，那么中间品价格的提高既有利于模块生产商，也有利于模块集成商；如果$\frac{(\beta_2+\bar{t})\beta_1}{\beta_1+\bar{t}}N-r(\bar{t})\leqslant 0$，那么价格的提高有利于模块集成商技术创新，不利于模块生产商技术创新。换句话说，在完全遵循博弈规则的前提下，如果模块生产商的投资回报率（技术创新投资带来的利润提高）足够高的话，那么垄断模块集成商会随着中间品价格的提高而处于越来越不利的地位，这也就促使其干预市场的动力越来越强烈。

三、产出约束博弈

上述技术创新博弈基于消费者对最终消费品需求无弹性的假设，在这样的假设下最终消费品与中间品的需求都被外生决定（都为 N），在生产网络中占据主导地位的模块集成商则无法运用自身的市场势力对模块生产商生产的中间品的价格进行干预以有利于自己。事实上，模块化生产网络的一个重要特性就是生产网络中各厂商的市场势力不同，垄断厂商会利用垄断势力干预非垄断厂商的竞争行为以维护其在生产网络中的地位。本部分将关注点转向垄断厂商如何运用市场势力来干预非垄断厂商的竞争行为并最终影响各自的技术创新活动。

本部分仍假定最终消费品市场和中间品市场需求非弹性，但与技术创新博弈不同的是，垄断最终消费品生产商虽然无法直接干预中间品价格，但它会根据自身利润最大化原则控制中间品生产商的产出水平。本部分假定最终消费品市场的总需求仍为 N，但中间品需求由于垄断厂商的干预变为 $N-\delta$，δ 为垄断最终消费品生产商对非核心模块生产商做出的产出约束，本部分假定垄断厂商实施产出约束策略是无成本的。如果 δ 足够大，那么将改变非核心模块生产商的利润，进而改变技术创新投资决策。为了保证垄断模块生产干预中间品生产商产出的有效性，现在对 δ 做出如下假设。

假设 5－4：$\delta<N-R$。

其中，$R=\frac{r(\bar{t})}{\beta_2+\bar{t}}$，代表企业 2 技术创新成本收入比。比较技术创新博弈w_i取不同值时的有效均衡发现，企业 2 的最大利润为$\pi_2=(\beta_2+\bar{t})N-r(\bar{t})$。加入企业 1 对企业 2 产出方面的约束后，企业 2 的最大利润变为$\pi_2=(\beta_2+\bar{t})(N-\delta)-r(\bar{t})$，将假设 5－4 代入得$\pi_2<0$，企业 1 的产出约束将企业 2 的利润降为负。

那么产出约束策略是如何影响企业 1 与企业 2 的博弈均衡的？首先，从技术创新博弈分析中我们知道，当$\bar{w}<w_i<\beta_i$时市场存在唯一有效均衡——企业 1 不投资、企业 2 投资，此时企业 1 与企业 2 分别独占最终消费品市场和中间品市场并各自获得最大利润，企业 1 不会对市场进行额外的干预。

其次，看$\beta_i\leqslant w_i<\beta_i+\bar{t}$时企业 1 与企业 2 在技术创新博弈中的均衡。当$\beta_i\leqslant w_i<\beta_i+\bar{t}$时，博弈均衡取决于双方同时进行技术创新投资时企业 2 的利润$\frac{(\beta_2+\bar{t})\ \beta_1}{\beta_1+\bar{t}}N-r\ (\bar{t})$的大小。当$\frac{(\beta_2+\bar{t})\ \beta_1}{\beta_1+\bar{t}}N-r\ (\bar{t})\ >0$时，博弈存在唯一的有效均衡：$r_1=r\ (\bar{t})$，$r_2=r\ (\bar{t})$。但对于垄断厂商企业 1 来说，它的利润小于其独占中间品市场并进行技术创新时的利润，即$\pi_1=\left(P-\frac{(\beta_2+\bar{t})\ \beta_1}{\beta_1+\bar{t}}\right)N-r\ (\bar{t})<PN+\ (\beta_1+\bar{t})\ N-r\ (\bar{t})$。因此，企业 1 一定会运用自身的垄断势力干预企业 2 的产出。如果$\frac{(\beta_2+\bar{t})\ \beta_1}{\beta_1+\bar{t}}N-r\ (\bar{t})\ \leqslant 0$，那么博弈同样存在唯一有效均衡：$r_1=r\ (\bar{t})$，$r_2=0$，企业 1 获取最大垄断利润，不会对企业 2 进行产出干预。

综上，能够得到如表 5－4 所示的博弈矩阵。

根据上面的分析，当$\beta_i\leqslant w_i<\beta_i+\bar{t}$时，企业 1 一定会运用垄断势力干预市场使$\delta<N-R$，这使产出约束中只存在唯一非有效均衡：$r_1=r\ (\bar{t})$，$r_2=0$。此时企业 1 实现其垄断最终消费品和中间品市场的目标，获取最大垄断利润，企业 2 则被企业 1 排挤出市场。

表 5－4 $\beta_i \leq w_i < \beta_i + \bar{t}$ 时加入产出约束的企业 1 与企业 2 的博弈收益

	$r_2 = r(\bar{t})$	$r_2 = 0$
$r_1 = r(\bar{t})$	$\left(P - \frac{(\beta_2 + \bar{t})\beta_1}{\beta_1 + \bar{t}}\right)N - r(\bar{t})$；$\frac{\beta_1(\beta_2 + \bar{t})}{\beta_1 + \bar{t}}(N - \delta) - r(\bar{t})$	$PN + (\beta_1 + \bar{t})N - r(\bar{t})$；0
$r_1 = 0$	$(P - \beta_2 - \bar{t})N$；$(\beta_2 + \bar{t})(N - \delta) - r(\bar{t})$	$PN + \beta_1 N$；0

最后，看$\beta_i + \bar{t} \leq w_i < P$ 时两个企业的博弈均衡。当$\beta_i + \bar{t} \leq w_i < P$ 时，市场存在唯一的有效均衡：$r_1 = 0$，$r_2 = r(\bar{t})$。此时企业 2 完全垄断中间品市场，企业 1 通过购买企业 2 生产的模块 B 进行最终消费品的生产。同样，此时企业 1 的利润低于其独占中间品市场并进行技术创新投资时的利润，即$\pi_1 = (P - \beta_2 - \bar{t})N < PN + (\beta_1 + \bar{t})N - r(\bar{t})$。企业 1 一定会对企业 2 实施产出约束，从而得到如表 5－5 所示的博弈收益矩阵。

表 5－5 $\beta_i + \bar{t} \leq w_i < P$ 时加入产出约束的企业 1 与企业 2 的博弈收益

	$r_2 = r(\bar{t})$	$r_2 = 0$
$r_1 = r(\bar{t})$	$(P - \beta_2 - \bar{t})N - r(\bar{t})$；$(\beta_2 + \bar{t})(N - \delta) - r(\bar{t})$	$PN + (\beta_1 + \bar{t})N - r(\bar{t})$；0
$r_1 = 0$	$(P - \beta_2 - \bar{t})N$；$(\beta_2 + \bar{t})(N - \delta) - r(\bar{t})$	$PN + \beta_1 N$；0

同样，在 $\delta < N - R$ 的情况下，无论企业 1 投资与否，企业 2 的投资都会给其带来负的利润，理性的企业 2 一定不会进行技术创新投资。这样，矩阵中的博弈均衡回到企业 1 投资、企业 2 不投资上，企业 1 独占最终消费品和中间品市场。图 5－2 对产出约束博弈进行了概括。

从产出约束博弈中看，当中间品价格较低时，模块生产商会自动退出中间品市场，而当中间品价格高于企业初始质量，那么垄断模块集成商一定会实施产出约束策略将模块生产商排挤出市场。换句话说，只要垄断模块集成商坚持，它始终可以垄断中间品和最终消费品市场。在技术创新方面，可以明确的是，在加入产出约束后，中间品价格的提高会促使垄断模块集成商进行技术创新，抑制了模块生产商的技术创新活动。

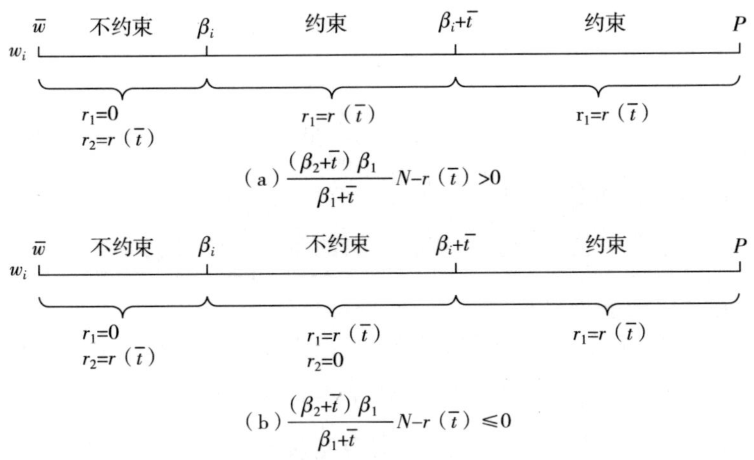

图 5－2　产出约束博弈中的均衡

四、福利分析

（一）消费者福利

由于本节假定只有一个最终消费品生产商垄断整个最终消费品市场，因此，最终消费品的质量与价格都将由最终消费品生产商决定且保持不变。如果用最终消费品的性价比来衡量消费者福利，那么，消费者福利将不受两企业技术创新投资的影响。总结起来，关于消费者福利，能够得出如下推论。

推论 5－1－1：在一个由单个垄断模块集成商、单个模块生产商和 N 个代表性消费者组成的生产网络中，垄断模块集成商进入或退出模块市场以及它与模块生产商的技术创新投资决策不会对消费者的福利带来影响。

（二）社会福利

对于社会福利，我们需要考虑w_i 取不同值时的博弈均衡。当 $0<w_i<\beta_i$ 时，技术创新博弈存在唯一有效均衡：$r_1=0$，$r_2=r(\bar{t})$，此时社会福利达到最优，企业 1 不会对企业 2 实施产出约束。当$\beta_i\leq w_i<\beta_i+\bar{t}$时，技术创新的博弈均衡取决于$\frac{(\beta_2+\bar{t})\beta_1}{\beta_1+\bar{t}}N-r(\bar{t})$的大小。当$\frac{(\beta_2+\bar{t})\beta_1}{\beta_1+\bar{t}}N-r(\bar{t})>0$ 时，博弈存在唯一有效均衡：$r_1=r(\bar{t})$，$r_2=r(\bar{t})$，此时社会福利达到最优，如果企业 1 通过产出约束

将企业 2 排挤出市场，社会福利将遭受损失；当$\frac{(\beta_2+\bar{t})\beta_1}{\beta_1+\bar{t}}N-r(\bar{t})\leqslant 0$时，技术创新博弈存在唯一均衡：$r_1=r(\bar{t})$，$r_2=0$，此种状态下的社会福利为最优。当$\beta_i+\bar{t}\leqslant w_i<P$时，技术创新博弈存在唯一有效均衡：$r_1=0$，$r_2=r(\bar{t})$，但在产出约束博弈中，企业 1 会对企业 2 实施产出约束，这样社会福利遭受损失。关于社会福利，能够得出如下推论。

推论 5-1-2：在一个由单个垄断模块集成商、单个模块生产商和 N 个代表性消费者组成的生产网络中，当核心模块价格较低时，社会福利达到最优；当模块价格逐渐上升时，垄断厂商的产出约束会显著地降低社会福利。

五、模型扩展

参考模块生产商主导型生产网络的分析，对模块集成商主导型生产网络中的博弈进行如下扩展：首先，修改技术创新函数相同的假定，假定在相同技术创新投资的前提下，企业 2 的技术创新成果更多；其次，允许企业 2 向下游最终消费品市场渗透；最后，企业 1 拥有更高的初始质量优势。

（一）企业 2 拥有更高的技术创新效率

在技术创新博弈和产出约束博弈中本节均假设企业 1 与企业 2 的技术创新效率相同，即相同投入下的技术创新成本果等量（即当$r_i=r(\bar{t})$时，$t_i=\bar{t}$），现在这里假定企业 2 拥有更高的技术创新效率（即当$r_i=\bar{r}$时，$t_1<t_2$），其他假定与上文类似，根据w_i的不同取值，分步进行讨论。

1. $\bar{w}<w_i<\beta_i$

当$\bar{w}<w_i<\beta_i$时，通过计算企业 1 与企业 2 不同技术创新投资决策下的博弈收益能够得到如表 5-6 所示的博弈矩阵。

表 5-6 与表 5-1 并无本质区别，这说明，当$\bar{w}<w_i<\beta_i$时，模块生产商技术创新效率的提高并不会对市场结构造成任何冲击。同样地，技术创新博弈存在唯一有效均衡：$r_1=0$，$r_2=\bar{r}$，企业 1 与企业 2 分别独占最终品和中间品市场并获取最高利润，此时企业 1 不会实施产出约束，社会福利也达到最优。

表 5-6 企业 2 拥有更高的技术创新效率的假定下，

$\bar{w} < w_i < \beta_i$ 时企业 1 与企业 2 的博弈收益

	$r_2=\bar{r}$	$r_2=0$
$r_1=\bar{r}$	$\left(P-\frac{\beta_2+\bar{t}}{\beta_1+\bar{t}}\bar{w}\right)N-\bar{r}$；$\frac{\beta_2+\bar{t}}{\beta_1+\bar{t}}\bar{w}N-\bar{r}$	$\left(P+\frac{\beta_1+\bar{t}}{\beta_2}\bar{w}\right)N-\bar{r}$；0
$r_1=0$	$\left(P-\frac{\beta_2}{\beta_1}\bar{w}\right)N$；$\frac{\beta_2}{\beta_1}\bar{w}N-\bar{r}$；	$\left(P+\frac{\beta_1}{\beta_2}\bar{w}\right)N$；0

2. $\beta_i \leqslant w_i < \beta_i + \bar{t}$

同样地，当$\beta_i \leqslant w_i < \beta_i + \bar{t}$时，通过计算企业 1 和企业 2 在不同投资决策下的博弈收益能够得到如表 5-7 所示的博弈矩阵。

表 5-7 企业 2 拥有更高的技术创新效率的假定下，

$\beta_i \leqslant w_i < \beta_i + t_i$ 时企业 1 与企业 2 的博弈收益①

	$r_2=\bar{r}$	$r_2=0$
$r_1=\bar{r}$	$\left(P-\frac{(\beta_2+t_2)\beta_1}{\beta_1+t_1}\right)N-\bar{r}$；$\frac{(\beta_2+t_2)\beta_1}{\beta_1+t_1}N-\bar{r}$	$PN+(\beta_1+t_1)N-\bar{r}$；0
$r_1=0$	$(P-\beta_2-t_2)N$；$(\beta_2+t_2)N-\bar{r}$	$PN+\beta_1 N$；0

现在，上述矩阵是否存在唯一有效均衡取决于企业 2 技术创新成果的多少。当企业 2 的技术创新效率足够高可使$\frac{(\beta_2+t_2)\beta_1}{\beta_1+t_1}N-\bar{r}>0$，即$t_2>\frac{\bar{r}(\beta_1+t_1)}{\beta_1 N}-\beta_2$时，技术创新博弈存在唯一有效均衡：$r_1=\bar{r}$，$r_2=\bar{r}$。此时更有效率的企业 2 独占整个中间品市场，企业 1 进行投资虽然增加了额外的成本，但由于企业 2 的技术创新投资降低了模块 B 的价格，弥补了企业 1 成本的增加，所以企业 1 的利润水平反而提高了。但此时企业 1 的利润比其独占中间品市场并进行技术创新时的利润低，因此，企业 1 一定会实施产出约束策略将企业 2 排挤出中间品市场，社会福

① 为了便于分析，假定企业 1 与企业 2 在相同技术创新投入（$r_1=r_2=\bar{r}$）下的技术创新成果为t_1和t_2，由于这里假定企业 2 的技术创新效率更高，所以$t_1<t_2$。

利也遭受损失。

3. $\beta_i + t_i \leqslant w_i < P$

当$\beta_i + t_i \leqslant w_i < P$时，通过计算企业1与企业2在不同技术创新投资决策下的博弈收益能够得到如表5－8所示的博弈矩阵。

表5－8 企业2拥有更高的技术创新效率的假定下，$\beta_i + t_i \leqslant w_i < P$时企业1与企业2的博弈收益

	$r_2 = \overline{r}$	$r_2 = 0$
$r_1 = \overline{r}$	$(P - \beta_2 - t_2)N - \overline{r}$；$(\beta_2 + t_2)N - \overline{r}$	$PN + (\beta_1 + t_1)N - \overline{r}$；0
$r_1 = 0$	$(P - \beta_2 - t_2)N$；$(\beta_2 + t_2)N - \overline{r}$	$PN + \beta_1 N$；0

比较表5－8各企业的利润发现，当中间品价格较高时，两个企业技术效率的不同并不改变博弈均衡时的市场结构，技术创新博弈中的均衡仍为$r_1 = 0$，$r_2 = \overline{r}$，此时中间品交予更有效率的模块生产商生产，社会福利达到最优，市场结构呈明显的模块化状态。但企业1仍会出于对自身利润的考虑对企业2实施产出约束并将企业2排挤出市场，产出约束显著降低了社会福利水平。

从以上分析来看，企业1是否实施产出约束取决于中间品价格w_i的高低，无论企业2的技术创新效率高低，只要$w_i \geqslant \beta_i$，企业1都会实施产出约束策略。因此，对企业2技术创新效率的修改并未从根本上改变原模型的结论，但它仍对模块生产商具有重要启示：如果外生核心模块价格较高，模块生产商的技术创新效率越高，越有可能促使唯一有效均衡的实现。在这种均衡中，高效率的企业2获取整个最终消费品市场，企业1的利润处于相对较高水平，社会福利达到最优。因此，对于模块生产商来说，提高技术创新效率是其在与垄断模块集成商博弈中生存下去的重要手段。

（二）企业2拥有最终消费品生产能力

虽然向高技术水平的下游市场渗透需要长期的研发投入，但对于非核心模块生产商来说并非没有可能。现在假定生产非核心模块的企业2可以自己研发投入形成生产最终消费品的能力。此时企业1与企业2在最终消费品市场进行伯特兰德博弈，这里仍然假定最终消费品供给非弹性且为N，企业1为形成模块B的生产能力所需的投资为 $r(t'_1)$，企业 2 为形成模块 A 的生产能力所需的投资为 $r(t'_2)$，两企业通过技术创新投资生产的模块各自与对方生产的模块同质，最终消费品价格仍为 P，中间品价格固定为 w，$r(t'_1)$ 和 $r(t'_2)$ 是两个企业垄断中间品和最终品市场的最优投入，因此，在最终产品市场进行伯特兰德博弈时，企业 1 与企业 2 会在 $\{r(t'_i), 0\}$ 中做出选择。由于企业 2 向下游最终品市场渗透更困难，因此这里假定 $r(t'_2) > r(t'_1)$，在此基础上我们能够得到企业 1 与企业 2 在最终消费品市场上的收益，具体如表 5－9 所示。

表 5－9 企业 2 能够生产模块 A 时两个企业的博弈收益

	$r_2 = r(t'_2)$	$r_2 = 0$
$r_1 = r(t'_1)$	$\frac{1}{2}(PN + wN) - r(t'_1)$；$\frac{1}{2}(PN + wN) - r(t'_2)$	$PN + wN - r(t'_1)$；0
$r_1 = 0$	0；$PN + wN - r(t'_2)$	PN；wN

由表 5－9 可知，当一方投资另一方不投资时，投资方将垄断整个中间品和最终品市场并将对手排挤出市场；当双方同时进行技术创新投资时，两方在中间品和最终品市场进行古诺博弈，均分中间品和最终品市场份额；当双方都不进行技术创新投资时，两个企业分别独占中间品和消费品市场。

博弈均衡取决于双方同时进行技术创新投资时企业 2 的利润 $\pi_{2,r_1=r(t'_1),r_2=r(t'_2)} = \frac{1}{2}(PN + wN) - r(t'_2)$ 的大小。如果 $\frac{1}{2}(PN + wN) - r(t'_2) > 0$，那么市场存在唯一有效均衡：$r_1 = r(t'_1)$，$r_2 = r(t'_2)$，这就从侧面反映，只要模仿企业能够保证技术模仿或技术创新可以带来正的利润，那么它就能在最终品市场生存，但由于这里假定 $r(t'_2) > r(t'_1)$，因此有效均衡时的利润要小于在位企业。如果 $\frac{1}{2}(PN + wN) - r(t'_2) < 0$，那么市场同样存在唯一有效均衡：$r_1 = r(t'_1)$，$r_2 = 0$，企业 1 独占中间品和最终品市场，企业 2 完全被“扫地出门”，这从另一方面暗示了技术创新的风险。

当企业 2 拥有生产核心模块 A 和最终消费品能力的时候，企业 1 无法对其实施产出约束，企业 2 才真正登上与企业 1 正面竞争的舞台。对企业 2 技术创新能力的扩展同样给我们带来很强的政策启示：一方面，对于劣势地位的模块生产商而言，只有不断加强对核心模块研发的投入，逐步形成生产核心模块以及最终品的能力才能在激烈的竞争中生存；另一方面，模仿（或追赶）企业的技术创新往往伴随巨大的风险，从我们模型中可以看出，即使模仿企业形成生产核心模块以及最终品的能力，如果长期不能盈利，它也将被在位企业排挤出市场，而模仿企业的利润与研发成本、中间品价格和最终消费品价格相关，这也就意味着当一个国家或地区处于技术追赶期，政府既不能人为地通过行政手段压低模仿品价格，又需要在模仿企业与被模仿企业的产品价格差距较大时给予适当的价格补贴，以保证模仿企业能够继续生存。

（三）企业 1 拥有更高的初始质量优势

现在来修改企业 1 初始质量假设，前面假定企业 1 生产的模块 B 的初始质量低于企业 2，这种武断性假设也许对垄断企业 1 并不公平，现在假定企业 1 拥有更高的质量优势，即$\beta_1>\beta_2$，当然本节假设 5－3 不再适用。由于中间品价格同样影响两个企业的博弈均衡，因此，这里对中间品价格w_i进行分段分析。通过计算发现，当$w_i\in(\bar{w},\beta_i)$时，博弈均衡与技术创新博弈中的结果一模一样，在此不再赘述，此处着重分析$w_i\in[\beta_i,P)$时两企业的博弈均衡。

当$\beta_i\leqslant w_i<\beta_i+\bar{t}$时，通过计算能够得到如表 5－10 所示的矩阵。

表 5－10 企业 1 拥有更高的初始质量优势的情况下，$\beta_i\leqslant w_i<\beta_i+\bar{t}$时企业 1 与企业 2 的博弈收益

	$r_2=r(\bar{t})$	$r_2=0$
$r_1=r(\bar{t})$	$\left(P+\frac{(\beta_1+\bar{t})\beta_2}{\beta_2+\bar{t}}\right)N-r(\bar{t})$；$-r(\bar{t})$	$PN+(\beta_1+\bar{t})N-r(\bar{t})$；0
$r_1=0$	$(P-\beta_2-\bar{t})N$；$(\beta_2+\bar{t})N-r(\bar{t})$	$PN+\beta_1N$；0

此时市场均衡取决于$\pi_{1,r_1=r(\bar{t}),r_2=r(\bar{t})}$与$\pi_{1,r_1=0,r_2=r(\bar{t})}$的大小，如果$\pi_{1,r_1=r(\bar{t}),r_2=r(\bar{t})}>\pi_{1,r_1=0,r_2=r(\bar{t})}$，市场存在唯一有效均衡：$r_1=r(\bar{t})$，$r_2=0$，企业 1 独占中间品市场和最终消费品市场，获得最大垄断利润，此时企业 1 不

会进行产出约束；如果$\pi_{1,r_1=r(\bar{t}),r_2=r(\bar{t})} < \pi_{1,r_1=0,r_2=r(\bar{t})}$，市场存在双重有效均衡：$r_1=r(\bar{t})$，$r_2=0$；$r_1=0$，$r_2=r(\bar{t})$，企业 1 在观察到不同均衡状态下的利润差别时会选择对企业 2 实施产出约束并将其排挤出市场，但这并不影响社会的总体福利。

当$\beta_i+\bar{t}\leqslant w_i<P$时，同样能够得到如表 5－11 所示的矩阵。

表 5－11　企业 1 拥有更高的初始质量优势的情况下，

$\beta_i+\bar{t}\leqslant w_i<P$时企业 1 与企业 2 的博弈收益

	$r_2=r(\bar{t})$	$r_2=0$
$r_1=r(\bar{t})$	$(P+\beta_1+\bar{t})N-r(\bar{t})$；$-r(\bar{t})$	$PN+(\beta_1+\bar{t})N-r(\bar{t})$；0
$r_1=0$	$(P-\beta_2-\bar{t})N$；$(\beta_2+\bar{t})N-r(\bar{t})$	$PN+\beta_1 N$；0

通过比较表 5－11 中两个企业不同投资策略下的收益发现，市场只存在唯一的有效均衡：$r_1=r(\bar{t})$，$r_2=0$，同样是企业 1 独占整个中间品和最终消费品市场是社会最优均衡，此时企业 1 垄断利润达到最大，社会福利也达到最优，企业 1 也不会实施任何的产出约束手段。

综上，如果企业 1 拥有中间品的初始质量优势，除非中间品价格较低，否则企业 1 进行技术创新投资、企业 2 不进行技术创新投资永远是最优的市场均衡，企业 1 通常不会干预市场结构，即使干预也不会影响社会的整体福利。

第二节　模块集成商主导型生产网络四主体模型

一、基本假设

现在假定一个由两个模块生产商、单个模块集成商和 N 个代表性消费者组成的生产网络。在这个生产网络中，两个模块生产商（分别用企业 1 和企业 2 表示）生产非核心上游模块，作为下游模块集成商的投入品，假定企业 1 与企业 2

生产的模块同质。模块集成商（用企业 3 表示）生产核心模块与最终消费品。由于最终消费品市场上只有单一的模块集成商，因此，模块集成商垄断整个市场，它可以决定上游模块生产商的产出分配。本节仍然假定一单位的最终消费品需要一单位模块的投入，消费者偏好相同且每个消费者需要一个单位的最终消费品，因此，最终消费品的市场总需求为 N。同样，本节假定最终消费品市场的需求函数为：

$$P(N) = a - bN,\ b > 0 \tag{5.33}$$

其中，a、b 为常数，$N = n_3 = n_1 + n_2$，n_3 为企业 3 在最终消费品市场中的产量，这意味着在最终消费品市场上，企业 3 的总产出为市场总产出。

博弈次序如下：第一步，企业 1 或企业 2 选择是否与企业 3 进行一体化整合[①]；第二步，三个企业同时进行技术创新决策，其中企业 1 与企业 2 进行技术创新以降低中间品（模块）的生产成本，企业 3 进行技术创新以降低最终消费品的生产成本；第三步，在观察到降低的生产成本后，企业 1 与企业 2 在中间品市场进行古诺博弈或伯特兰德博弈以确定各自的均衡产量；第四步，企业 3 在最终消费品市场上确定最优产出。

二、古诺博弈

（一）逆向回归

假定企业 1 与企业 2 在中间品市场上进行古诺博弈。由于这同样是一个有限次的动态博弈，所以为了得到子博弈完美纳什均衡，仍运用逆向回归法从博弈的最后一步开始。

第四步：在最终产品市场上，企业 3 根据市场需求函数选择最优的产量以最大化其利润：

$$\max n_3(P(N) - c_3) \tag{5.34}$$

求式（5.34）对n_3 的一阶条件能够得出：

---

① 在古诺博弈中，本节假定企业 1 和企业 2 生产的中间品同质，因此，企业 3 与企业 1 或企业 2 的一体化整合无差异，假定企业 3 选择是否与企业 1 进行一体化整合；在伯特兰德博弈中，企业 3 选择是否与赢得市场的企业进行一体化整合。

$$N = n_3^* = \frac{a - c_3}{2b} \tag{5.35}$$

$$P^* = \frac{a + c_3}{2} \tag{5.36}$$

第三步：在中间品市场上，企业1与企业2进行古诺博弈以确定各自的中间品产出，此时企业3面临两种选择：第一，企业3选择垂直分解化的市场结构，即企业3独立于企业1与企业2，那么此时企业1与企业2的均衡产出取决于两者博弈的结果；第二，企业3选择垂直一体化的市场结构，即企业3可以选择与企业1或企业2进行垂直一体化整合，由于企业3具备市场垄断力，因此它可以对总产出的分配进行干预，在垂直一体化的市场结构下，企业3会给被整合企业分配更多的产出份额。

第二步：这一步，三个企业同时进行技术创新投资以降低各自的生产成本（分别用c_1、c_2、c_3表示：c_1、c_2为企业1和企业2生产模块的边际成本；c_3则是企业3生产最终消费品的边际成本，包括模块的价格w）。假定企业1与企业2在生产中间品上拥有相同的初始生产成本为$\bar{c}$，企业3生产最终消费品的初始生产成本为$\bar{c}_3$，此时三者通过技术创新能够将各自的边际成本降低α_i（$i=1, 2, 3$）：

$$c_1 = \bar{c} - \alpha_1 \tag{5.37}$$

$$c_2 = \bar{c} - \alpha_2 \tag{5.38}$$

$$c_3 = w + \bar{c}_3 - \alpha_3 \tag{5.39}$$

同样，本节对技术创新成本进行如下假定：企业i要想降低α_i的成本需要付出$R(\alpha_i)$的研发成本，$R(\alpha_i)$为α_i的严格递增、凸函数，且$\lim_{\alpha_i \to 0} R(\alpha_i) = 0$，$\lim_{\alpha_i \to \bar{c}_i} R(\alpha_i) = \infty$，$\lim_{\alpha_i \to 0} R'(\alpha_i) = 0 (i=1, 2, 3)$①。

第一步：在这一步，企业3决定是否与模块生产商进行垂直整合，这里假定企业3决定是否与企业1进行垂直整合。同样，这里假定两者的整合成本分别为F_3和F_1（如果企业3与企业2整合，那么企业2的整合成本为F_2，$F_1 = F_2$），$F_3 + F_1 = F$。整合与否将给模块生产商的产出带来影响，进而会对边际成本及技术创新投资带来冲击，最终影响各企业的利润。本节假定利润函数为π_i^v(α_1，α_2，

① 这里假定三个企业的技术创新函数相同。

α_3)，$i=1, 2, 3$，$v \in \{I, S\}$（$v=I$ 表示企业 1 与企业 2 整合，$v=S$ 表示企业 1 与企业 2 分解）。

当 $v=S$ 时，企业 i 选择 α_i 以最大化其利润：

$$\max \pi_i^S(\alpha_1, \alpha_2, \alpha_3) - R(\alpha_i),\ i=1, 2, 3 \tag{5.40}$$

当 $v=I$ 时，假定企业 1 与企业 3 组成联合体，因此，其利润最大化变为：

$$\max \pi_i^I(\alpha_1, \alpha_2, \alpha_3) - R(\alpha_i) - F_i,\ i=1, 3 \tag{5.41}$$

企业 2 的利润最大化为①：

$$\max \pi_2^I(\alpha_1, \alpha_2, \alpha_3) - R(\alpha_2) \tag{5.42}$$

由于不同的市场结构会给三个企业的技术创新与利润带来重要影响，所以下面分别从垂直分解化和垂直一体化两个方面来分析中间品市场均衡时各企业利润与技术创新之间的关系。

（二）中间品市场均衡

1. 垂直分解化

在垂直分解化的市场结构中，企业 1 与企业 2 在中间品市场中进行古诺博弈瓜分市场需求，并面临相同的中间品价格，企业 3 则独占整个最终消费市场。根据式（5.35）和式（5.39）能够得到最终消费品市场均衡时产出与投入品价格之间的关系：

$$w^S = a - 2b N^S - \bar{c}_3 + \alpha_3 \tag{5.43}$$

式（5.43）即企业 1 与企业 2 共同面临的中间品价格。在中间品价格得到确认的情况下，企业 1 与企业 2 选择最优产出以最大化各自的利润：

$$\max n_i^S(w^S - c_i),\ i=1, 2 \tag{5.44}$$

将式（5.43）代入式（5.44）并求其对n_i 的一阶条件得：

$$n_1^S = \frac{a - \bar{c}_3 + \alpha_3 - 2c_1 + c_2}{6b} = \frac{a - \bar{c}_3 - \bar{c} + \alpha_3 + 2\alpha_1 - \alpha_2}{6b} \tag{5.45}$$

$$n_2^S = \frac{a - \bar{c}_3 + \alpha_3 - 2c_2 + c_1}{6b} = \frac{a - \bar{c}_3 - \bar{c} + \alpha_3 + 2\alpha_2 - \alpha_1}{6b} \tag{5.46}$$

① 注意，π_2^I 这里假定为企业 1 与企业 3 一体化时企业 2 的利润，而不是企业 2 与企业 3 整合时企业 2 的利润。

$$n_3^S = n_1^S + n_2^S = \frac{2a - 2\bar{c}_3 - 2\bar{c} + \alpha_1 + \alpha_2 + 2\alpha_3}{6b} \tag{5.47}$$

$$w^S = a - 2b N^S - \bar{c}_3 + \alpha_3 = \frac{a - \bar{c}_3 + 2\bar{c} - \alpha_1 - \alpha_2 + \alpha_3}{3} \tag{5.48}$$

$$P^S = \frac{a + c_3}{2} = \frac{4a + 2\bar{c}_3 + 2\bar{c} - \alpha_1 - \alpha_2 - 2\alpha_3}{6} \tag{5.49}$$

进而，能够得出三个企业的均衡利润：

$$\pi_1^S\ (\alpha_1,\ \alpha_2,\ \alpha_3)\ =\ (w^S - c_1)\ n_1^S = \frac{(a - \bar{c}_3 - \bar{c} + 2\alpha_1 - \alpha_2 + \alpha_3)^2}{18b} \tag{5.50}$$

$$\pi_2^S\ (\alpha_1,\ \alpha_2,\ \alpha_3)\ =\ (w^S - c_2)\ n_2^S = \frac{(a - \bar{c}_3 - \bar{c} - \alpha_1 + 2\alpha_2 + \alpha_3)^2}{18b} \tag{5.51}$$

$$\pi_3^S\ (\alpha_1,\ \alpha_2,\ \alpha_3)\ =\ (P - c_3)\ n_3^S = \frac{(2a - 2\bar{c}_3 - 2\bar{c} + \alpha_1 + \alpha_2 + 2\alpha_3)^2}{36b} \tag{5.52}$$

2. 垂直一体化

假定企业1与企业3进行垂直一体化。由于企业3独占整个最终产品市场，在确定最优产出后，企业3可以运用市场势力干预总产出在企业1与企业2之间的分配。本节假定企业3能够外生决定企业1与企业2的中间品产出比例，为了更直观，例如让企业1的产出是企业2的2倍，根据式（5.43），企业1与企业2面临的共同中间品需求曲线变为：

$$n_1^I = \frac{a - \bar{c}_3 + \alpha_3 - w^I}{3b} \tag{5.53}$$

在给定产出份额的前提下，企业1选择最优价格w^I以最大化其利润：

$$\max\ n_1^I\ (w^I - c_1) \tag{5.54}$$

求式（5.54）对w^S的一阶条件得：

$$w_1^I = \frac{a + \bar{c} - \bar{c}_3 - \alpha_1 + \alpha_3}{2} \tag{5.55}$$

$$n_1^I = \frac{a - \bar{c} - \bar{c}_3 + \alpha_1 + \alpha_3}{6b} \tag{5.56}$$

那么：

$$n_2^I = \frac{1}{2} n_1^I = \frac{a - \bar{c} - \bar{c}_3 + \alpha_1 + \alpha_3}{12b} \tag{5.57}$$

值得注意的是，由于在假定产品同质的同时企业 3 又控制着上游模块产量，所以投入品价格被企业 1 利润最大化价格决定，因此，

$$w_2^I = w_1^I = w^I = \frac{a + \bar{c} - \bar{c}_3 - \alpha_1 + \alpha_3}{2} \tag{5.58}$$

此时，企业 3 面临的均衡产量与消费品价格为：

$$n_3^I = n_1^I + n_2^I = \frac{a - \bar{c} - \bar{c}_3 + \alpha_1 + \alpha_3}{4b} \tag{5.59}$$

$$P^I = \frac{a + c_3}{2} = \frac{3a + \bar{c} + \bar{c}_3 - \alpha_1 - \alpha_3}{4} \tag{5.60}$$

所以，三个企业的利润分别为：

$$\pi_1^I(\alpha_1, \alpha_2, \alpha_3) = (w^I - c_1) n_1^I = \frac{(a - \bar{c} - \bar{c}_3 + \alpha_1 + \alpha_3)^2}{12b} \tag{5.61}$$

$$\pi_2^I(\alpha_1, \alpha_2, \alpha_3) = (w^I - c_2) n_2^I = \frac{(a - \bar{c} - \bar{c}_3 + \alpha_1 + \alpha_3)(a - \bar{c} - \bar{c}_3 - \alpha_1 + 2\alpha_2 + \alpha_3)}{24b} \tag{5.62}$$

$$\pi_3^I(\alpha_1, \alpha_2, \alpha_3) = (P - c_3) n_3^I = \frac{(a - \bar{c} - \bar{c}_3 + \alpha_1 + \alpha_3)^2}{16b} \tag{5.63}$$

（三）引申结果

1. 产出引理

（1）当最终消费品市场均衡时，在垂直分解化的市场结构中，企业 3 的均衡产出是企业 1、企业 2 与自身成本的减函数，即 n_3^S（c_1，c_2，c_3）是c_1、c_2、c_3 的减函数；在垂直一体化的市场结构中，企业 3 的均衡产出是企业 1 与自身成本的减函数，与企业 2 成本无关，即 n_3^I（c_1，c_3）是c_1 和c_3 的减函数。

（2）在垂直分解化的市场结构下，企业 3 的均衡产出是三个企业技术创新的增函数，企业 1 与企业 2 的均衡产出是企业 3 和自身技术创新的增函数、对方技术创新的减函数，即 n_3^S（α_1，α_2，α_3）是 α_1、α_2、α_3 的增函数，n_i^S（α_1，α_2，α_3）是 α_i 和 α_3 的增函数、α_j的减函数（i，$j=1$，2；$i \neq j$）；在垂直一体化的市场结构下，企业 3 的均衡产出是企业 1 与其自身技术创新的增函数，企业 1 与企业 2 的均衡产出是企业 1 与企业 3 技术创新的增函数，与企业 2 无关，即 n_3^I（α_1，α_3）是 α_1、α_3 的增函数，n_i^I（α_1，α_3）是 α_1、α_3 的增函数（$i=1$，2）。

（3）在垂直一体化的市场结构下，企业1与企业2的产出由企业3决定，企业3通常会为与其一体化整合的企业如企业1分配更多的市场份额。

证明：由于企业3是唯一的最终消费品生产商，因此，其垄断整个最终消费品市场。根据式（5.35）我们知道，在最终消费品市场均衡时企业3的产出只与其成本（负）相关，而其成本与投入品价格与上游模块生产企业1与企业2的成本负相关，上述产出引理（1）得证；产出引理（2）可以用各企业均衡产出 n_i^S 分别对技术创新 α_i 求导得证；产出引理（3）为本节的先验性结论。

产出引理（1）表明，最终消费品市场中的成本对产出的影响会因市场结构的不同而变化：在垂直分解化的市场结构下，总产出与各企业成本负相关；而在垂直一体化的市场结构下，总产出只与整合企业的成本相关。前者一方面是因为企业独占最终消费品市场，其产量肯定与其成本负相关；另一方面，作为成本重要组成部分的投入品价格将总产出与上游模块生产商的产出及成本联系起来，并带来负相关效应。对于后者，分解企业的成本对总产出的影响被消除的根本原因在于其产出被企业3外生性决定，而此时总产出只与被整合企业的投入品价格相关。

产出引理（2）是产出引理（1）的延伸，在垂直分解化的市场结构下，企业3通过技术创新降低自身的生产成本来提高产出，而在上游进行古诺博弈的企业1与企业2在通过自身技术创新降低生产成本的同时提高了竞争对手的生产成本，反映在投入品产出上即是在提高自身产出的同时降低了竞争对手的产出。在垂直一体化市场结构下，由于企业3的产出只与其自身和企业1的成本相关，因此，上述两方面通过技术创新降低生产成本从而提高产出的方式只作用于自己身上而与企业2无关。

对于垄断性最终消费品生产商，产出引理（3）表明，它通常会为与自身关系密切甚至一体化的企业分配更多的市场份额，这就决定其产出只与被整合的上游企业投入品价格相关，从而将其产出与被整合企业的成本甚至技术创新联系起来。

2. 技术创新驱动引理

（1）垂直分解化市场结构下三个企业的技术创新动力均大于垂直一体化时各企业的技术创新动力：

$$\frac{\partial \pi_1^S}{\partial \alpha_1} > \frac{\partial \pi_1^I}{\partial \alpha_1},\ \frac{\partial \pi_2^S}{\partial \alpha_2} > \frac{\partial \pi_2^I}{\partial \alpha_2},\ \frac{\partial \pi_3^S}{\partial \alpha_3} > \frac{\partial \pi_3^I}{\partial \alpha_3}$$

（2）垂直分解化市场结构下企业 3 的技术创新动力与三个企业的技术创新均正相关；垂直一体化市场结构下企业 3 的技术创新动力与整合上游企业和自身的技术创新正相关、与分解上游企业的技术创新不相关：

$$\frac{\partial^2 \pi_1^S}{\partial {\alpha_1}^2} > 0,\ \frac{\partial^2 \pi_1^S}{\partial \alpha_1 \alpha_2} > 0,\ \frac{\partial^2 \pi_1^S}{\partial \alpha_1 \alpha_3} > 0$$

$$\frac{\partial^2 \pi_1^I}{\partial {\alpha_1}^2} > 0,\ \frac{\partial^2 \pi_1^I}{\partial \alpha_1 \alpha_2} = 0,\ \frac{\partial^2 \pi_1^I}{\partial \alpha_1 \alpha_3} > 0$$

（3）企业 1 与企业 3 一体化整合时企业 1 的技术创新动力大于企业 2 与企业 3 整合时企业 1 的技术创新动力：

$$\frac{\partial \pi_1^I}{\partial \alpha_1} > \frac{\partial \pi'^I_1}{\partial \alpha_1}$$①

（4）企业 1 与企业 3 的一体化整合对企业 1 和企业 2 的技术创新动力都有负向影响：

$$\frac{\partial \pi_1^S}{\partial \alpha_1} > \frac{\partial \pi_1^I}{\partial \alpha_1} > \frac{\partial \pi'^I_1}{\partial \alpha_1}$$

（5）在垂直分解化的市场结构下，企业 1 与企业 2 的技术创新动力与各自的技术创新负相关；在垂直一体化市场结构下，企业 1 的技术创新动力与企业 2 不相关，企业 2 的技术创新动力与企业 1 正相关：

$$\frac{\partial^2 \pi_1^S}{\partial \alpha_1 \alpha_2} < 0,\ \frac{\partial^2 \pi_2^S}{\partial \alpha_2 \alpha_1} < 0$$

$$\frac{\partial^2 \pi_1^I}{\partial \alpha_1 \alpha_2} = 0,\ \frac{\partial^2 \pi_2^I}{\partial \alpha_2 \alpha_1} > 0$$

证明：以上技术创新驱动的五个引理均可通过各自利润函数对技术创新求一阶或二阶导数得出，在此省略。值得注意的是，证明的时候用到了上面技术创新

---

① π'^I_1 表示当企业 2 与企业 3 垂直一体化时，企业 1 的利润，即 $\pi'^I_1 = \frac{(a - \bar{c} - \bar{c}_3 + \alpha_1 + \alpha_3)(a - \bar{c} - \bar{c}_3 - \alpha_2 + 2\alpha_1 + \alpha_3)}{24b}$ 代表当企业 2 与企业 3 整合时企业 1 的利润（注意，这里将 π_2^I 中 α_1 与 α_2 的位置颠倒了）。

成本函数相同的假设条件。在技术创新成本函数相同的情况下，垂直分解化的市场结构中企业 1 与企业 2 的技术创新相等，即 $\alpha_1^S=\alpha_2^S$，在求完一阶或二阶导数后将此条件代入即可得证。

技术创新驱动引理（1）表明，企业 1 与企业 3 的垂直一体化战略在这样一种特殊的生产网络中会恶化所有企业的技术创新动力。这种对技术创新动力的影响主要表现在单位技术创新所带来的利润变动，各企业的技术创新会从两个方面对各自的利润带来影响：一方面，技术创新通过降低边际成本提高边际利润；另一方面，技术创新会直接给各企业的均衡产出带来影响。而垂直分解化市场结构下技术创新变动无论是给边际利润还是给各企业均衡产出带来的增长都要远大于垂直一体化市场结构下技术创新变动给边际利润和各企业均衡产出带来的增长。

技术创新驱动引理（2）与上述产出引理（2）逻辑一致。在垂直分解化的市场结构下，三个企业的技术创新都能提高企业 3 的均衡产出，推动其利润水平的提高；而在垂直一体化的市场结构下，企业 3 外生地为企业 1 分配更多的市场份额，企业 2 没有选择权，企业 1 根据产量份额选择最优模块价格，企业 3 产出的提高只与企业 1 和自身的技术创新相关。

技术创新驱动引理（3）是明显的，企业 1 与企业 3 的垂直一体化使企业 1 挤占了企业 2 的更多产出，在投入价格被企业 1 决定的情况下，价格不变、产量降低使企业 2 的单位技术创新投资对利润的贡献额愈发减小，导致其技术创新动力低于企业 1。

技术创新驱动引理（4）似乎有悖常理，但其实它是技术创新驱动引理（1）与技术创新驱动引理（3）的结合。根据技术创新驱动引理（1）我们知道企业 1 与企业 3 的垂直一体化使企业 1 的技术创新动力降低，但也仍大于处于分解地位的企业 2 的技术创新动力。在垂直分解化的市场中，企业 1 与企业 2 的技术创新动力相同，相比垂直分解化，一体化不仅降低企业 2 的技术创新动力，而且将其降到一个低于竞争对手很多的水平。

技术创新驱动引理（5）与产出引理（2）逻辑相一致。在垂直分解化的市场结构下，两个处于产业链上游的模块生产商进行古诺博弈，每一个企业的技术创新在提高自身产出的同时抑制了竞争对手产出的提高，这种“此增彼减”的现象同样表现在对利润增长的贡献上。而在垂直一体化的市场结构中，企业 2 的均衡产出由企业3外生给定，其技术创新仅仅会给其边际成本带来影响，而企业1的技术创新则会提高企业2的均衡产出，因此，企业1的技术创新会给企业2的技术创新动力带来正向影响。

（四）投资决策

以上得出了处于均衡状态下各企业利润与其自身技术创新投资的关系，结合技术创新投资函数的假定，我们能够求出各企业在不同市场结构下的最优技术创新投资并进行比较，进而认清市场结构对各企业技术创新的影响。

1. 最优技术创新投资

在垂直分解化的市场结构中，各企业选择最优的技术创新投资以最大化其净利润，表达式即前文所列的式（5.40）：

$$\max \pi_i^S(\alpha_1, \alpha_2, \alpha_3) - R(\alpha_i),\ i=1, 2, 3$$

同上文一样，为了便于分析假定三个企业的技术创新函数相同，即 $R(\alpha_i) = k\alpha_i^2$，$k>0$，这就意味着在相同技术创新投入的条件下各企业能实现的技术创新相同。将式(5.61)、式(5.62)和式(5.63)分别代入式(5.40)并求一阶条件，能够得到各企业的最优技术创新 $\alpha_i^S(a, b, \bar{c}, \bar{c}_3, k)$：

$$\alpha_1^S(a, b, \bar{c}, \bar{c}_3, k) = \alpha_2^S(a, b, \bar{c}, \bar{c}_3, k) = \frac{a-\bar{c}-\bar{c}_3}{9bk-3} \tag{5.64}$$

$$\alpha_3^S(a, b, \bar{c}, \bar{c}_3, k) = \frac{2(a-\bar{c}-\bar{c}_3)}{9bk-3} \tag{5.65}$$

类似地，也能够得出垂直一体化市场结构下企业 i 的最优技术创新投资$\alpha_i^I(a, b, \bar{c}, \bar{c}_3, k)$：

$$\alpha_1^I(a, b, \bar{c}, \bar{c}_3, k) = \frac{4(a-\bar{c}-\bar{c}_3)}{48bk-7} \tag{5.66}$$

$$\alpha_2^I(a, b, \bar{c}, \bar{c}_3, k) = \frac{2(a-\bar{c}-\bar{c}_3)}{48bk-7} \tag{5.67}$$

$$\alpha_3^I(a, b, \bar{c}, \bar{c}_3, k) = \frac{3(a-\bar{c}-\bar{c}_3)}{48bk-7} \tag{5.68}$$

2. 市场结构与技术创新投资

（1）同一市场结构下不同企业的技术创新投资。

分析式（5.66）至式（5.68）我们发现，无论市场结构如何，当 $k\to\infty$ 时，$\alpha_i^I\to 0$（$i=1$，2，3），即当技术创新成本较高时，无论哪个企业都不会进行技术创新投资。与模块生产商主导型生产网络中的分析类似，这里首先假定技术创新外生，即 $\alpha_i^I=0(i=1，2，3)$，在这种情况下，当市场结构为垂直分解化时，$n_1^S(0,0,0)=n_2^S(0,0,0)=\frac{1}{2}n_3^S(0,0,0)$，$\pi_1^S(0,0,0)=\pi_2^S(0,0,0)=\frac{1}{2}\pi_3^S(0,0,0)$，企业 1 与企业 2 的产出与利润均相等且都为企业 3 的一半；当市场结构为垂直一体化时，$n_1^I(0,0,0)=2n_2^I(0,0,0)=\frac{2}{3}n_3^I(0,0,0)$，$\pi_1^I(0,0,0)=2\pi_2^I(0,0,0)=\frac{4}{3}\pi_3^I(0,0,0)$，企业 3 对企业 1 与企业 2 产出分配的（例如，让企业 1 产出是企业 2 产出的 2 倍）外生干预并没有改变两者的利润比例，但却对自身利润带来负面影响使其低于企业 1 的利润。

当技术创新投资内生时，在垂直分解化市场结构中，根据式（5.64）和式（5.65）我们知道，当 $k>K$ 时①，$\alpha_1^S=\alpha_2^S=\frac{1}{2}\alpha_3^S$，也就是说，在垂直分解化市场结构中，均衡时企业 1 与企业 2 的技术创新投资将低于企业 3 的技术创新投资，这是因为在投入品价格不变的前提下，均衡利润仅由产出决定，此时企业 3 的均衡产出是企业 1 与企业 2 的 2 倍，这也就决定了其拥有更高的技术创新动力以致更高的技术创新投资；而在垂直一体化市场结构中，$\alpha_1^I>\alpha_3^I>\alpha_2^I$，企业 2 的技术创新投资仍然低于企业 3，但企业 1 的技术创新由于一体化而高于企业 3，企业 3 对产出的干预不仅扭曲了投入品价格，而且改变了市场的均衡产出，从而对自身利润以致技术创新投资带来负面影响。

同理，概括性地，能够得出如下推论：

在一个由两个模块生产商、单个模块集成商和 N 个代表性消费者组成的生产网络中，如果上游两个模块生产商进行古诺博弈，那么

推论 5－2－1：在垂直分解化的市场结构中，如果技术创新外生且相等，产品市场均衡时垄断模块集成商的产出与利润均大于模块生产商（均为其 2 倍）；

① 此处同样是为了保证各企业利润函数的凹性。

如果技术创新内生，产品市场均衡时垄断模块集成商的技术创新均大于模块生产商的技术创新（均为其2倍），但模块集成商与模块生产商的产出与利润差距并未改变。

推论5-2-2：在垂直一体化的市场结构中，如果技术创新投资外生且相等，产品市场均衡时垄断模块集成商的产出分别大于整合模块生产商的产出、分解模块生产商的产出，产品市场均衡时垄断模块集成商的利润大于分解模块生产商的利润、小于整合模块生产商的利润；如果技术创新投资内生，垂直一体化在提高被整合企业技术创新投资的同时损害了这种情况下分解企业的技术创新投资，产品市场均衡时垄断模块集成商的技术创新投资分别大于整合模块生产商的技术创新投资、分解模块生产商的技术创新投资，但模块集成商与模块生产商的产出与利润差距同样未发生改变。

（2）不同市场结构下同一企业的技术创新投资。

现在来比较不同市场结构下同一企业的技术创新投资。为了便于比较，令市场规模 $a-\bar{c}-\bar{c}_3=1$ 且 $b=1$，运用MATLAB模拟得到图5-3。

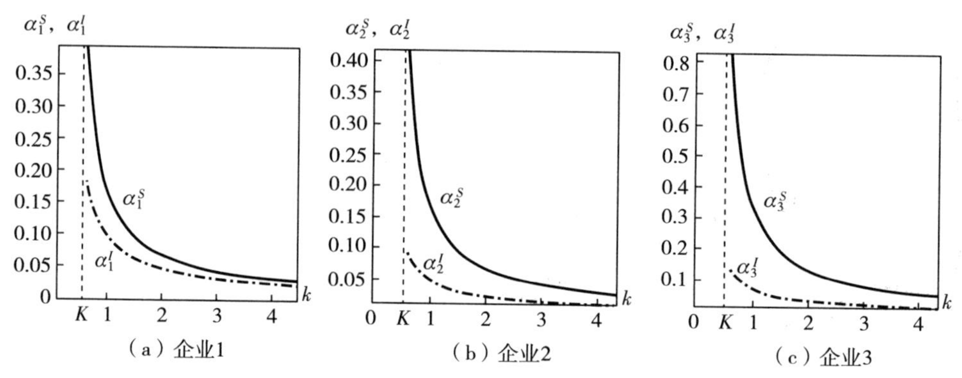

图5-3　不同市场结构下同一企业的技术创新投资（$a-\bar{c}-\bar{c}_3=1$，$b=1$）

从图5-3中可以看出，当 $k>\bar{k}$ 时，三个企业在垂直分解化市场结构下的技术创新投资均大于其在垂直一体化下的技术创新投资，这与技术创新引理（1）逻辑一致。企业1与企业3的垂直一体化不仅直接扭曲了模块生产企业的模块价格（这直接改变了最终消费品价格），而且也改变了均衡时的总产出，虽然并未改变企业1的产出（$n_1^S=n_1^I$），但却降低了企业2的产出从而降低了总产出，价

格与产出被双重扭曲导致企业2和企业3的利润水平下降，从而降低了一体化时三个企业的技术创新投资。

推论5－2－3：在一个由两个模块生产商、单个模块集成商和N个代表性消费者组成的生产网络中，如果两个上游模块生产商进行古诺博弈，那么垄断模块集成商与一个上游模块生产商的垂直一体化将降低三个企业的技术创新投资。

推论5－2－3可能为解释最终消费品主导企业不愿与上游中间品投入企业一体化提供了理论依据。对于在终端消费品市场具有垄断力的企业来说，其产出即是最终产品市场的需求，因此，其关注点主要是其边际成本，而投入品为其边际成本的一个重要方面。投入品市场竞争越激烈，投入品价格越低，对垄断消费品企业越有利。相反，如果它与某一上游企业进行垂直一体化，不仅会扭曲投入品价格还会降低其余企业的产出乃至总产出，产出决定利润，虽然整合企业的利润得以增加，但这是以损害垄断企业和分解企业的利润为代价的，这会在总和层面最终导致三个企业的技术创新投资下滑。

（五）市场结构选择

与前文类似，现在将一体化的整合成本F_i纳入模型的分析中，假定各企业的净利润为$\overline{\pi}_i^v=\pi_i^v-R\ (\alpha_i)$，$i=1,\ 2,\ 3,\ v=I,\ S$。自然地，我们能够进行以下推断：如果企业1与企业3的垂直一体化带来的净利润之和减去成本大于两者分解时的净利润之和（分解时的净利润之和相当于其整合时的机会成本），即如果$\overline{\pi}_1^I+\overline{\pi}_3^I-F\geqslant\overline{\pi}_1^S+\overline{\pi}_3^S$，那么两个企业将选择垂直一体化战略，进而市场结构变为垂直一体化状态；相反，如果$\overline{\pi}_1^I+\overline{\pi}_3^I-F<\overline{\pi}_1^S+\overline{\pi}_3^S$，两企业将保持垂直分解状态，市场结构也变成垂直分解化状态。

现在将各企业在不同市场结构下的最优技术创新投资代入净利润公式并进行比较，固定市场规模与产品的边际需求（$a-\overline{c}-\overline{c}_3=1$，$b=1$），得：

$$\overline{\pi}_1^I+\overline{\pi}_3^I=\frac{16k(12k-1)}{(48k-7)^2}+\frac{9k(16k-1)}{(48k-7)^2}=\frac{k(336k-25)}{(48k-7)^2} \tag{5.69}$$

$$\overline{\pi}_1^S+\overline{\pi}_3^S=\frac{k(9k-2)}{18\ (3k-1)^2}+\frac{k(9k-4)}{9\ (3k-1)^2}=\frac{k(27k-10)}{18\ (3k-1)^2} \tag{5.70}$$

运用MATLAB模拟得：

从图5－4可以看出，当$k>K$时，处于垂直分解化市场结构下的企业1与企业3 的净利润之和恒大于两者在垂直一体化市场结构下的净利润之和，即$\bar{\pi}_1^S+\bar{\pi}_3^S>\bar{\pi}_1^I+\bar{\pi}_3^I$。也就是说，即使垂直一体化的成本为 $F=0$，垂直分解化时两企业净利润之和也大于垂直一体化时的净利润之和，即$\bar{\pi}_1^S+\bar{\pi}_3^S>\bar{\pi}_1^I+\bar{\pi}_3^I-F$，因此，企业 1 与企业 3 一定不会进行垂直一体化，市场结构将保持垂直分解化的状态。

推论 5－2－4：在一个由两个模块生产商、单个模块集成商和 N 个代表性消费者组成的生产网络中，如果两个上游模块生产商进行古诺博弈，那么在模块生产商与垄断模块集成商的技术创新内生的情况下，市场结构将保持垂直分解化状态。

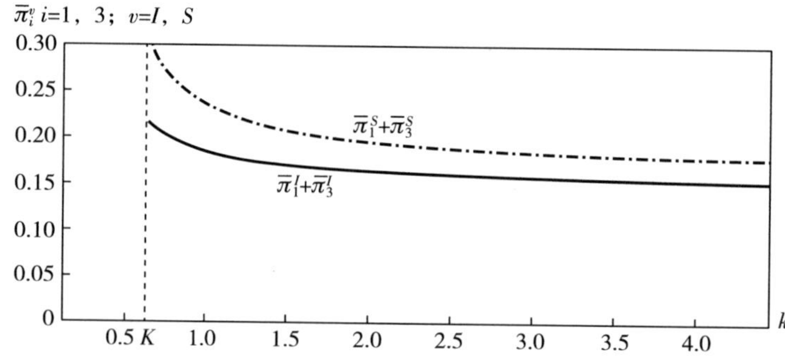

图 5－4　不同市场结构下企业 1 与企业 2 净利润之和（$a-\bar{c}-\bar{c}_3=1$，$b=1$）

相比垂直分解化市场结构下的净利润，垄断模块集成商与被整合模块生产商的垂直一体化增加了被整合模块生产商的净利润，但这也损害了垄断模块生产商自身与另一模块生产商的净利润。经过计算发现，垂直一体化给企业 1 带来的利润提高（$\bar{\pi}_1^I-\bar{\pi}_1^S$）小于其给企业 3 带来的利润损失（$\bar{\pi}_3^I-\bar{\pi}_3^S$），这种净利润间的“逆差”来源于垂直一体化时企业 3 外生地为企业 1 与企业 2 分配市场份额，这种干预扭曲了产品市场均衡时的投入品价格与产出，从而影响了企业 1 与企业 3 的净利润。本节会在扩展部分进一步论述该问题。

（六）福利分析

现在来分析这种特殊的生产网络中的不同市场结构对消费者福利和社会整体福利的影响。

1. 消费者福利

在最终消费品同质的假设下，本节仍用最终消费品的价格来衡量消费者福利：最终消费品价格越高，消费者福利越小；价格越低，消费者福利越大。从上文得知，不同市场结构下产品市场均衡时的最终消费品价格分别为式（5.49）和式（5.60）：

$$P^S = \frac{4a + 2\bar{c}_3 + 2\bar{c} - \alpha_1 - \alpha_2 - 2\alpha_3}{6}$$

$$P^I = \frac{3a + \bar{c} + \bar{c}_3 - \alpha_1 - \alpha_3}{4}$$

将均衡时各企业的最优技术创新投资分别代入以上两式，得：

$$P^S = -\frac{5a + 4\bar{c}_3 + 4\bar{c} - 18abk - 9bck - 9bdk}{9(3bk - 1)} \tag{5.71}$$

$$P^I = \frac{36abk - 7a + 12bck + 12bdk}{48bk - 7} \tag{5.72}$$

固定 a、b、$\bar{c}$、$\bar{c}_1$ 的值发现，当 $k > K$ 时，

$$P^I > P^S \tag{5.73}$$

也就是说，垂直一体化提高了产品价格，降低了消费者福利。

推论 5-2-5：在一个由两个模块生产商、单个模块集成商和 N 个代表性消费者组成的生产网络中，如果上游两个模块生产商进行古诺博弈，在技术创新投资内生的情况下，垂直一体化市场结构下的消费者福利低于垂直分解化市场结构下的消费者福利。

2. 社会福利

这里用各市场结构下产品市场均衡时最终消费品的总产出与价格之积衡量社会总福利，由于在模块集成商主导型生产网络中，单一的模块集成商独占整个最终消费市场，所以最终消费品市场的总产出与价格均等于模块集成商的总产出与价格。根据上文，能够得到社会福利表达式：

$$W^S = P^S N^S = \frac{(4a + 2\bar{c}_3 + 2\bar{c} - \alpha_1 - \alpha_2 - 2\alpha_3)(2a - 2\bar{c}_3 - 2\bar{c} + \alpha_1 + \alpha_2 + 2\alpha_3)}{36b} \tag{5.74}$$

$$W^I = P^I N^I = \frac{(3a + \bar{c} + \bar{c}_3 - \alpha_1 - \alpha_3)(a - \bar{c} - \bar{c}_3 + \alpha_1 + \alpha_3)}{16b} \tag{5.75}$$

固定 a、b、$\bar{c}$、$\bar{c}_1$ 的值，并将各市场结构下的最优技术创新投资代入以上两式，得：

$$W^S > W^I \tag{5.76}$$

这意味着垂直分解化市场结构下的社会总福利最大，进而能够得到如下推论。

推论 5-2-6：在一个由两个模块生产商、单个模块集成商和 N 个代表性消费者组成的生产网络中，如果上游两个模块生产商进行古诺博弈，在技术创新投资内生的情况下，垂直分解化市场结构下的社会福利高于垂直一体化市场结构下的社会福利。

（七）模型扩展

现在回过头来分析企业 3 对企业 1 与企业 2 产出的分配问题。我们知道，推论 5-2-4 得以成立的前提是企业 3 为企业 1 分配高于企业 2 一倍的市场份额，此时企业 2 的市场份额也被外生决定。现在假定企业 2 市场份额仍由企业 1 外生决定但份额多少未知，即$n_2^I = x\, n_1^I$，$x>0$，那么此时各企业的产出分别为：

$$n_1^I = \frac{a - \bar{c} - \bar{c}_3 + \alpha_1 + \alpha_3}{6b} \tag{5.77}$$

$$n_2^I = \frac{x\ (a - \bar{c} - \bar{c}_3 + \alpha_1 + \alpha_3)}{6b} \tag{5.78}$$

$$N^I = n_3^I = \frac{(1+x)\ (a - \bar{c} - \bar{c}_3 + \alpha_1 + \alpha_3)}{6b} \tag{5.79}$$

投入品价格及最终消费品价格仍由企业 1 决定：

$$w_2^I = w_1^I = w^I = \frac{a + \bar{c} - \bar{c}_3 - \alpha_1 + \alpha_3}{2} \tag{5.80}$$

$$P^I = \frac{a + c_3}{2} = \frac{3a + \bar{c} + \bar{c}_3 - \alpha_1 - \alpha_3}{4} \tag{5.81}$$

运用以上结果能够求出各企业均衡时的利润：

$$\pi_1^I = (w^I - c_1)\ n_1^I = \frac{(a - \bar{c} - \bar{c}_3 + \alpha_1 + \alpha_3)^2}{12b} \tag{5.82}$$

$$\pi_2^I = (w^I - c_2)\ n_2^I = \frac{x\ (a - \bar{c} - \bar{c}_3 + \alpha_1 + \alpha_3)\ (a - \bar{c} - \bar{c}_3 - \alpha_1 + 2\alpha_2 + \alpha_3)}{12b} \tag{5.83}$$

$$\pi_3^I = (P - c_3)\ n_3^I = \frac{(1+x)\ (a - \bar{c} - \bar{c}_3 + \alpha_1 + \alpha_3)^2}{12b} \tag{5.84}$$

进而各企业的最优技术创新投资为：

$$\alpha_1^I = \frac{a - \bar{c} - \bar{c}_3}{12bk - x - 2} \tag{5.85}$$

$$\alpha_2^I = \frac{x\ (a - \bar{c} - \bar{c}_3)}{12bk - x - 2} \tag{5.86}$$

$$\alpha_3^I = \frac{(1+x)\ (a - \bar{c} - \bar{c}_3)}{12bk - x - 2} \tag{5.87}$$

将各企业的最优技术创新投资代入利润函数中并减去技术创新成本函数能够得到各企业的净利润，这里固定 F 的值并令：

$$\bar{\pi}_1^I + \bar{\pi}_i^I - F = \bar{\pi}_1^S + \bar{\pi}_i^S \tag{5.88}$$

通过解上式能够求出垂直分解化和垂直一体化利润相等时企业 2 所分配的产出额，即 $n_2^I = \bar{n}_2^I$①。自然地，当 $n_2^I > \bar{n}_2^I$ 时，$\bar{\pi}_1^I + \bar{\pi}_i^I - F > \bar{\pi}_1^S + \bar{\pi}_i^S$，市场结构为垂直一体化；当 $n_2^I < \bar{n}_2^I$ 时，$\bar{\pi}_1^I + \bar{\pi}_i^I - F < \bar{\pi}_1^S + \bar{\pi}_i^S$，市场结构为垂直分解化。概括来讲，能够得到以下推论。

推论 5－2－7：在一个由两个模块生产商、单个模块集成商和 N 个代表性消费者组成的生产网络中，如果上游两个模块生产商进行古诺博弈，那么市场结构将取决于一体化时模块集成商为处于分解状态下的模块生产商分配的产出：当 $n_2^I > \bar{n}_2^I$ 时，市场结构为垂直一体化；当 $n_2^I < \bar{n}_2^I$ 时，市场结构则为垂直分解化。

三、伯特兰德博弈

在古诺博弈中本节假定了两种博弈状态：一种是在垂直分解化的市场结构下上游两个模块生产商公平竞争以瓜分整个市场；另一种是在垂直一体化的市场结构下上游两企业市场份额的分配完全由垄断性模块集成商来决定，这似乎没有体现出“博弈”的特性，但为了便于分析，笔者仍将其归于古诺博弈模型中。无

① 模拟结果显示，当 $F \geqslant 0$ 时，$\bar{n}_2^I > n_1^I$，也就是说，当企业 1 与企业 3 进行垂直一体化时，只有当企业 3 为企业 1 分配的产出小于企业 2 时，市场才有可能保持垂直一体化状态，而这显然不符合现实。这里着重进行理论推导，从结果来看，至少理论上存在这种均衡状态。

论是哪种博弈状态，本节都假定博弈双方能够获得一定数量的市场份额。但市场竞争具有“优胜劣汰”的特性，一方博弈失败将面临“出局”的命运，因此，伯特兰德博弈同样不容忽视。相关假定与上文类似，仍从逆向回归开始。

（一）逆向回归

第四步：在最终消费品市场上企业 3 根据市场需求选择最优产出以最大化其利润，与上文相同，我们能够得到式（5.35）和式（5.36）：

$$N = n_3^* = \frac{a - c_3}{2b}$$

$$P^* = \frac{a + c_3}{2}$$

第三步：企业 1 与企业 2 在中间消费品市场上进行伯特兰德博弈，由于本节假定投入品同质，所以投入品价格较低的一方将获得整个市场：

$$n_i = \begin{cases} N, & w_i < w_j \\ 0, & w_i > w_j \; i, \; j = 1, \; 2, \; i \neq j \\ n_j, & w_i = w_j \end{cases} \tag{5.89}$$

当企业 1 与企业 2 投入品价格相同时，两者的博弈恢复为古诺博弈。对于企业 3，无论哪个模块生产商在博弈中获胜，它都将独占整个最终消费品市场，它所需要考虑的仅仅为是否与获胜方进行垂直一体化。上游模块生产商的伯特兰德博弈决定投入品价格等于两方边际成本较大的那一个，因为当双方都以边际成本为投入品定价时较大边际成本的一方利润为 0，将被迫退出市场：

$$n_i = n_3 = N, \; i = 1 \text{ or } 2 \tag{5.90}$$

$$w = \max \{c_1, \; c_2\} \tag{5.91}$$

第二步：三个企业同时进行技术创新投资以降低各自的边际成本，与古诺博弈一样，得到前文所述的式（5.37）、式（5.38）、式（5.39）：

$$c_1 = \bar{c} - \alpha_1$$

$$c_2 = \bar{c} - \alpha_2$$

$$c_3 = w + \bar{c}_3 - \alpha_3$$

对技术创新成本函数 $R(\alpha_i)$ 的假定与古诺博弈相同。

第一步：企业 3 选择是否与获胜模块生产商进行垂直一体化。固定整合成本

F 的假定与古诺博弈相同。

当 $v=S$ 时，企业 i 选择 α_i 以最大化其利润：

$$\max \pi_i^S(\alpha_1, \alpha_2, \alpha_3) - R(\alpha_i), \ i=1 \text{ or } 2, 3 \tag{5.92}$$

当 $v=I$ 时，假定企业 i 与企业 3 组成联合体，因此，其利润最大化变为：

$$\max \pi_i^I(\alpha_1, \alpha_2, \alpha_3) - R(\alpha_i) - F_i, \ i=1 \text{ or } 2, 3 \tag{5.93}$$

值得注意的是，在垂直分解化的市场结构下，博弈失败方的边际成本决定投入品价格，而投入品价格又决定市场需求，因此，一旦投入品的价格确定，两企业的产量与利润便能够得到。与此相反，当企业 3 与企业 1 或企业 2 进行垂直一体化时，由于企业 3 垄断最终消费品市场，能够控制产量，所以它可以在外生地驱逐某一上游企业的同时为另一上游企业提供最优产出。因此，不同市场结构对企业的技术创新行为有不同的影响，我们需要分别加以分析。

（二）最终消费品市场均衡

1. 垂直分解化市场结构

在垂直分解化的市场结构下，企业 3 根据最终消费品的市场需求确定最优产量，这与上文分析相同，得到如下各式：

$$N^{SB} = n_3^{SB} = \frac{a - c_3}{2b} = \frac{a - w - \bar{c}_3 + \alpha_3}{2b} \tag{5.94}$$

$$P^{SB} = \frac{a + c_3}{2} = \frac{a + w + \bar{c}_3 - \alpha_3}{2} \tag{5.95}$$

式（5.94）就决定了下游最终消费品市场需求与上游投入品价格之间的关系。这里假定企业 1 在中间品市场中博弈中获胜，即 $w_1 < w_2$（企业 2 在博弈获胜的情形与此类似，不再赘述），那么此时 $w^{SB} = c_2 = \bar{c} - \alpha_2$，最终消费品市场总需求（即中间品市场总需求）和产品价格则变为：

$$N^{SB} = n_3^{SB} = n_1^{SB} = \frac{a - \bar{c} - \bar{c}_3 + \alpha_2 + \alpha_3}{2b} \tag{5.96}$$

$$P^{SB} = \frac{a + \bar{c} + \bar{c}_3 - \alpha_2 - \alpha_3}{2} \tag{5.97}$$

相应地，企业 1 与企业 3 的利润分别为：

$$\pi_1^{SB} = (w^{SB} - c_1) N^{SB} = \frac{(\alpha_1 - \alpha_2)(a - \bar{c} - \bar{c}_3 + \alpha_2 + \alpha_3)}{2b} \tag{5.98}$$

$$\pi_3^{SB} = (P^{SB} - c_3)N^{SB} = \frac{(a - \bar{c} - \bar{c}_3 + \alpha_2 + \alpha_3)^2}{4b} \tag{5.99}$$

2. 垂直一体化市场结构

假定企业 1 与企业 3 进行垂直一体化，由于无论在哪种市场结构下企业 3 总会根据最终消费品市场需求确定最优产量，这便得出下游市场需求与上游中间品价格之间的关系。由于企业 3 垄断最终消费品市场，所以一体化时企业 3 能够控制产量，这里假定企业 3 外生给获胜方企业 1 设定的产出为$n_1^{IB} > n_1^{SB}$，设定的产出也是企业 3 和整个市场的产出（$n_1^{IB} = n_3^{IB} = N^{IB}$），此时市场价格仍由边际成本最大的企业 2 决定，即$w^{IB} = c_2 = \bar{c} - \alpha_2$，那么最终消费品市场价格为：

$$P^{IB} = \frac{a + c_3}{2} = \frac{a + \bar{c} + \bar{c}_3 - \alpha_2 - \alpha_3}{2} \tag{5.100}$$

相应地，垂直一体化时企业 1 与企业 3 的利润分别为：

$$\pi_1^{IB} = (w^{IB} - c_1)\ n_1^{IB} = (\alpha_1 - \alpha_2)\ n_1^{IB} \tag{5.101}$$

$$\pi_3^{IB} = (P^{IB} - c_3)\ n_3^{IB} = \left(\frac{a - \bar{c} - \bar{c}_3 + \alpha_2 + \alpha_3}{2}\right)n_1^{IB} \tag{5.102}$$

综合以上分析，我们能够得出以下引理：

（1）产出引理。

当上游两个厂商进行伯特兰德博弈时，上游获胜方与下游垄断厂商分别独占上游和下游市场。垂直分解化市场结构下产品市场均衡时的产出与上游非获胜方和下游垄断厂商的技术创新正相关，与获胜方的技术创新不相关。

（2）技术创新驱动引理。

1）在垂直分解化的市场结构下，企业 1 的技术创新动力等于企业 3 的技术创新动力；在垂直一体化的市场结构下，企业 1 的技术创新动力是企业 3 技术创新动力的 2 倍：

$$\frac{\partial \pi_1^{SB}}{\partial \alpha_1} = \frac{\partial \pi_3^{SB}}{\partial \alpha_3},\quad \frac{\partial \pi_1^{IB}}{\partial \alpha_1} = 2\frac{\partial \pi_3^{IB}}{\partial \alpha_3}$$

2）垂直一体化市场结构下企业 1 的技术创新动力大于其在垂直分解化市场结构下的技术创新动力；企业 3 在不同市场结构下技术创新动力的大小取决于一体化时它为企业 1 分配的产出额：

$$\frac{\partial \pi_1^{IB}}{\partial \alpha_1} > \frac{\partial \pi_1^{SB}}{\partial \alpha_1}, \quad \frac{\partial \pi_3^{IB}}{\partial \alpha_3} = \frac{1}{2} n_1^{IB}$$

3）在垂直分解化市场结构下，企业 1 的技术创新动力与企业 2 和企业 3 的技术创新动力正相关，企业 3 的技术创新动力与企业 2 和企业 3 的技术创新动力正相关；在垂直一体化的市场结构下，企业 1 与企业 3 的技术创新外生于企业 3 为企业 1 分配的产出额：

$$\frac{\partial^2 \pi_1^{SB}}{\partial \alpha_1 \alpha_2} = \frac{\partial^2 \pi_3^{SB}}{\partial \alpha_3 \alpha_2} > 0, \quad \frac{\partial^2 \pi_1^{SB}}{\partial \alpha_1 \alpha_3} = \frac{\partial^2 \pi_3^{SB}}{\partial \alpha_3^2} > 0$$

$$\frac{\partial \pi_1^{IB}}{\partial \alpha_1} = n_1^{IB}, \quad \frac{\partial \pi_3^{IB}}{\partial \alpha_3} = \frac{1}{2} n_1^{IB}$$

证明：产出引理通过对不同市场结构下均衡产出时企业 1 和企业 3 的技术创新投资求一阶导数即可得到；技术创新驱动引理 1）和引理 3）可以分别以各市场结构下企业 1 和企业 3 的利润函数对各自的技术创新投资求一阶或二阶导数得到，技术创新驱动引理 2）可用不同市场结构下企业 1 的利润函数对企业技术创新投资求一阶导数，结合$n_1^{IB} > n_1^{SB}$ 假设条件得到。

产出引理只关注垂直分解化市场结构下的均衡产出与企业 1 和企业 3 技术创新之间的关系，这是因为，只有在垂直分解化市场结构下，市场的均衡产出才与企业 1 和企业 3 的技术创新相关联，如果市场的总产出由企业 3 外生决定，那么两个企业的技术创新不会对产出产生影响。

技术创新驱动引理 1）表明在垂直分解化的市场结构中，企业 1 与企业 3 的技术创新动力相同，通过计算发现，此时企业 1 与企业 3 技术创新的边际利润（即技术创新动力）均等于均衡产出，在伯特兰德博弈中，企业 1、企业 3 和市场的均衡产出相同；而在垂直一体化的市场结构中，企业 1 的技术创新动力是企业 3 的技术创新动力的 2 倍，这是因为在市场产出相同的情况下，企业 1 的边际利润是企业 3 的 2 倍，而边际利润的不同来源于平均边际成本的不同。技术创新引理 2）表明企业 1 在垂直一体化市场结构中的技术创新动力大于其在垂直分解化市场结构中的技术创新动力，这一结论完全来源于本节对垂直一体化市场结构中均衡产出的假定$n_1^{IB} > n_1^{SB}$，即假定垂直一体化时企业 1 以及企业 3 的均衡产出要大于各自垂直分解化时的均衡产出，否则它们没有垂直一体化的必要，而不同市场结构下企业 1 的边际利润均为该市场结构下的均衡产出，因此，垂直一体化市场结构下企业 1 的技术创新动力更强；对于企业 3，其垂直一体化时的边际利润为该市场结构下均衡产出的一半，由于本节假定 $\alpha_1 > \alpha_2$（$c_1 < c_2$），如果 $2n_1^{SB} < n_1^{IB} < N$，那么企业 3 在垂直一体化市场结构下的技术创新动力更强，相反，企业 3 在垂直分解化市场结构下的技术创新动力更强。技术创新驱动引理 3）表明技术创新动力只有在垂直分解化市场结构下才会与各企业的技术创新有关，因为只有在垂直分解化的市场结构中，作为边际利润的均衡产出才与企业 2 和企业 3 的技术创新相关，这种关联来源于投入品价格被企业 2 的边际成本决定。

（三）投资决策

同前面类似，现在内生化企业的技术创新成本，将技术创新成本函数纳入模型中能够得到各企业的最优技术创新投资。同前面一样，为了便于分析假定三个企业的技术创新成本函数相同。本部分从各企业的最优技术创新投资开始，然后对不同市场结构下企业的技术创新投资进行比较。

1. 最优技术创新投资

在垂直一体化的市场结构中，企业 1 与企业 3 选择最优技术创新投资以最大化其净利润：

$$\max \pi_i^S(\alpha_1, \alpha_2, \alpha_3) - R(\alpha_i), \ i = 1, 3 \tag{5.103}$$

将技术创新函数 $R(\alpha_i) = k\alpha_i^2$，$k > 0 (i = 1, 3)$ 和式(5.98)、式(5.99)代入上式并求一阶条件得：

$$\alpha_1^{SB} = \alpha_3^{SB} = \frac{a - \bar{c}_3 - \bar{c} + \alpha_2}{4bk - 1} \tag{5.104}$$

同理，运用与古诺博弈相同的方法求得垂直一体化市场结构下企业 1 与企业 3 的技术创新投资为：

$$\alpha_1^{IB} = \frac{n_1^{IB}}{2k} \tag{5.105}$$

$$\alpha_3^{IB} = \frac{n_1^{IB}}{4k} \tag{5.106}$$

2. 市场结构与技术创新投资

（1）同一市场结构下不同企业的技术创新投资。

在得到不同市场结构下企业 1 与企业 3 的最优技术创新投资后需要对其进行比较，首先比较同一市场结构下不同企业的技术创新投资。分析式（5.104）~式（5.106）发现，当 $k\to\infty$ 时，最优技术创新投资全部趋于 0，也就是说当技术创新成本较高时，各企业均不会选择技术创新。本部分先假定三个企业的技术创新外生且相等：在垂直分解化的市场结构下，技术创新外生意味着企业 1 与企业 3 产出相同，企业 1 的利润为 0 且企业 3 的利润大于企业 1，即 $n_1^{SB}=n_3^{SB}=N^{SB}$，$\pi_3^{SB}>\pi_1^{SB}=0$；垂直一体化市场结构下的结果类似，即 $n_1^{IB}=n_3^{IB}=N^{IB}$，$\pi_3^{IB}>\pi_1^{IB}=0$。然后假定在技术创新投资内生的情况下，从式（5.104）可知道企业 1 与企业 3 的技术创新投资相等，从式（5.105）和式（5.106）可知道垂直一体化市场结构下企业 1 的技术创新投资更高。综合来看，能够得到如下推论。

推论 5-2-8：在一个由两个模块生产商、单个模块集成商和 N 个代表性消费者组成的生产网络中，在两个上游模块生产商进行伯特兰德博弈的情况下，如果技术创新投资外生且相等，那么无论在垂直分解化的市场结构中还是在垂直一体化的市场结构中，博弈获胜模块生产商与垄断模块集成商的均衡产出相同，获胜模块生产商的均衡利润为 0，垄断模块集成商的均衡利润大于获胜模块生产商的均衡利润；如果技术创新投资内生，在垂直分解化的市场结构中，博弈获胜模块生产商与垄断模块集成商的技术创新投资相等，而在垂直一体化的市场结构中，博弈获胜模块生产商的技术创新投资是垄断模块集成商技术创新投资的 2 倍。

推论 5-2-8 所述的技术创新投资外生且相等时的情况是伯特兰德博弈的一般特征，在伯特兰德博弈中，获胜方将获得整个市场。在文中，博弈获胜模块生产商与垄断模块集成商分别独占中间品市场和最终消费品市场，因此，两者的产出相同。由于博弈获胜方的平均边际利润为博弈双方技术创新投资之差，所以假定技术投资外生且相等时，博弈获胜方的利润一定为 0。技术创新投资内生的情况与技术创新驱动引理 1）的逻辑一致，由于均衡时企业 1 的利润是企业 3 的 2 倍，当技术创新成本函数相同时，最优技术创新投资也沿续这一特性。

（2）不同市场结构下同一企业的最优技术创新投资。

现在来比较同一企业在不同市场结构下的技术创新投资。对于企业 1，令：

$$\alpha_1^{IB} - \alpha_1^{SB} = \frac{n_1^{IB}}{2k} - \frac{a - \bar{c}_3 - \bar{c} + \alpha_2}{4bk - 1} \tag{5.107}$$

$$\alpha_3^{IB} - \alpha_3^{SB} = \frac{n_1^{IB}}{4k} - \frac{a - \bar{c}_3 - \bar{c} + \alpha_2}{4bk - 1} \tag{5.108}$$

结合$n_1^{IB} > n_1^{SB} = \dfrac{a - \bar{c} - \bar{c}_3 + \alpha_2 + \alpha_3}{2b}$，能够得到：

$$\alpha_1^{IB} > \alpha_1^{SB} \tag{5.109}$$

对于企业 3，与以上类似，当$2\,n_1^{SB} < n_1^{IB} < N$时，

$$\alpha_3^{IB} > \alpha_3^{SB} \tag{5.110}$$

当$n_1^{IB} < 2\,n_1^{SB}$时，

$$\alpha_3^{IB} < \alpha_3^{SB} \tag{5.111}$$

也就是说，垂直一体化对企业 1 和企业 3 的技术创新投资有不同的影响：对于企业 1 来说，垂直一体化提高了其技术创新；对于企业 3 来说，垂直一体化则削弱了其技术创新投资。前者与技术创新驱动引理 2）一致，垂直一体化时企业 3 为企业 1 设定更高的产出，使其得到更多的利润，从而推动其进行更多的技术创新。而企业 3 不同市场结构下技术创新的大小取决于其选择的市场总产出，这与技术创新驱动引理 3）一致。

推论 5－2－9：在一个由两个模块生产商、单个模块集成商和 N 个代表性消费者组成的生产网络中，如果两个上游模块生产商进行伯特兰德博弈，在技术创新投资内生的情况下，博弈获胜的模块生产商的技术创新投资在垂直一体化市场结构下更高，垄断模块集成商的技术创新投资取决于其选择的产出水平，当其选择的产出水平大于垂直分解化市场结构下产出的 2 倍时，它在垂直一体化市场结构下的技术创新投资大于其在垂直分解化市场结构下的技术创新投资，否则，相反。

（四）市场结构选择

现在将整合成本纳入模型中分析企业 3 的市场结构选择行为。这里仍假定企业 3 考虑是否与企业 1 实施一体化整合，各企业的净利润为$\bar{\pi}_i^{vB} = \pi_i^{vB} - R(\alpha_i)$ $(i=1, 3)$。自然地，我们能够做出这样的判断：如果企业 1 与企业 3 实施垂直一体化的净利润减去两者的整合成本大于两者在分解化状态下的净利润（此时分

解状态下的两者的净利润之和可以看作是垂直一体化的机会成本），那么两者一定会实施垂直一体化策略；相反，企业 1 与企业 3 将保持垂直分解化状态。现在令两者垂直一体化的净收益与其成本相等：

$$\bar{\pi}_1^{IB} + \bar{\pi}_3^{IB} - F = \bar{\pi}_1^{SB} + \bar{\pi}_3^{SB} \tag{5.112}$$

根据式（5.98）、式（5.99）、式（5.101）、式（5.102），固定 F 值，能够得到$\bar{n}_1^{IB}$①，进而能够得到如下推论。

推论 5－2－10：在一个由两个模块生产商、单个模块集成商和 N 个代表性消费者组成的生产网络中，如果上游两个模块生产商进行伯特兰德博弈，那么市场结构将取决于一体化时模块集成商为博弈获胜的模块生产商设定的产出的大小：当$n^{IB} > \bar{n}_1^{IB}$时，市场结构为垂直一体化；当$n^{IB} < \bar{n}_1^{IB}$时，市场结构则为垂直分解化。

（五）福利分析

1. 消费者福利

由于在伯特兰德博弈中仍假定产品同质，那么价格就成为衡量消费者福利的标准：产品价格越低，消费者福利越高；产品价格越高，消费者福利越低。不同市场结构下最终消费品价格分别为：

$$P^{SB} = P^{IB} = \frac{a + \bar{c} + \bar{c}_3 - \alpha_2 - \alpha_3}{2} \tag{5.113}$$

这是因为最终消费品市场只有模块集成商一个厂商，因此，最终消费品的定价权只掌握在模块集成商手里。由分析可知，无论是在垂直分解化还是在垂直一体化的市场结构中，模块集成商都会根据最终消费品市场的需求进行利润最大化的产品定价，这使最终消费品价格与中间品价格联系起来，同时，在上游两个模块生产商进行伯特兰德博弈时，无论在哪个市场结构中，中间品价格都等于博弈失败方的边际成本。因此，两种市场结构中最终消费品的价格相同，这意味着不同市场结构中消费者的福利相同。

推论 5－2－11：在一个由两个模块生产商、单个模块集成商和 N 个代表性消费者组成的生产网络中，如果上游两个模块生产商进行伯特兰德博弈，在技术

① $\bar{n}_1^{IB}$的形式过于复杂，同前文类似，在此省略，但这并不影响分析。

创新投资内生的情况下，垂直分解化和垂直一体化市场结构下的消费者福利相同。

2. 社会福利

同上文类似，这里用最终消费品市场均衡时的产出与价格之积来衡量社会总福利。由于模块集成商垄断最终消费品市场，所以消费品市场均衡时的产出与价格均是模块集成商的均衡产出与价格，由此能够得到如下不同市场结构下的社会福利：

$$W^{SB}=P^{SB}N^{SB}=\frac{(a+\bar{c}+\bar{c}_3-\alpha_2-\alpha_3)^2}{4b} \tag{5.114}$$

$$W^{IB}=P^{IB}N^{IB}=\left(\frac{a+\bar{c}+\bar{c}_3-\alpha_2-\alpha_3}{2}\right)n^{IB} \tag{5.115}$$

令：

$$W^{IB}-W^{SB}=\left(\frac{a+\bar{c}+\bar{c}_3-\alpha_2-\alpha_3}{2}\right)\left(n^{IB}-\frac{a+\bar{c}+\bar{c}_3-\alpha_2-\alpha_3}{2b}\right) \tag{5.116}$$

由于假定$n^{IB}>n^{SB}=\frac{a+\bar{c}+\bar{c}_3-\alpha_2-\alpha_3}{2b}$，因此，

$$W^{IB}>W^{SB} \tag{5.117}$$

在此基础上，我们能够得到如下推论。

推论5－2－12：在一个由两个模块生产商、单个模块集成商和N个代表性消费者组成的生产网络中，如果上游两个模块生产商进行伯特兰德博弈，在技术创新投资内生的情况下，垂直一体化市场结构下的社会福利高于垂直分解化市场结构下的社会福利。

第三节　本章小结

一、三主体模型

本章第一节探讨了一个由单个垄断模块集成商、单个模块生产商和N个代表

性消费者组成的特殊生产网络中的竞争与技术创新行为。该节分别使用技术创新博弈和产出约束博弈两个模型来研究生产网络中拥有不同市场势力的企业的竞争与创新行为。在技术创新博弈中，该节不考虑垄断模块集成商对市场的干预，发现在非核心模块价格不断升高的过程中，垄断模块集成商干预市场的动力越来越强。在产出约束博弈中，该节模拟垄断模块生产商干预市场结构的行为，发现如果垄断模块集成商能够通过产出来约束模块生产商的利润，它一定会实施这种约束策略将模块生产商排挤出市场。

该节同样分析了垄断模块集成商的约束行为对社会福利和消费者福利的影响。由于垄断模块集成商独占最终消费品市场，因此，以最终消费品的性价比来衡量的消费者福利不会因为生产网络中的企业进入、退出或技术创新投资策略而改变。就社会福利来说，由于当非核心模块价格较高时市场只存在唯一有效均衡，而此时垄断模块集成商一定会实施产出干预，所以任何形式的市场干预策略都会破坏市场的有效均衡，损害社会福利，而任何限制技术约束的反垄断政策都有利于社会福利的提高。

此外，该节从模块集成商的创新效率、创新能力以及模块集成商的初始质量优势三个方面对原始模型进行了扩展，这给我们带来了重要的启示：一方面，对于那些高效的垄断企业，任何形式的反垄断政策都会对它们的技术创新产生负面影响；对于低效的垄断企业，政府应果断实施反垄断政策并大力扶持模仿企业。另一方面，就我国大量的非核心部件生产商来说，不断加大核心部件研发投入、逐步形成核心部件和最终品生产能力、提高技术创新效率是实现技术赶超的根本途径。

二、四主体模型

本章第二节从古诺博弈和伯特兰德博弈两方面分析了一个由两个模块生产商、单个模块集成商和 N 个代表性消费者组成的生产网络中的竞争与技术创新行为。

在古诺博弈中，不同的市场结构对模块生产商和模块集成商的技术创新均有影响。具体来讲，下游模块集成商与上游某一模块生产商的垂直一体化会显著降低整个生产网络中各企业的技术创新。通过进一步的分析发现，这种整合不仅扭曲了投入品的市场价格，同时也给产品市场均衡时最终消费品的产出带来冲击（在不改变被整合模块生产商产出的同时降低了另一模块生产商的产出，这使整体产出与垂直分解状态下的产出相比下降）。垂直一体化在提高产品市场均衡时最终消费品的市场价格的同时却大幅降低了产量，导致消费者福利与社会总福利同时降低。通过对模型的进一步扩展发现，市场结构取决于一体化时模块集成商对整合的模块生产商投入品产出的分配，当分配的产出较高时，市场结构为垂直一体化；相反，市场结构为垂直分解化。

在伯特兰德博弈中，下游模块集成商与上游博弈获胜的模块生产商的垂直一体化策略也会给各自的技术创新带来影响。具体来讲，就被整合的模块生产商来说，相比垂直分解化，垂直一体化可提高其技术创新水平；而就垄断模块集成商来说，它的技术创新受其产出的影响，如果垂直一体化时的产出高于垂直分解化产出的2倍（小于完全的市场需求 N），那么垂直一体化能提高垄断模块集成商的技术创新，否则，则阻碍模块集成商的技术创新。由于模块集成商独占整个下游最终消费品市场，能够控制产出的大小，因此它一定会选择对自身技术创新有利的策略。从这个角度来说，垂直一体化对整合双方的技术创新都有利。在福利方面，与古诺博弈不同，在消费者福利方面，垂直一体化市场结构下的消费者福利与垂直分解化市场结构下的消费者福利相同；在社会福利方面，垂直一体化市场结构下的社会福利要高于垂直分解化市场结构下的社会福利。

第六章　模块生产商主导型生产网络中的竞争与技术创新实证研究

模块生产商主导型生产网络最重要的一个特征是模块生产商生产模块化产品中的核心模块，在生产网络中拥有更强的市场势力。计算机行业从诞生的那一刻起就表现出很强的模块化特征，虽然计算机整机的生产在早期被若干大企业垄断，从操作系统到每个零部件的生产均在企业内部完成，市场结构似乎表现为更强的一体化而不是模块化，但如果我们只关注产品的生产过程，计算机的制造过程则表现为很强的模块化，只不过这种模块化为大企业内部“生产过程的模块化”。随着大企业核心业务收缩战略的不断推进，计算机的生产逐渐跨越企业边界，大企业专注于核心部件的设计与生产，将非核心零部件的生产外包于外部企业。收缩战略一方面促进了计算机行业模块化生产网络的不断形成，但在另一方面却加剧了生产网络内部企业间市场势力的不平衡：核心模块生产商掌握着最终产品的核心技术，在生产网络中处于主导地位，而非核心部件和最终品生产商处于从属地位。同样地，以计算机技术为基础的电子与光学设备制造业与计算机行业具有类似的行业特征。事实上，随着消费类电子产品复杂程度的日益提高，计算机、电子与光学设备制造业已经逐渐融合，国际通用的产业分类方法（NACE REV 2）也将计算机、电子与光学设备制造业归为同一产业，本章进行相同的处理，选取计算机、电子与光学设备制造业这既有很强模块化特征同时核心部件厂商又拥有更高市场势力的产业作为模块生产商主导型生产网络的代表进行研究。

在确定研究的对象产业后，需要明确选取哪一国家的对应产业数据作为研究样本。根据本书的理论假设，模块生产商拥有市场势力越强的样本越接近本书对模块生产商主导型生产网络的设定。但在实际经济活动中，企业的市场势力通常被政府的反垄断政策限制。另外，为了保证研究结果的稳健性，需要选取尽可能多的样本。因此，很难在经济现实中找到完全符合本书理论假设的研究样本。但我们知道美国是世界上计算机产业发展较早且较为发达的国家，特别是近年来，美国大型计算机企业不断实施收缩战略，逐渐剥离非核心业务，使美国计算机企业在计算机核心部件如操作系统①、微修理器、基带等领域长期保持垄断地位。另外，在比较各国计算机、电子与光学设备制造业的样本数据后发现，美国这类产业的样本数量较多，达到640家。因此，选取美国的计算机、电子与光学设备制造业作为研究样本能够保证结果的稳健性。但值得注意的是，美国具有完备的反垄断政策与法律法规，这些政策与法律法规同样会对研究结果带来影响。

第一节　研究设计

一、回归模型

本书第三章对模块生产商主导型生产网络的分析，得出市场结构与企业绩效方面的结论：模块化生产网络的市场结构内生于市场势力更强的模块生产商——只要模块生产商生产的核心部件的价格维持较高水平如接近垄断定价，那么它不会对市场结构进行任何干预，市场结构保持模块化（垂直分解化）状态；否则，模块生产商会通过技术约束来实施垂直一体化战略，从而使市场结构向一体化方向发展。模块生产商之所以根据核心模块的价格来决定是否实施垂直一体化战略，根本原因在于核心模块的价格决定了其利润的大小。另外，由于价格在实时变化，用价格指数来衡量企业的绩效不具有可操作性，所以考虑到计量分析的可

① 如果将计算机、电子或光学设备这些最终品当作一个完整的系统，那么作为系统的一个构成部件，操作系统也可以看作是这些最终品的模块。

行性，在实际操作中我们可以用模块生产商的盈利能力作为价格的替代。这就回到了对市场绩效与市场结构之间关系的验证上，与哈弗学派外生假定市场结构并假定市场结构决定市场绩效不同，本书的结论与芝加哥学派市场绩效能够反过来决定市场结构的结论类似，因此，本章的第一个回归模型用来验证企业绩效与市场结构之间的相关关系。不同的是，这里的市场结构用市场模块化程度来替代，强调的是市场的垂直分解化程度，这与以往的强调水平市场结构的市场集中度不同。根据上面的分析，本章建立如下回归方程：

$$mod_{j,t} = \alpha + \beta_1 fp_{i,t} + \sum \beta_m z_{m,i,t} + \varepsilon_{i,t} \tag{6.1}$$

其中，$mod_{j,t}$代表产业j在t期的模块化水平，本章设定j为计算机、电子与光学设备制造业；$fp_{i,t}$为企业i在t期的市场绩效，下文分别用企业的边际利润或利润率来代替；$z_{m,i,t}$为影响产业j模块化程度的控制变量，由于影响市场结构的变量主要有市场进入退出壁垒、产品差异化程度和企业规模等，所以本章控制了包括企业的规模、研发支出、产品差异化程度和市场份额在内的变量；β_1为待估参数，α与$\varepsilon_{i,t}$分别为常数项和残差项。

本书得到的另一个有关模块生产商主导型生产网络的结论是市场结构会给上下游企业的技术创新带来不同的影响。具体来讲，由于较高的核心模块价格使模块生产商在不用承担高昂研发成本的情况下就能在模块化市场结构下获得较高的利润，所以，它不会主动进行技术创新，而模块集成商的技术创新除弥补其研发成本外还能为其带来更多净收益。这样，模块化市场结构下上游模块生产商的技术创新会更少，而下游模块集成商的技术创新会更高。基于此，本章的第二个回归模型用来验证产品内分工模块化对上下游企业技术创新的不同影响验证，回归方程如下：

$$innovation_{i,t} = \alpha + \beta_1 mod_{j,t} + \sum \beta_m z_{m,i,t} + \varepsilon_{i,t} \tag{6.2}$$

其中，$innovation_{i,t}$代表企业i在t期的技术创新水平；$mod_{j,t}$代表产业j在t期的模块化水平，同样地，j为计算机、电子与光学设备制造业；$Z_{m,i,t}$为影响产业i技术创新的控制变量，学界对技术创新的研究较为成熟，影响技术创新的变量通常有企业的规模、企业绩效、有形资产、预期绩效、行业的竞争程度、企业性质、产业特性等，由于本章选择的是美国单一产业、上市公司的数据，不用考虑企业性质与行业效应，所以在参考以往学者研究的基础上，控制了企业的规模、企业现有绩效、企业预期绩效和行业竞争程度；β_1为待估参数，α 与$\varepsilon_{i,t}$分别为常数项和残差项。

本书得到的第三个有关模块生产商主导型生产网络的结论是下游竞争状况的不同会给上下游一体化和非一体化企业的技术创新带来不同的影响。具体来说，下游模块集成商如果进行古诺博弈，那么上游核心模块生产商与其中之一的模块集成商进行垂直一体化会提高这个模块集成商的技术创新，降低另一模块集成商的技术创新，同时损害上游模块生产商的技术创新；如果下游模块集成进行的是伯特兰德博弈，那么这种垂直一体化会提高两者的技术创新。

这样，本章进行计量分析的一个难题是如何用经济现实来描述古诺博弈和伯特兰德博弈这两种竞争状态，另一个具有挑战性的难题是我们如何准确地获取企业上下游的垂直一体化数据。对于前者，我们知道，古诺博弈描述的是一种寡头产量竞争的状态，其结果表明，只有当博弈企业数量趋于无穷时，市场结构才会达到完全竞争的状态，因此古诺博弈更多地描述一种寡头的市场结构；相反，伯特兰德的博弈是价格博弈，博弈结果表明，只要不存在进入退出障碍，市场就能达到完全竞争状态，因此，其描述的是一种趋于完全竞争的市场结构。这样，我们就能够用市场竞争程度来替代不同的博弈类型：如果下游市场竞争程度较低，那么就可以近似地假定下游采取的是古诺博弈；如果下游市场竞争程度较为激烈，那么就可以假定下游进行的是伯特兰德博弈。对于后一个问题，我们无法获取样本内企业的垂直一体化的详细信息，但我们可以利用上市公司的并购数据建立企业某一年份是否进行并购的虚拟变量来近似地替代企业间的一体化状况。这样，就能够确定三类企业在不同状态下的技术创新。

对于垂直一体化下的上游模块生产商，其技术创新为：

$$innovation_{i,t}^{up\_i} = merge_1 \times innovation^{up}{}_{i,t} \tag{6.3}$$

对于垂直一体化下的下游模块集成商，其技术创新为：

$$innovation_{i,t}^{down\_i} = merge_1 \times innovation^{down}{}_{i,t} \tag{6.4}$$

另一处于分解状态下的模块集成商的技术创新为：

$$innovation_{i,t}^{down\_s} = (innovation^{down}{}_{i,t} \mid merge_0) \tag{6.5}$$

式（6.5）中，$merge_0$表示虚拟变量 $merge=0$ ，类似地，$merge_1$表示虚拟变

量 $merge=1$。根据上面的分析，可分别为三类企业建立如下回归方程：

$$innovation_{i,t}^{up\_i} = \alpha + \beta_1 inte_{j,t} + \beta_2 inte_{j,t} \times hhi_{j,t} + \sum \beta_m z_{m,i,t} + \varepsilon_{i,t} \tag{6.6}$$

$$innovation_{i,t}^{down\_i} = \alpha + \beta_1 inte_{j,t} + \beta_2 inte_{j,t} \times hhi_{j,t} + \sum \beta_m z_{m,i,t} + \varepsilon_{i,t} \tag{6.7}$$

$$innovation_{i,t}^{down\_s} = \alpha + \beta_1 inte_{j,t} + \beta_2 inte_{j,t} \times hhi_{j,t} + \sum \beta_m z_{m,i,t} + \varepsilon_{i,t} \tag{6.8}$$

同以上分析类似，$inte_{j,t}$代表产业 j 在 t 期的一体化水平，这里将模块化看成垂直一体化的对立面，产业模块化程度越高，垂直一体化越低，因此，理论上模块化对各类企业技术创新的影响与一体化对各类企业的影响结果正好相反。这里假定$inte_{j,t}=1-mod_{j,t}$，$inte_{j,t} \times hhi_{j,t}$衡量市场竞争程度与一体化市场结构对技术创新的共同效应。控制变量与以上类似，β_1与β_2为待估参数，α 与$\varepsilon_{i,t}$分别为常数项和残差项。

二、数据与变量处理

（一）数据来源

本章所用数据包含企业和产业两个层面，其中企业层面的数据来源于“BvD－Osiris 全球上市公司分析库”。本章根据 NACE REV 2 产业分类代码选取美国计算机、电子和光学设备制造业的 640 家上市公司 2006～2016 年的面板数据，为了保证分析的可靠性，仅剔除资产、主营业务为负和某年缺失相关数据①的观测值。经过处理，仍然能够保留 5196 个观测值，这些观测值详细地包含了各个企业的财务指标，保证了样本的代表性与数据的真实性。本章用到的产业层面的数据主要是二位数代码产业的投入产出数据，这里选取世界投入产出数据库（WIOD Database）2016 年发布的投入产出数据。需要说明的是，世界投入产出数据库 2016 年提供的投入产出数据只更新到 2014 年，因此，2015 年与 2016 年的数据在实际操作中当作空缺值处理。

（二）变量处理

1. 模块化

本书将模块化分为企业层面的模块化和产业层面的模块化。根据模块化的定

① 某年缺失相关数据的值指企业某年所有的财务数据均缺失的值，缺失的主要原因是在该年企业尚未上市或已退市，剔除这些数据并不影响分析。

义可知，模块化包含两个根本的特性：专业化分解与一体化整合。前者强调“分”，由于本文只关注垂直型的市场结构，因此，这种分解就表现为垂直分解化程度；后者强调“合”，整合的基础在于模块与模块间的标准化交互界面，也可以理解为技术标准甚至产业标准，由于技术标准或产业标准在较长时间内才能确立，短期内产业内的技术标准基本保持不变，所以本章假定其为不变，那么模块化的衡量就变为对企业或产业垂直分解化程度的衡量。

很长时间以来，企业模块化的度量一直是实证研究的难题，现有的研究多采用调查问卷的方式对企业模块化进行定性的界定，而在定量方面我们很难找到一个既能轻易获取又能准确度量模块化的指标。国内外学者较多采用 VAS = 1 - 价值增值/总产出的方法来测算产业的模块化水平，对于企业来说同样可以采用这种方法来测量其模块化程度，但由于本章选取的样本中有超过四分之三的公司没有公布增加值，同时，如果使用中间品占比来衡量企业的模块化，那么这种中间品必须是从外部购买的，若中间品是企业内部生产的，那么用中间品占比来衡量企业的模块化就不科学。因此，为了保证实证结果的可靠性，本章舍弃用增加值来衡量企业模块化水平的方法。

就本章而言，研究的重点是企业生产过程的模块化，并且强调生产过程在企业间而不是在企业内分割。就制造业来说，固定资产特别是有形固定资产，如机器设备、厂房等代表了企业对内部生产的重视程度，如果一个企业的有形固定资产占比较高，说明这个制造企业更有可能采用内部一体化的生产方式；相反，企业更倾向于将生产过程外包。因此，可以用制造企业的有形固定资产在总资产中的占比来粗略衡量企业的模块化程度，尽管这种方式稍显粗糙，但在没有找到一个更科学、可量化的指标来衡量企业模块化之前，它仍不失为一个有益的参考。值得注意的是，用有形固定资产来衡量企业的模块化只适用于制造业，因为有形固定资产是制造业生产最终品的依托。具体表达式如下：

$$inte_{i,t}=\frac{tfa_{i,t}}{asset_{i,t}} \tag{6.9}$$

其中，$inte_{i,t}$为企业 i 在 t 期的一体化水平（与模型化水平相反），tfa 代表最终品，$asset$ 是企业的净库存。

对于产业的模块化水平，这里仍然参考以上学者有关垂直分解化程度的度量方法，由于从世界投入产出数据库中能够得到全部中间品投入数据，所以可以直接用中间品投入占该产业总产值的比重来衡量这个产业的模块化程度：

$$imod_{j,t} = \frac{tic_{j,t}}{go_{j,t}} \tag{6.10}$$

其中，$imod_{j,t}$表示产业j在t期的模块化水平，$tic_{j,t}$代表产业j在t期的全部中间品消费量，$go_{j,t}$指产业j在t期的总产出。整个产业使用的中间品越多，说明这个产业的模块化程度越高。与企业模块化相比，产业生产过程中所消耗的中间品是加总数据，因此，用中间品占比来衡量的产业模块化不会因生产部门的不同而受影响。总的来说，产业模块化更适合用中间品占总产业的比重度量，而企业模块化更适合用最终品占库存的比重来衡量。

2. 技术创新

学界通常采用的衡量技术创新的指标主要有专利、研发支出和研发人员。严格来说，专利衡量的是企业技术创新的成果，而不是技术创新的整个过程。事实上，企业的技术创新是一个复杂的过程，专利虽然能在很大程度上衡量企业的技术创新产出，但却不能完整地度量一个企业为技术创新所做的努力，很多未形成专利的技术创新投资也同样能够反映出企业技术创新的意愿。用研发人员数量来衡量企业技术创新突出了“人力”在技术创新中的作用，但它同时也忽略了“物力”和“财力”，而这些对需要投入大量实物资本如特殊的材料、设备通过长时间的试验、测试才能成功进行技术创新的制造业来说尤其重要。本章的研究不仅关注企业的技术创新活动对不同市场结构的反应，更关注企业对技术创新所做的努力，因此，本章选取研发支出（*rd*）作为衡量企业技术创新的指标。为了更准确地反映企业的技术创新意愿，本章在实际操作中用研发强度（*rdd*）来替代研发支出，用研发支出占主营业务收入的比重表示。

3. 相关控制变量

在实际操作中，本章对相关控制变量做如下处理：①由于本章的研究对象是制造业，所以此处用企业总资产的对数表示企业的规模（*size*），但根据以往的研究，企业的技术创新可能与企业规模存在“倒U形”的非线性关系，因此，本章在回归方程的控制变量中加入企业规模的二次项（*size2*）；②产品的差异化程度不仅会提高潜在进入者的进入壁垒，它还代表企业市场势力的大小，给市场结构带来重要影响，产品差异化的度量参考 Aghion 等（2002）的做法，用需求的交叉弹性（*alpha*）表示[①]；③企业的市场份额（*share*）同样是企业市场势力的体现，单个企业的市场份额可能会对市场结构带来冲击，本章用企业主营业务收入占其所属产业总的主营业务收入之比表示；④企业的绩效水平用企业的资产收益率（*roa*）和企业边际利润（*mp*）衡量；⑤企业的预期绩效水平可能会对现有的技术创新投资活动带来重要影响，本章用主营业务收入增长率(*sale_gr*)衡量企业的预期收益；⑥对于制造业来说，有形资产能够为企业技术创新提供坚实的物质基础，因此，本章将企业有形固定资产（*tfa*）也纳入回归方程；⑦市场集中度用赫芬达尔—赫希曼指数度量（*hhi*），同样地，根据 *Aghion* 等的研究，市场竞争程度也与企业技术创新存在“倒 U 形”的非线性关系，所以本章同样将市场集中度的二次项（*hhi2*）纳入回归方程的控制变量。

表 6 - 1 对本章用到的变量的符号、名称和定义进行了概括。

表 6 - 1　模块生产商主导型生产网络中竞争与技术创新实证研究的相关变量符号与定义

变量符号	变量名称	变量含义（单位）
inte	企业一体化	有形固定资产与总资产之比（%）
imod	产业模块化	中间品消耗与总产出之比（%）
lnrdd	研发强度	研发支出与主营业务之比的对数
size	企业规模	企业总资产的对数
size2	企业规模平方项	企业规模的平方
alpha	需求交叉弹性	根据企业勒纳指数计算
share	市场份额	企业主营业务收入占总产业的比（%）
roa	资产回报率	净利润与总资产之比（%）
mp	边际利润	企业的边际利润（%）
sale_ gr	营收增长率	企业主营业务收入增长率（%）
tfa	有形固定资产	企业有形固定资产
hhi	HHI 指数	产业内所有企业市场份额平方和
hhi2	HHI 指数平方	HHI 指数的平方项

① 产品的替代弹性 $alpha = \frac{1 - LI}{1 - LI \times share}$，其中 $LI = \frac{operating\ profit}{sale}$ 为企业的勒纳指数，*share* 为企业主营业务收入占该公司所属产业主营业务收入之比。

（三）描述性统计

表6－2是对2006～2016年各主要变量的描述性统计。

表6－2　模块生产商主导型生产网络中竞争与技术创新实证研究的主要变量描述性统计（2006～2016年）

变量	样本量	均值	方差	最小值	最大值
inte	4760	0.1306935	0.1457104	0	1
imod	4312	0.363812	0.064796	0.290881	0.467404
lnrdd	3651	－1.92265	1.59406	－8.93173	7.458302
size	4627	10.81685	3.114305	0	19.26961
alpha	4628	19.33223	583.5182	0	38592.2
share	5044	0.002181	0.012445	0	0.269557
roa	4102	－7.64867	26.18599	－100	89.52
mp	3828	－2.26687	24.37176	－99.75	97.15
sale_gr	4078	2.2334	65.51836	0	3218.667
tfa	4775	274807.8	1612731	0	3.62E+07
hhi	5196	0.073022	0.008737	0.061697	0.093519

第二节　实证结果

一、上游核心企业绩效与产品内分工模块化

本部分验证在一个以上游核心模块生产商为主导的生产网络中，上游核心模块生产商的绩效水平与生产网络中的市场结构的关系。首先，企业的规模化可以降低单位生产成本，低成本优势可能成为潜在竞争对手的进入壁垒，而且企业规模可能与市场结构并不仅仅是简单的线性关系；其次，市场竞争程度也会对市场结构造成影响，市场竞争程度越高，产业生产分割越严重，但过度竞争也可能损

害企业特别是小企业的利润，迫使它们走向集中化；最后，企业的市场势力和产品的差异化程度同样是影响市场结构的重要变量，企业市场份额可以代表企业在产业中的市场势力，而上期研发和需求交叉弹性则代表了企业产品的差异化程度。为了进一步验证结论，本部分将企业模块化作为因变量来检验企业绩效对企业模块化的影响。基于此，建立如下回归方程：

$$imod = \alpha + \beta_1 size_{j,t} + \beta_2 size2_{j,t} + \beta_3 hhi_{j,t} + \beta_4 hhi2_{j,t} + \beta_5 alpha_{j,t} + \beta_6 share_{j,t} + \beta_7 rd_{j,t-1} + \sum year + \varepsilon_{i,t} \tag{6.11}$$

本章选取的数据为非平衡面板数据，通过过度识别检验，发现上游核心企业绩效和产品内分工模块化能在1%的水平上拒绝使用随机效应模型的假设，为了保证模型的可靠性，选择使用固定效应模型进行回归分析，表6-3为回归结果。

表6-3　上游核心企业绩效与产品内分工模块化

变量	Model 1	Model 2	Model 3
mp	0.000243*** (0.000066)	0.000214*** (0.000065)	1.02e-18** (2.42e-19)
size	0.0147* (0.0084)	0.0641*** (0.0201)	2.96e-16*** (1.14e-16)
size2	-0.000735** (0.000369)	-0.00315*** (0.00086)	-1.63e-17*** (1.95e-18)
hhi	-0.01162*** (0.00316)	-0.01672*** (0.00212)	
hhi2	0.07545*** (0.02055)	0.01135*** (0.00454)	
alpha		-0.00180*** (0.00058)	-1.41e-18 (1.51e-18)
share		-4.322** (1.950)	-1.17e-14** (1.58e-15)
L.rd		-2.96e-09*** (1.08e-09)	-1.68e-23** (2.00e-24)
year	No	No	Yes

续表

变量	Model 1	Model 2	Model 3
_cons	4.714 ***	6.328 ***	0.467 **
	(1.719)	(1.963)	(0.203)
N	962	638	721

注：由于本部分只关注上游核心企业绩效与市场结构之间的关系，因此，回归使用的样本数据均为上游企业的数据①。另外，括号内为标准误，*、**、*** 分别代表 10%、5% 和 1% 的显著性水平。

模型 1 仅控制企业规模与市场竞争程度这两个经常会影响市场结构的变量，主要目的是检验在控制这两个常用的变量后，企业的市场绩效与市场结构之间的关系。结果表明，上游企业的边际利润与产业产品的内分工模块化显著正相关。考虑到经济、政治等随时间变动而影响产业市场结构的因素，本部分在回归方程中加入时间虚拟变量。但由于本部分分析的是单一的计算机、电子与光学设备制造业，集中度指标衡量的是整个产业某一年总体的集中度，对该年所有企业来说，产业集中度均相同，所以加入时间趋势变量后产业集中度会与时间变量产生多重共线性。为了分析的科学性，本部分分别对加入时间变量和未加入时间变量的模型进行回归分析，模型 2 为未加入时间变量的模型，模型 3 为加入时间虚拟变量的模型。从表 6 – 3 中可以看出，在加入其他控制变量后，无论是否加入时间趋势项，上游企业的边际利润均与产业模块化水平正相关。

值得注意的是，上游企业规模和市场竞争程度与市场模块化之间的关系并非简单的线性关系，与其他研究结论类似，本部分的结果表明上游企业规模、市场竞争程度与市场模块化均呈“倒 U 形”关系，上游企业规模与市场竞争程度对市场结构的影响存在先上升后下降的趋势。同样，上游企业的市场份额、需求交叉弹性和研发均与产品的内分工模块化负相关，这表明上游企业市场势力与产品的差异化程度越高，市场结构越趋向于一体化。与此同时，作为参考，本部分将用有形固定资产占比衡量的企业一体化水平作为因变量进行回归发现，虽然各变量系数的显著性均有所下降，但上游企业绩效与产品内分工模块化的负相关性仍

① 根据 NACE REV 2 产业分类代码，计算机、电子与光学设备制造业分类下有八个子行业，除电子元器件和集成电路制造外其他均为最终品制造业，因此，将电子元器件和集成电路制造业确定为上游，其他子行业确定为下游。

能在10%的水平上显著，且各变量系数高于产业模块化作为因变量时的系数，这表明上游企业绩效对企业生产结构的影响要高于对产业结构的影响。

二、产品内分工模块化与上下游企业技术创新

现在来检验模块生产商主导型生产网络中的产品内分工模块化对上下游企业技术创新的影响。参考聂辉华等（2008）的处理，选取企业规模、市场竞争程度、企业滞后一期的资产收益利润、主营业务收入增长率和滞后一期的有形固定资产为主要解释变量建立如下回归方程：

$$lnrdd = \alpha + \beta_1 imod_{j,t} + \beta_2 size_{j,t} + \beta_3 size2_{j,t} + \beta_4 hhi_{j,t} + \beta_5 hhi2_{j,t} + \beta_6 roa_{j,t} + \beta_7 tfa_{j,t} + \beta_8 sale\_\ gr_{j,t} + \varepsilon_{i,t} \tag{6.12}$$

为了保证数据的平稳性，本部分对研发强度取对数，运用固定效应模型和随机 Tobit 模型的具体结果如表 6 –4 所示。

表 6 –4　模块生产商主导型生产网络中产品内分工模块化与上下游企业技术创新

变量	Up		Down	
	Model 1	Model 2	Model 3	Model 4
imod	–0. 0255 (0. 0542)	–0. 038 (0. 0506)	0. 0685 * (0. 0355)	0. 0640 * (0. 0368)
size	–0. 022 *** (0. 002)	–0. 0106 *** (0. 004)	–0. 055 *** (0. 018)	–0. 0574 *** (0. 019)
size2	0. 0376 *** (0. 0119)	0. 0352 *** (0. 00677)	0. 0528 *** (0. 0163)	0. 0579 *** (0. 0134)
hhi	0. 01702 * (0. 01002)	0. 1763 * (0. 1052)	–0. 02535 *** (0. 00886)	–0. 02481 ** (0. 01893)
hhi2	–0. 010861 (0. 06744)	–0. 11296 (0. 7078)	0. 017135 *** (0. 00649)	0. 016761 ** (0. 00663)
roa	–0. 00522 *** (0. 00133)	–0. 00564 *** (0. 000779)	–0. 00601 *** (0. 00106)	–0. 00657 *** (0. 000720)
tfa	1. 84e –08 (1. 13e –08)	1. 97e –08 (1. 40e –08)	–3. 32e –08 (2. 56e –08)	–5. 81e –08 *** (2. 04e –08)

续表

变量	Up		Down	
	Model 1	Model 2	Model 3	Model 4
sale_gr	-0.0104 (0.0108)	-0.0131 ** (0.00667)	0.0000481 (0.0000792)	-0.0000406 (0.000205)
_cons	0.0389 (4.172)	-1.159 (4.065)	17.83 *** (3.895)	17.00 *** (3.802)
N	646	646	1609	1609
R^2	0.448		0.465	

注：Up 指上游企业，Down 指下游企业。另外，括号内为标准误，*、**、*** 分别代表 10%、5% 和 1% 的显著性水平。

表 6 -4 中模型 1 与模型 2 检验的是产业模块化水平对上游企业技术创新的影响；模型 3 与模型 4 检验的是产业模块化与下游企业技术创新的相关性。模型 1 与模型 3 使用的是短面板固定效应模型，从结果中可以看出，产业模块化对上下游企业技术创新的影响正好相反，产业模块化程度与上游企业技术创新负相关但不并显著，与下游企业技术创新正相关并在 10% 的水平上显著。考虑到样本中部分企业的研发支出数据并未公布，这些缺失的数据可能影响固定效应模型的结果，本部分在模型 2 和模型 4 中引入随机 Tobit 模型，从模型运行的结果来看，这并未改变原先的结论。从 Tobit 模型的运行结果来看，产业内市场结构的模块化确实有利于下游企业的技术创新，但是否阻碍上游核心模块生产商的技术创新并未得到证实，一个可能原因是本章选取的计算机、电子和光学设备制造业，其上游企业并非如理论预期的那样具有强大的市场势力，这一方面是因为计算机、电子和光学设备制造业的市场竞争程度可能远远高于我们的预期，核心上游企业不足以在不进行技术创新时就能得到垄断利润；另一方面是美国具有完善的反垄断政策与制度，特别是近年来，美国对计算机、电子和通信行业的反垄断调查越来越严格，这些反垄断的政策与制度也制约了上游企业市场势力的发挥。

一个值得注意的现象是，本部分的回归结果表明企业的规模与企业技术创新呈“正 U 形”关系，即使使用 Tobit 模型也并对改变这一结论，这与许多主流研究的结论相反。对这一现象的可能解释是有关企业规模与企业技术创新相关性的研究多为跨产业、宏观性的研究，事实上产业与产业甚至同一产业内各子产业也具有不同的特性。本章选取的计算机、电子与光学设备制造业属于高技术、高知识型产业，这类产业中的企业在发展初期需要投入大量的知识与技术，当其规模不断扩大并能在激烈的竞争中生存下来时，它们将主要精力用于扩大市场规模，当市场规模足够大时它会进行下一步的技术创新以维持其在行业中的地位。

三、加入下游市场竞争程度时的产品内分工模块化与上下游企业技术创新

现在来看下游市场竞争程度不同时，产业模块化水平对三类企业技术创新的不同影响。根据前面的分析，本部分首先要根据兼并收购与上下游三个虚拟变量从样本数据库中挑选出三类不同的企业子样本，结合上面影响企业技术创新的变量，可以建立下列回归方程：

$$lnrdd_{i,t}^{up_i} = \alpha + \beta_1 imod_{j,t} + \beta_2 inte_{j,t} \times hhi_{j,t} + \beta_3 size_{j,t} + \beta_4 size2_{j,t} + \beta_5 hhi_{j,t} + \beta_6 hhi2_{j,t} + \beta_7 roa_{j,t} + \beta_8 tfa_{j,t} + \beta_9 sale\_gr_{j,t} + \varepsilon_{i,t} \quad (6.13)$$

$$lnrdd_{i,t}^{down\_i} = \alpha + \beta_1 imod_{j,t} + \beta_2 inte_{j,t} \times hhi_{j,t} + \beta_3 size_{j,t} + \beta_4 size2_{j,t} + \beta_5 hhi_{j,t} + \beta_6 hhi2_{j,t} + \beta_7 roa_{j,t} + \beta_8 tfa_{j,t} + \beta_9 sale\_gr_{j,t} + \varepsilon_{i,t} \quad (6.14)$$

$$lnrdd_{i,t}^{down\_s} = \alpha + \beta_1 imod_{j,t} + \beta_2 inte_{j,t} \times hhi_{j,t} + \beta_3 size_{j,t} + \beta_4 size2_{j,t} + \beta_5 hhi_{j,t} + \beta_6 hhi2_{j,t} + \beta_7 roa_{j,t} + \beta_8 tfa_{j,t} + \beta_9 sale\_gr_{j,t} + \varepsilon_{i,t} \quad (6.15)$$

为了保证结果的稳健性，本部分同样对每个方程使用固定效应模型和随机Tobit 模型，结果如表 6－5 所示。

表 6－5　模块生产商主导型生产网络中加入下游市场竞争程度时的产品内分工模块化与上、下游企业技术创新

变量	Up_merge		Down_merge		Down_seperate	
	Model 1	Model 2	Model 3	Model 4	Model 5	Model 6
imod	－0.01972**	－0.01823*	0.07218**	0.05133*	0.07146**	0.02664*
	(0.00916)	(0.01018)	(0.02818)	(0.03029)	(0.03114)	(0.01533)
inte_hhi	0.02575**	0.02123*	0.09606**	0.06824*	－0.09852**	－0.03704*
	(0.01196)	(0.01405)	(0.03876)	(0.0486)	(0.04282)	(0.01912)

续表

变量	Up_merge		Down_merge		Down_seperate	
	Model 1	Model 2	Model 3	Model 4	Model 5	Model 6
size	-0.0386***	-0.0308***	-0.020***	-0.090***	-0.0564	-0.0811***
	(0.0113)	(0.0105)	(0.0058)	(0.0314)	(0.0586)	(0.0125)
size2	0.0438***	0.0410***	0.0652***	0.0745***	0.0403	0.0296***
	(0.0147)	(0.00755)	(0.0154)	(0.00251)	(0.0285)	(0.00642)
hhi	0.01668	0.01626	0.04532***	0.04282**	-0.05382**	-0.05663**
	(0.01729)	(0.01794)	(0.01465)	(0.01858)	(0.02667)	(0.02514)
hhi2	-0.016271	-0.016735	-0.051369***	-0.043664***	0.038468*	0.046097**
	(0.010666)	(0.012511)	(0.013394)	(0.014511)	(0.020375)	(0.019031)
roa	-0.00652***	-0.00667***	-0.00188	-0.00222**	-0.00807***	-0.00993***
	(0.00174)	(0.00102)	(0.00138)	(0.001076)	(0.00152)	(0.00111)
tfa	1.26e-08	1.42e-08	-3.13e-08	-6.25e-08***	0.00655	-0.00129
	(8.87e-09)	(1.06e-08)	(2.09e-08)	(1.71e-08)	(0.00784)	(0.00301)
sale_gr	-0.000134	-0.00225	-0.0000752	-0.000463	0.00405	-0.000545
	(0.0106)	(0.00583)	(0.000404)	(0.000429)	(0.00263)	(0.000436)
_cons	5.226	5.046	7.465	4.178	21.85**	19.59*
	(7.814)	(7.633)	(7.190)	(9.756)	(10.56)	(11.41)
N	254	254	575	575	642	642
R^2	0.734		0.811		0.362	

注：Up_merge、Down_merge 和 Down_seperate 分别表示上游企业合并、下游企业合并和下游企业未合并；括号内为标准误；*、**、*** 分别代表 10%、5%、1% 的显著性水平。

对于上游发生兼并收购的企业，产业模块化水平降低其技术创新，这与前面的结论相同，但产业一体化与市场竞争程度的交叉项与上游兼并企业的技术创新在 5% 的显著性上正相关，与上面的结论也一致。在理论推导部分本书假定下游两个厂商在进行伯特兰德博弈时，上游模块生产商与下游博弈获胜方的垂直一体化能同时提高两者的技术创新，实证结果也证明了市场竞争程度越高、产业一体化程度越强，上游整合企业的技术创新越多。对于下游被整合企业，产业模块化与其技术创新在 5% 的显著水平上正相关，这与之前的结论相同，产业一体化与市场竞争程度的交叉项与其技术创新也在 5% 的水平上正相关，这说明，产业一体化程度越高、市场竞争程度越强，被整合下游企业的技术创新越高，这也与前面理论部分的推导结论一致。对于下游未被整合的企业，产业模块化程度与其技术创新同样在5%显著性水平上正相关，但产业一体化程度与市场竞争程度的交叉项与其技术创新在5%的水平上显著为负，这说明 Buehler 等（2007）提出的"垂直一体化的恐吓效应"确实存在，即核心模块生产商与下游模块集成商的垂直一体化有利于两者的技术创新，却对未被整合的下游模块集成商的技术创新造成损害。企业规模与市场集中度同企业技术创新之间的关系与上文类似，其他控制变量随企业类型的不同而不同。

第三节　稳健性检验

产业的模块化水平衡量的是整个产业的市场结构，这种总体指标可能会忽略企业生产过程的异质性。本部分用有形固定资产占总资产的比重来衡量计算机、电子与光学设备制造业内部企业的模块化水平，并将其作为产业模块化的替代变量。使用企业模块化作为因变量的好处是可以剔除时间效应，缺点是易与其他产业指标变量产生多重共线性，回归结果如表6-6所示。

表6-6　模块生产商主导型生产网络中竞争与技术创新实证研究的稳健性检验

变量	企业绩效与产业模块化	产业模块化与企业技术创新		市场竞争、产业模块化与企业技术创新		
		Up	Down	Up_merge	Down_merge	Down_seperate
	model 1	model 2	model 3	model 4	model 5	model 6
mp	2.02e-18**					
	(2.42e-19)					
mod		-0.0180***	0.0402*	-0.0154*	0.0490*	0.0344***
		(0.0067)	(0.0223)	(0.0085)	(0.0272)	(0.0117)
inte_hhi				0.0111*	0.0465*	-0.0231***
				(0.0062)	(0.0286)	(0.0075)

续表

变量	企业绩效与产业模块化	产业模块化与企业技术创新		市场竞争、产业模块化与企业技术创新		
		Up	Down	Up_merge	Down_merge	Down_seperate
	model 1	model 2	model 3	model 4	model 5	model 6
size	2.86e-16** (1.31e-16)	-0.0190*** (0.0071)	-0.0170*** (0.0065)	-0.0192*** (0.0068)	-0.0662*** (0.0253)	-0.0833* (0.0454)
size2	-4.21e-17*** (3.82e-18)	0.0214*** (0.0078)	0.0503*** (0.0120)	0.0519*** (0.0167)	0.0606*** (0.0134)	0.0235* (0.0124)
alpha	-2.11e-19 (1.43e-19)					
share	-4.13e-15*** (3.68e-16)					
roa		-0.00553*** (0.00113)	-0.00609*** (0.000926)	-0.00616*** (0.000879)	-0.00395** (0.00169)	-0.00689*** (0.00112)
tfa		4.99e-09 (4.87e-09)	-2.61e-08 (1.61e-08)	6.77e-09 (4.98e-09)	-2.17e-08 (1.57e-08)	0.000000190 (0.000000184)
sale_gr		-0.0107 (0.0213)	-0.0000120 (0.0000272)	0.00198 (0.0113)	-0.000211 (0.000305)	-0.0000958*** (0.0000264)
L.rd						
year	Yes	Yes	Yes	Yes	Yes	Yes
_cons	-0.329 (0.538)	7.056*** (1.925)	8.935*** (1.452)	9.706*** (2.521)	12.16*** (1.646)	-1.042 (2.769)
N	760	802	2031	354	810	828
R^2	0.134	0.480	0.505	0.694	0.755	0.359

注：括号内为标准误，*、**、***分别代表10%、5%、1%的显著性水平。

通过分析可以发现，与以上结论相比，用企业的模块化水平替代产业模块化并加入时间效应降低了各个变量的参数值，这说明时间效应确实是影响市场结构甚至企业创新行为的一个必要变量。此外，除了垂直一体化时的上下游厂商的显著性下降外，其他主要变量的符号与显著性均未发生本质上的变化，这说明结果是稳健的。

第四节 本章小结

以上分析检验了计算机、电子和光学设备制造业内的市场结构与上下游企业技术创新行为之间的关系。实证结果表明：首先，计算机、电子与光学设备制造业的模块化程度与上游核心部件生产企业的市场绩效有明显的正向关系，这验证了以核心部件生产企业为主导的生产网络，其内部的市场结构内生于核心部件生产企业的盈利状况，当其盈利状况较好时，市场结构更趋向于模块化的结论；其次，模块化市场结构对生产网络内部居于不同地位的企业的影响的实证结果表明，产业模块化程度显著地提高了下游模块集成商的技术创新，但对上游核心模块生产商技术创新的负面影响并不显著，一个可能的原因是在本章选取的计算机、电子和光学设备制造业中，上游核心部件生产商可能由于反垄断政策的限制并不能发挥垄断势力；最后，当下游市场竞争强度不同时，产业模块化对上下游整合与否的企业技术创新的影响的实证结果表明，市场竞争程度越强、产业一体化程度越高，越有利于实现垂直一体化的上游和下游企业的技术创新，但对未被整合的其他下游模块集成商的技术创新有显著的负面影响。

一个值得注意的问题是，本章的实证结果表明处于计算机、电子与光学设备制造业内的企业，其规模与技术创新呈显著的正"U"形关系，这与大多实证研究的结论正好相反。一个可能的解释是计算机、电子与光学设备制造业具有高知识、高技术密集度的产业特性，这类企业建立初期需要大量的人力、物力和财力特别是人才和资金的投入，随着企业规模的扩大，企业的主要目标转为在保持现有技术水平的基础上扩大市场份额，当企业规模达到一定程度时，企业要想保留其他市场份额则必须进行下一轮的技术创新。本章第三节对以上结论进行了稳健性检验，结果并未改变得到的结论，这表明结果是稳健的。

第七章　模块集成商主导型生产网络中的竞争与技术创新实证研究

与模块生产商主导型生产网络的产业特性正好相反，模块集成商主导型生产网络的重要特征是模块集成商在生产网络中居于主要地位。从产业链的不同分工来看，在生产网络中占主导地位的模块集成商对应于下游最终品生产商，而模块生产商则对应于上游零部件生产商。在经济现实中，符合这类产业特征的产业有航天、航海以及铁路运输设备制造业，这些产业的最终品生产商通常具有较强的垄断势力，符合本章的分析标准。但一个操作性难题是这些行业的样本数量较少，无法保证实证分析的可靠性。相反，汽车制造业发展较为成熟，不仅样本数量足够，而且也较符合模块集成商主导型生产网络的特性，因此，本章选取汽车制造业为实证分析的研究对象。

虽然确立了汽车制造业为本章的研究对象产业，但汽车制造业在不同国家的发展水平存在巨大差异，因此，需要比较不同国家或地区间最终品汽车生产商的市场势力来选取最符合本书理论假设的样本数据。学界通常用销售额占比（如某一或某类企业销售额占该企业所处产业总销售额的比例）来衡量企业的市场势力，但如果整个产业的企业数量较多，通过归类计算销售额占比并不能准确反映企业的市场势力状况。有的学者建议从产品竞争力角度来衡量企业的市场势力，例如用营销费用或研发费用占比来衡量一个企业的产品差异化程度。这在比较生产同一产品的不同企业间的市场势力时可能有效，但却无法衡量同一产品不同生产环节中的企业的市场势力。为了解决这个难题，本章根据 NACE REV 2 产业分类标准将汽车、拖车和半挂车的制造业下属的三位代码的产业分成上下游两类产业①，并用以下指标来衡量上下游产业的市场势力：

$$\rho_j = \frac{SR_j}{QR_j}$$

其中，ρ_j代表产业 j 的市场势力，SR_j和QR_j分别表示产业 j 销售额与企业数量占产业分类代码中上一级产业总额的比例：

$$SR_j = \frac{sale_j}{SALE_J}, \ QR_j = \frac{quantity_j}{QUANTITY_J}$$

其中，J 代表产业 j 在所属产业分类中的上一级产业，在本章中产业 j 用电子元器件与集成电路制造业替代，J 则为计算机、电子与光学设备制造业。本章测算了中国、美国、日本、德国这些世界上主要的汽车制造国家的汽车、拖车和半挂车等最终品生产商的市场势力，如图 7－1 所示。

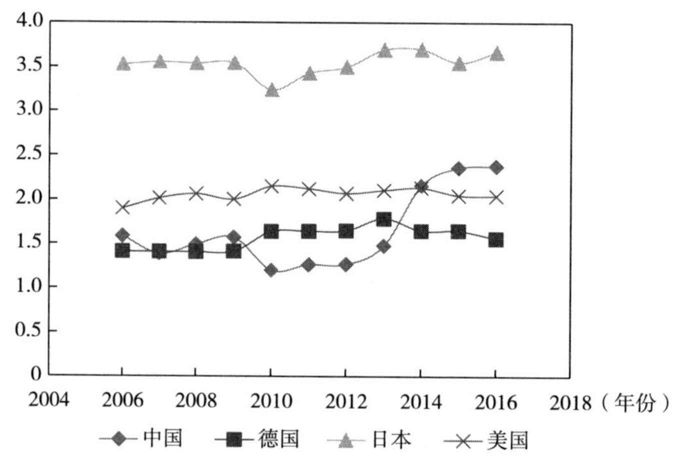

图 7－1　中、德、日、美四国汽车制造商的市场势力

从图 7－1 可以看出，日本、美国、德国三个国家汽车制造商的市场势力相对平稳，其中日本汽车制造商的市场势力最强，美国次之，德国最低。中国汽车

① 本章将汽车、拖车和半挂车的制造业分为上下游两类，其中上游指汽车零配件制造业，下游为汽车零配件制造业之外的其他制造业。

制造商的市场势力在2013年后飞速上涨，并超过美国，说明中国本土汽车制造商的市场集中度在最近几年加速上涨。但考虑到与本书理论假设的吻合程度及样本容量，本章选取日本汽车、拖车和半挂车制造业为研究对象。

第一节　研究设计

一、基本假设

与模块生产商主导型生产网络分析类似，模块集成商主导型生产网络中的第一个结论也为市场结构与企业绩效方面的结论，模块集成商主导型生产网络内部的市场结构同样由非核心部件的价格决定：非核心部件价格越高，具有更强垄断势力的模块集成商越有动力去干预市场结构——实施垂直一体化战略，向上游零部件市场渗透；相反，如果非核心部件价格较低，那么市场结构将保持模块化。与第六章分析类似，由于零部件价格波动频繁，且设定以零部件价格来衡量非核心模块生产商的绩效状况，因此，在实施操作中，本章仍然选取能反映非核心零部件生产商绩效的统计指标进行实证研究。这样，本章的第一个回归模型就用来验证企业绩效与市场结构之间的关系。由于研究强调的是市场的垂直分解化程度，所以本章仍然用市场模块化程度来替代市场结构，这与以往用市场集中度来衡量水平市场结构的分析不同。基于以上分析，本章提出如下假设。

假设7-1：上游汽车零部件企业的市场绩效与汽车产业模块化程度负相关。

本书得到的另一个有关模块集成商主导型生产网络的结论是市场结构会对上下游企业的技术创新带来不同的影响。具体来讲，如果非核心模块价格较高使具有垄断势力的模块集成商的投入成本过高，模块集成商一定通过产量约束来干预市场结构并实施垂直一体化战略，向上游市场渗透，这种渗透策略需要模块集成商的技术创新投资，此时垂直一体化市场结构推动了模块集成商的技术创新，阻碍了非核心模块生产商的技术创新；相反，在垂直模块化的市场结构下，模块集成商不用进行额外的技术创新投资就能得到廉价的投入品，而模块集成商的技术创新净收入大于0，此时模块集成商的技术创新较低、非核心模块生产商的技术创新较高。在实证分析部分，需要检验产业市场结构的模块化对上下游企业技术创新的不同影响。因此，本章提出如下假设。

假设7-2：汽车产业模块化与汽车制造商的技术创新负相关、与汽车零部件生产商的技术创新正相关。

本书得到的第三个有关模块集成商主导型生产网络的结论是下游竞争状况的不同会给上下游一体化和非一体化企业的技术创新带来不同的影响。具体来说，如果上游零部件生产商进行古诺博弈，那么某一上游零部件生产商与下游汽车制造商的垂直一体化会对三方技术创新都产生阻碍作用；如果上游零部件生产商进行伯特兰德博弈，那么获胜的上游零部件生产商与下游汽车制造商的垂直一体化会提高其自身的技术创新，但对下游汽车制造商技术创新的影响取决于下游汽车制造商的产出。参考第六章对古诺博弈和伯特兰德博弈的处理，本章用市场竞争程度来代替上游非核心模块生产商的博弈类型。本章用某年某企业是否进行兼并收购的历史数据来建立代表垂直一体与否的虚拟变量。根据以上分析，本章提出如下假设。

假设7-3：①上游汽车零部件的市场竞争越激烈、产业的模块化水平越高，越有利于被兼并或收购的上游汽车零部件生产企业的技术创新；②上游汽车零部件的市场竞争越激烈、产业的模块化水平越高，越有利于高产出汽车制造商的技术创新、越不利于低产出汽车制造商的技术创新。

二、数据与变量处理

（一）数据来源

本章所用数据包含企业和产业两个层面。企业层面的数据来源于“BvD-Osiris全球上市公司分析库”。本章根据NACE REV 2产业分类代码选取日本汽车、拖车和半挂车制造业88家上市公司2006~2016年的面板数据，为了保证分析的可靠性，仅剔除资产、主营业务为负和某年缺失相关数据①的观测值。经过处

① 某年缺失相关数据的值指企业某年所有的财务数据均缺失的值，缺失的主要原因是企业在该年尚未上市或已退市，剔除这些数据并不影响分析。

理，仍然能够保留743个观测值，这些观测值详细地包含了各个企业的财务指标，保证了样本的代表性与数据的真实性。产业层面的数据主要是二位数代码产业的投入产出数据，使用世界投入产出数据库（WIOD Database）2016年发布的投入产出数据。需要说明的是，世界投入产出数据库2016年公布的投入产出数据只更新到2014年，因此，2015年与2016年的数据在实际操作中当作空缺值处理。

（二）变量处理

1. 模块化

本章将模块化分为企业层面的模块化和产业层面的模块化。与第六章类似，企业一体化（企业模块化的对立面）水平用有形固定资产占总资产的比值来衡量$\left(inte_{i,t}=\frac{tfa_{i,t}}{asset_{i,t}}\right)$；产业模块化水平用中间投入品消费占该产业总产业的比重来衡量$\left(imod_{j,t}=\frac{tic_{j,t}}{go_{j,t}}\right)$，其他说明与第六章类似，在此不再赘述。

2. 技术创新

本章选取研发支出（rd）作为衡量企业技术创新的指标。为了能更准确地反映企业的技术创新意愿，本章在实际操作中使用研发强度（rdd）来替代研发支出，研发强度用研发支出占主营业务收入的比重表示，并根据实际情况对研发强度取对数处理。

3. 相关控制变量

相关控制变量处理如下：①由于本章研究的对象是制造业，所以此处用企业总资产的对数表示企业的规模，但根据以往的研究，企业的技术创新可能与企业规模存在“倒U形”的非线性关系，因此，本章在回归方程的控制变量中加入企业规模的二次项（*size*2）；②产品的差异化程度不仅会提高潜在进入者的进入壁垒，它还代表企业市场势力的大小，给市场结构带来重要影响，产品差异化的度量参考Aghion等（2002）的做法，用需求的交叉弹性（*alpha*）表示①；③企

① 产品的替代弹性$alpha=\frac{1-LI}{1-LI\times share}$，其中$LI=\frac{operating\ profit}{sale}$为企业的勒纳指数，*share*为企业主营业务收入占该公司所属产业主营业务收入之比。

业的市场份额（*share*）同样是企业市场势力的体现，单个企业的市场份额可能会给市场结构带来冲击，本章用企业主营业务收入占其所属产业总的主营业务收入之比表示；④企业的绩效水平用企业的资产收益率（*roa*）和企业边际利润（*mp*）衡量；⑤企业的预期绩效水平可能会给现有的技术创新投资活动带来重要影响，本章用主营业务收入增长率（*sale_gr*）衡量企业的预期收益；⑥对于制造业来说，有形资产能够为企业技术创新提供坚实的物质基础，因此，本章将企业有形固定资产（*tfa*）也纳入回归方程；⑦市场集中度用赫芬达尔—赫希曼指数度量（*hhi*），同样地，根据 Aghion 等（2002）的研究，市场竞争程度也与企业技术创新存在“倒 U 形”的非线性关系，所以本章同样将市场集中度的二次项（*hhi2*）纳入回归方程的控制变量。

表 7 – 1 对本章用到的变量的符号、名称和定义进行了概括。

表 7 – 1　模块集成商主导型生产网络中竞争与技术创新实证研究的相关变量符号与定义

变量	变量名称	变量含义
inte	企业一体化	有形固定资产与总资产之比（%）
imod	产业模块化	中间品消耗与总产出之比（%）
lnrdd	研发强度	研发支出与主营业务之比的对数
size	企业规模	企业总资产的对数
size2	企业规模平方项	企业规模的平方
alpha	需求交叉弹性	根据企业勒纳指数计算
share	市场份额	企业主营业务收入占总产业的比（%）
roa	资产回报率	净利润与总资产之比（%）
mp	边际利润	企业的边际利润（%）
sale_gr	营收增长率	企业主营业务收入增长率（%）
tfa	有形固定资产	企业有形固定资产
hhi	HHI 指数	产业内所有企业市场份额平方和
hhi2	HHI 指数平方	HHI 指数的平方项

（三）描述性统计

表 7 – 2 是 2006 ~ 2016 年各主要变量的描述性统计。

表 7-2 模块集成商主导型生产网络中竞争与技术创新实证研究的主要变量描述性统计（2006~2016 年）

变量	样本量	均值	方差	最小值	最大值
inte	661	0.229413	0.191917	0	1
imod	608	0.764461	0.02905	0.734892	0.839183
rd	307	71732.87	139142	-10	834408
size	706	11.57751	4.135948	0	19.44767
roa	557	-3.47194	23.94275	-99.16	76.81
mp	521	-1.28703	21.25441	-98.07	98
tfa	664	1313838	5528608	0	6.69E+07
hhi	726	0.001563	0.000379	0.000968	0.002333

第二节 实证结果

一、上游非核心企业绩效与产品内分工模块化

本部分验证在一个以下游模块集成商为主导的生产网络中，上游非核心模块生产商的绩效水平与生产网络中的市场结构的关系。首先，企业的规模化可以降低单位生产成本，低成本优势可能成为潜在竞争对手的进入壁垒，而且企业规模可能与市场结构并不仅仅是简单的线性关系；其次，市场竞争程度也会对市场结构造成影响，市场竞争程度越高，产业生产分割越严重，但过度竞争也可能损害企业特别是小企业的利润，迫使它们走向集中化；最后，企业的市场势力和产品的差异化程度同样是影响市场结构的重要变量，企业市场份额可以代表企业在产业中的市场势力，而上期研发和需求交叉弹性则代表了企业产品的差异化程度。基于此，本章建立如下回归方程：

$$imod = \alpha + \beta_1 size_{j,t} + \beta_2 size2_{j,t} + \beta_3 hhi_{j,t} + \beta_4 hhi2_{j,t} + \beta_5 alpha_{j,t} + \beta_6 share_{j,t} + \beta_7 rd_{j,t-1} + \sum year + \varepsilon_{i,t} \quad (7.1)$$

本章选取的数据为非平衡面板数据，通过过度识别检验，发现上游非核心企业绩效和产品内分工模块化能在1%的水平上拒绝使用随机效应模型的假设，为了保证模型的可靠性，选择使用固定效应模型进行回归分析，表7－3为回归结果。

表7－3　上游非核心企业绩效与产品内分工模块化

变量	Model 1	Model 2	Model 3	Model 4
mp	－0.000898 ***	－0.000486 ***	－0.00116 *	－2.22*e*－17 *
	(0.000223)	(0.000159)	(0.000413)	(1.26*e*－17)
size		0.0371 **	0.0585 ***	5.44*e*－16 *
		(0.0162)	(0.0158)	(3.19*e*－16) *
size2		－0.00190 **	－0.00261 ***	－1.41*e*－17
		(0.000805)	(0.000671)	(2.47*e*－17)
hhi		－0.09412 ***	－0.02835 ***	
		(0.01359)	(0.00503)	
hhi2		0.020491 ***	0.067131 ***	
		(0.006607)	(0.025779)	
alpha			－0.0114 *	－1.15*e*－15
			(0.0065)	(1.94*e*－15)
share			－0.0101	1.42*e*－13
			(0.601)	(1.74*e*－13)
L. rd			7.62*e*－08 ***	－2.22*e*－22
			(1.62*e*－08)	(7.55*e*－22)
year	*No*	*No*	*No*	*Yes*
_cons	0.763 ***	0.710 ***	0.847 ***	0.746 ***
	(0.291)	(0.236)	(0.304)	(0.266)
N	303	294	85	85
R^2	0.135	0.334	0.886	0.892

注：回归时本章使用的样本数据均为上游企业的数据①。另外，括号内为标准误，*、**、***分别代表10%、5%、1%的显著性水平。

① 根据NACE REV 2产业分类代码，汽车、拖车和半挂车制造业分类下有三个子行业，除汽车零部件制造业外其他均为最终品制造业，因此，本章将汽车零部件制造业确定为上游，其他子行业为下游。

模型 1 对上游零部件企业的边际利润率与产业模块化程度的相关性进行检验，结果表明，上游非核心零部件企业的边际利润与汽车产业模块化程度在 1% 的显著性水平上负相关。模型 2 控制企业规模与市场竞争程度这两个会经常影响市场结构的变量，主要目的是检验在控制这两个常用变量后，上游企业的市场绩效与市场结构之间的关系。结果表明，上游企业的边际利润与产业产品内的分工模块化仍显著负相关。更进一步，与第六章分析类似，本部分加入时间虚拟变量以消除那些随时间而变动的因素对市场结构的影响。同样地，在加入时间虚拟变量后存在产业集中度指标与时间趋势项多重共线的情况，因此，本部分分别对加入时间变量和未加入时间变量的模型进行回归分析，模型 3 为未加入时间变量的模型，模型 4 为加入时间虚拟变量的模型。从表 7 – 3 可以看出，在加入其他控制变量后，无论是否加入时间趋势项，上游企业的边际利润都与产业模块化水平负相关，但变量系数与显著性水平均有所降低，这说明，时间趋势是影响产业结构的一个重要因素。

另外，上游企业规模和市场竞争程度与市场模块化之间的关系并非简单的线性关系，与其他研究结论类似，本部分的结果表明上游企业规模、市场竞争程度与市场模块化均呈倒“U”形关系，上游企业规模与市场竞争程度对市场结构的影响存在先上升后下降的趋势。同样，上游企业市场份额、需求交叉弹性和研发均与产品内分工模块化负相关，这表明，上游企业市场势力与产品的差异化程度越高，市场结构越趋向于一体化。

二、产品内分工模块化与上下游企业技术创新

现在来检验模块集成商主导型生产网络中的产品内分工模块化对上、下游企业技术创新的影响。与第六章分析类似，本部分选取企业规模、市场竞争程度、企业滞后一期的资产收益利润、主营业务收入增长率和滞后一期的有形固定资产为主要解释变量建立如下回归方程：

$$\ln rdd = \alpha + \beta_1 imod_{j,t} + \beta_2 size_{j,t} + \beta_3 size2_{j,t} + \beta_4 hhi_{j,t} + \beta_5 hhi2_{j,t} + \beta_6 roa_{j,t} + \beta_7 tfa_{j,t} + \beta_8 sale\_gr_{j,t} + \varepsilon_{i,t} \tag{7.2}$$

为了保证数据的平稳性，本部分对研发强度取对数，运用固定效应模型和随机 Tobit 模型的具体结果如表 7 – 4 所示。

表 7－4 模块集成商主导型生产网络中产品内分工模块化与上、下游企业技术创新

变量	Up		Down	
	Model 1	Model 2	Model 3	Model 4
imod	0.0142 ** (0.0064)	0.0138 * (0.074)	－0.0122 * (0.0067)	－0.0104 (0.0684)
size	0.0571 *** (0.0191)	0.0423 *** (0.0151)	0.0878 *** (0.0258)	0.0670 *** (0.0205)
size2	－0.00289 ** (0.00136)	－0.00133 ** (0.00061)	－0.00321 ** (0.00145)	－0.00207 ** (0.00091)
hhi	0.02956 *** (0.01008)	0.03837 *** (0.01385)	0.03986 ** (0.01473)	0.05342 ** (0.02458)
hhi2	－0.00804 * (0.00446)	－0.00106 * (0.00058)	－0.026499 * (0.014794)	－0.01332 * (0.00779)
roa	－0.00459 *** (0.00121)	－0.00481 *** (0.00069)	－0.000705 ** (0.000324)	－0.00102 ** (0.00041)
tfa	1.82*e*－08 (1.59*e*－08)	－2.23*e*－09 (2.07*e*－09)	－0.000190 *** (1.53*e*－08)	－0.000193 *** (1.82*e*－08)
sale_gr	－0.101 ** (0.0459)	－0.0401 *** (0.0155)	－0.0793 *** (0.00279)	－0.0774 *** (0.00626)
_cons	－0.528 (4.585)	－0.371 (1.736)	－0.544 (1.415)	－0.569 (1.496)
N	97	97	41	41
R^2	0.538		0.895	

注：Up 指上游企业，Down 指下游企业。另外，括号内为标准误，*、**、*** 分别代表 10%、5%、1% 的显著性水平。

表 7－4 中，模型 1 与模型 2 检验的是产业模块化水平对上游企业技术创新的影响；模型 3 与模型 4 检验的是产业模块化与下游企业技术创新的相关性。模型 1 与模型 3 使用短面板固定效应模型，从结果中可以看出，产业模块化对上下游企业技术创新的影响相反，同时这种影响与模块生产商主导型生产网络中的影响效应相反。在模块集成商主导型的市场结构中，产业模块化程度与上游企业的技术创新正相关且在 5% 的水平上显著，与下游企业的技术创新负相关并在 10%

的水平上显著。比较两者的系数与显著性发现，前者不仅在显著性上高于后者，而且系数更大，因此，产业模块化对上游企业技术创新的影响程度大于对下游垄断企业的影响。考虑到样本中部分企业的研发支出数据并未公布，这些缺失的数据可能影响固定效应模型的结果，本部分在模型 2 和模型 4 中引入随机 Tobit 模型，从模型运行的结果来看，与原结果相比，产业模块化的系数和显著性均下降。从 Tobit 模型运行结果来看，产业内市场结构的模块化确实有利于上游企业的技术创新，但是否阻碍下游核心模块生产商的技术创新并未得到证实，这一方面可能因为汽车产业并非本书理论假定的完全垄断或寄送垄断，而是垄断竞争型市场，另一方面可能因为汽车制造商的市场势力被反垄断政策所限制。

一个值得我们注意的现象是，与第六章计算机、电子与光学设备制造业相比，本章的汽车、拖车和半挂车制造企业的规模与其技术创新的关系与之相反，呈“倒 U 形”关系。这与大多数实证分析的结论一致，汽车制造业是一个高资本、高技术密集度的产业，企业建立初期需要大量资金与技术，而且需要进行长期、持续性的投资，企业的技术创新活动会随着规模的扩大而不断增加。但也正是高技术、高资本密集度的特性，使汽车产业有较强的进入壁垒，企业规模一旦到达一定程度就会垄断市场，这反而对技术创新不利。本书的研究结果也说明了，企业规模与技术创新之间的关系会因企业所属产业的不同而不同，不能一概而论。

三、加入下游市场竞争程度时的产品内分工模块化与上下游企业技术创新

现在来看下游市场竞争程度不同时，产业模块化水平对三类企业技术创新的不同影响。根据前面的分析，本部分首先要根据兼并收购与上、下游三个虚拟变量从样本数据库中挑选出三类不同的企业子样本，结合上面影响企业技术创新的变量，可以建立下列回归方程：

$$lnrdd_{i,t}^{up\_i} = \alpha + \beta_1 imod_{j,t} + \beta_2 inte_{j,t} \times hhi_{j,t} + \beta_3 size_{j,t} + \beta_4 size2_{j,t} + \beta_5 hhi_{j,t} + \beta_6 hhi2_{j,t} + \beta_7 roa_{j,t} + \beta_8 tfa_{j,t} + \beta_9 sale\_gr_{j,t} + \varepsilon_{i,t} \tag{7.3}$$

$$lnrdd_{i,t}^{down\_i} = \alpha + \beta_1 imod_{j,t} + \beta_2 inte_{j,t} \times hhi_{j,t} + \beta_3 size_{j,t} + \beta_4 size2_{j,t} + \beta_5 hhi_{j,t} + \beta_6 hhi2_{j,t} + \beta_7 roa_{j,t} + \beta_8 tfa_{j,t} + \beta_9 sale\_gr_{j,t} + \varepsilon_{i,t} \tag{7.4}$$

$$lnrdd_{i,t}^{down\_s} = \alpha + \beta_1 imod_{j,t} + \beta_2 inte_{j,t} \times hhi_{j,t} + \beta_3 size_{j,t} + \beta_4 size2_{j,t} + \beta_5 hhi_{j,t} + \beta_6 hhi2_{j,t} + \beta_7 roa_{j,t} + \beta_8 tfa_{j,t} + \beta_9 sale\_gr_{j,t} + \varepsilon_{i,t} \tag{7.5}$$

根据本章的假设，产业模块化对技术创新的影响与上游零部件生产企业整合与否有重要关系，因此，本部分首先验证垂直一体化对上游企业技术创新的影响效应。为了保证结果的稳健性，本部分同样对每个方程使用固定效应模型和随机Tobit模型，结果如表7－5所示。

表7－5　模块集成商主导型生产网络中加入下游市场竞争程度时的产品内分工模块化与上游企业技术创新

变量	Up_merge		Up_seperate	
	Model 1	Model 2	Model 3	Model 4
imod	0. 0942 * (0. 0558)	0. 0636 * (0. 0356)	0. 0205 * (0. 0119)	0. 0184 * (0. 0104)
Inte_hhi	0. 0325 ** (0. 0156)	0. 0233 * (0. 0128)	－0. 0579 ** (0. 0236)	－0. 0439 * (0. 159)
size	0. 532 ** (0. 248)	0. 352 ** (0. 156)	0. 0701 *** (0. 0259)	0. 0670 ** (0. 305)
size2	－0. 0144 ** (0. 0068)	－0. 0146 ** (0. 0064)	－0. 0440 *** (0. 00147)	－0. 00207 * (0. 00113)
hhi	0. 01735 ** (0. 00786)	0. 01884 ** (0. 00857)	0. 01836 ** (0. 00872)	0. 05342 * (0. 02958)
hhi2	－0. 06188 * (0. 03684)	－0. 06101 * (0. 03316)	－0. 07474 * (0. 04152)	－0. 01133 * (0. 00617)
roa	－0. 00838 *** (0. 00141)	－0. 00426 *** (0. 00106)	－0. 00273 *** (0. 000519)	－0. 00102 *** (0. 00031)
tfa	3. 05*e*－08 * (1. 71*e*－08)	6. 61*e*－08 (6. 97*e*－08)	－9. 84*e*－08 (7. 24*e*－08)	－1. 93*e*－08 *** (0. 62*e*－08)
sale_gr	－0. 0693 (0. 0431)	－0. 0871 ** (0. 0412)	0. 0265 *** (0. 0065)	－0. 0774 *** (0. 0262)
_cons	－7. 225 ** (2. 953)	－5. 391 * (3. 042)	6. 389 *** (2. 392)	－5. 569 * (3. 096)
N	44	44	40	41
R^2	0. 630		0. 903	

注：Up_merge和Up_separate分别表示上游企业合并和上游企业未合并，括号内为标准误，*、**、***分别代表10%、5%、1%的显著性水平。

表7－5中，模型1与模型3采用短面板固定效应模型，模型2和模型4使用随机Tobit模型对空缺值进行左断尾回归。从表7－5的结果可以看出，加入产业一体化与市场集中度交叉项后产业模块化系数的显著性下降，说明交叉项是影响技术创新的一个重要因素。从产业模块化的符号来看，与上面得出的产业模块化与上游非核心模块生产商技术创新正相关的结论相符。再来看交叉项对不同上游企业的影响，交叉项与上游被整合企业的技术创新至少能在10%的显著性水平上正相关，与未被整合企业的技术创新也能在10%的水平上显著，这说明上下游企业的垂直一体化在汽车制造业中也存在“恐吓效应”，即垂直一体化能提高被整合上游企业的技术创新，损害处于分解状态下的上游企业的技术创新。

现在再来看垂直一体化对下游汽车制造商技术创新的影响。根据本章的假设，在加入产业模块化与产业集中度交叉项后，垂直一体化对下游汽车制造商技术创新的影响根据汽车制造商产出的不同而不同。具体来说，汽车制造商的产出规模越大，上游市场竞争越激烈，垂直一体化对其技术创新越有利；产出规模越小，市场竞争越激烈，垂直一体化对汽车制造商的技术创新越不利。要验证这一假设，需要根据产出对下游汽车制造商进行分组，按照企业主营业务收入千亿美元为界，将汽车制造商分为两组，考虑到某些企业并未公布研发数据，这些遗漏变量影响结果的有效性，故同样使用Tobit模型作为参照，具体结果如表7－6所示。

表7－6　模块集成商主导型生产网络中加入下游市场竞争程度时的产品内分工模块化与下游企业技术创新

变量	Sale＜1000（亿美元）		Sale≥1000（亿美元）	
	Model 1	Model 2	Model 3	Model 4
imod	－0.0259*	－0.0155*	－0.0214*	－0.0131*
	(0.0140)	(0.0091)	(0.0145)	(0.0079)
inte_hhi	－0.0752**	－0.0131	0.0147**	0.0107*
	(0.0345)	(0.02224)	(0.0071)	(0.0061)
size	0.0541**	0.0952*	－0.0386**	－0.0219**
	(0.0248)	(0.0512)	(0.0178)	(0.0116)

续表

变量	Sale < 1000（亿美元）		Sale≥1000（亿美元）	
	Model 1	Model 2	Model 3	Model 4
size2	-0.0109 **	-0.0335 *	-0.0133 *	-0.0671 *
	(0.0048)	(0.0185)	(0.0073)	(0.0377)
hhi	0.002427 *	0.009366 *	0.00111 **	0.00134 *
	(0.001392)	(0.005293)	(0.0062)	(0.00072)
hhi2	-0.001336 **	-0.004072 *	-0.001121 *	-0.001297 *
	(0.000671)	(0.002284)	(0.000624)	(0.000768)
roa	-0.000125 **	-0.000624 **	-0.000111 ***	-0.000885 ***
	(0.000058)	(0.000272)	(0.000051)	(0.000139)
tfa	-4.67*e*-08 ***	-9.77*e*-08 **	-0.00000123 **	-0.000000278 ***
	(1.67*e*-09)	(4.89*e*-08)	(0.00000055)	(0.000000103)
sale_gr	-0.0205 ***	-0.0223 **	-0.0127 *	-0.0291 **
	(0.000795)	(0.0103)	(0.0736)	(0.0139)
_cons	-6.151	-6.653	-20.42	-7.849
	(3.807)	(4.901)	(24.57)	(6.089)
N	36	36	33	33
R^2	0.890		0.704	

注：使用的数据为下游企业的数据，括号内为标准误，*、**、***分别代表10%、5%、1%的显著性水平。

表7-6中，模型1与模型3使用的是短面板固定效应模型，模块2和模块4使用的是随机Tobit模型。从回归的结果来看，使用在0处左截尾的Tobit模型得到的相关变量系数和显著性均有下降，这说明使用普通的面板固定效应模型对相关系数的估计存在高估的倾向。同时，产业模块化水平与下游企业技术创新能在10%的水平上正相关，这与前面的结论类似。再来看市场垂直一体化程度与市场集中度交叉项的系数，从表7-6中可以看到，当企业主营业务收入较低时，例如低于1千亿美元时，交叉项与上游汽车制造商的技术创新虽然能在固定效应模型中5%的水平上显著为负，但在使用0处左截尾的Tobit模型中并不显著，造成这一现象的原因一方面可能是本章选取的样本容量过少造成估计的偏差，另一方面可能是当下游企业规模较小时，它们通过控制产量来干预市场结构的行为受到

限制，相应地，其技术创新活动也受到干扰。而当企业主营业务收入较高时，交叉项前面的系数变为正数且能在10%的水平上显著，这说明当企业的产出较高时，垂直一体化确实能使下游在生产网络中占主导地位的汽车制造商的技术创新更多。企业规模、市场集中度以及其他控制变量的系数与显著性与以上分析基本一致。

第三节　稳健性检验

为了检验结果的稳健性，本章使用与第六章相同的方法，用企业的模块化水平来代替产业的模块化水平，企业的模块化水平用企业有形固定资产占总资产的比重衡量。为了保证结果的稳健性，本章在回归时剔除时间效应，回归结果如表7－7所示。

表7－7　模块集成商主导型生产网络中竞争与技术创新实证研究的稳健性检验

变量	企业绩效与产业模块化	产业模块化与企业技术创新		市场竞争、产业模块化与企业技术创新			
		Up	Down	Up_ merge	Up_ seperate	Down_ merge	
	Model 1	Model 2	Model 3	Model 4	Model 5	Model 6 Low	Model 7 High
mp	0.0126*** (0.00306)						
mod		0.0162*** (0.0055)	－0.0273* (0.0158)	0.0406*** (0.114)	0.0847** (0.0386)	－0.0277*** (0.0110)	－0.0138* (0.0071)
inte_hhi				0.0357 (0.0734)	－0.0332 (0.0217)	0.0175 (0.0294)	0.0205* (0.0114)
size	0.222** (0.105)	0.0148 (0.160)	0.431 (0.271)	0.0885* (0.0485)	0.0194*** (0.0882)	0.0166* (0.0948)	0.0238* (0.0134)
size2	－0.0109** (0.0046)	－0.000902 (0.00703)	－0.0166 (0.0107)	－0.00801** (0.00360)	－0.0529*** (0.00739)	－0.00135* (0.00075)	－0.00297** (0.00162)

续表

变量	企业绩效与产业模块化	产业模块化与企业技术创新		市场竞争、产业模块化与企业技术创新			
		Up	Down	Up_ merge	Up_ seperate	Down_ merge	
	Model 1	Model 2	Model 3	Model 4	Model 5	Model 6 Low	Model 7 High
alpha	-0.126 *** (0.042)						
share	-0.069 (0.045)						
L. rd	-0.000000237 * (0.000000164)						
roa		-0.00203 ** (0.000875)	-0.00163 (0.00122)	-0.00503 ** (0.00225)	-0.00257 *** (0.000328)	-0.000834 ** (0.000379)	-0.000713 ** (0.000332)
tfa		3.21e-08 (4.31e-08)	-2.81e-08 (1.63e-08)	0.000000270 (0.000000174)	-0.000000209 *** (4.97e-08)	-0.000000156 *** (2.15e-08)	-0.000000116 *** (1.05e-08)
sale_ gr		-0.0553 (0.0446)	-0.0186 (0.0133)	-0.0266 (0.0321)	0.0183 (0.0123)	-0.0537 *** (0.00888)	-0.0331 *** (0.00769)
Year	Yes	Yes	Yes	Yes	Yes	Yes	Yes
_cons	-11.39 *** (3.601)	0.103 (0.907)	-2.771 (1.654)	-0.345 (4.601)	7.653 *** (1.056)	0.0868 (0.992)	0.0365 (0.191)
N	115	125	59	44	40	36	33
R^2	0.980	0.712	0.825	0.742	0.947	0.987	0.871

注：Up_merge、Up_separate 和 Down_merge 分别指上游整合部件生产商、上游未整合部件生产商和下游整合汽车制造商；括号内为标准误；Low 代表 sale<1000 亿美元，high 代表 sale≥1000 亿美元；*、**、*** 分别代表 10%、5%、1% 的显著性水平。

分析表 7-7 可以发现，用企业的模块化水平替代产业模块化并加入时间效应并没有从根本上改变原有的结论。在以上的验证中，产业的模块化与下游企业技术创新的负相关关系并没有得到验证，此处用企业模块化作为产业模块化的替代变量，结果在 10% 的显著性水平上验证了下游企业模块化与技术创新的负相关关系。此外，当汽车制造商的主营业务收入处于较低水平时，市场一体化水平与市场集中度交叉项的系数仍不显著，除此之外，企业规模、产业集中度和其他控制变量的系数与显著性没有发生根本上的变化，这说明结果是稳健的。

第四节　本章小结

本章选取日本汽车、拖车和半挂车制造业作为模块集成商主导型生产网络的现实替代来验证本书在理论模型章节中得出的结论，实证结果表明：首先，汽车制造业的市场模块化程度与上游零部件生产企业的绩效有明显的负向关系，这同样验证了以模块集成商为主导的生产网络，其市场结构内生化于上游非核心部件生产商。其次，产业模块化对生产网络中上下游企业技术创新的影响不同，与以模块生产商为主导的生产网络不同，在以模块集成商为主导的生产网络中，产业模块化有利于上游模块生产商的技术创新，但它与下游占主导地位的模块集成商技术创新的负向关系并没有得到实证研究的支持，这可能与汽车制造业的竞争程度较强、反垄断政策较严厉有关。最后，产业一体化程度越高、市场竞争程度越激烈，越有利于被整合上游模块生产商的技术创新，同时产业一体化程度和市场竞争程度对下游模块集成商技术创新的影响会随着模块集成商产出的不同而改变：模块集成商产出越高，市场竞争越激烈，垂直一体化越能促进下游模块集成商的技术创新，但低产出时产业一体化与市场竞争的交叉项与下游模块集成商技术创新之间的负向关系并未得到验证。

一个值得我们关注的问题是，企业规模与企业技术创新之间的关系在以模块集成商为主导的生产网络中与在以模块生产商为主导的生产网络中正好相反，前者呈倒“U”形关系，而后者呈正“U”形关系。从这个结果来看，企业规模与企业技术创新之间的关系会随着产业的不同而表现出不同的特性，不能一概而论。这也说明了用“垂直”而不是“水平”的角度来研究市场结构可能更为科学。

第八章　结论与展望

第一节　研究结论

本书主要对模块化生产网络及其内部市场结构、企业技术创新行为进行研究，得出的主要结论如下：

（1）模块化生产网络是一种新的产业组织——垂直型产业组织。模块化生产网络是企业按照产品生产过程自发形成的一种垂直型产业组织。按照生产网络中上下游企业市场势力的不同，模块化生产网络可分为模块生产商主导型生产网络、模块集成商主导型生产网络。在模块生产商主导型生产网络中，模块生产商生产最终品的核心模块，能够通过控制核心模块的价格干预生产网络中的市场结构；相反，在模块集成商主导型生产网络中，模块集成商垄断最终品市场，可以通过控制非核心模块的市场需求来改变生产网络中的市场结构。

（2）模块化生产网络中的市场结构内生于上游模块生产商的市场绩效。模块化生产网络中的市场结构是垂直一体化还是垂直分解化内生于上游模块生产商的市场绩效，取决于市场势力更强一方的干预行为。企业市场绩效对市场结构的影响因生产网络类型的不同而不同：在模块生产商主导型生产网络中，上游核心模块价格越高，核心模块生产商的市场绩效越好，市场结构的模块化程度就越强；在模块集成商主导型生产网络中，上游非核心模块价格越高，下游模块集成

商的市场绩效越好，市场结构的模块化程度就越低。

（3）产品内分工模块化对上下游企业技术创新有不同的影响。产品内分工模块化对技术创新的影响不仅因企业在产业链中位置的不同而不同，而且因生产网络类型的不同而不同：在模块生产商主导型生产网络中，产业模块化有利于促进下游模块集成商的技术创新，但与核心模块生产商的技术创新的负相关性并未得到证实；在模块集成商主导型生产网络中，产业模块化越高，上游非核心模块生产商的技术创新越高，同样，产业模块化与下游模块集成商技术创新的负相关性也未得到证实。理论模型的结论未得到验证的原因既可能是所选行业与理论假设不符，也可能是生产网络中占主导地位的企业的市场势力被反垄断政策约束。

（4）上游或下游的市场竞争程度调节了产品内分工模块化对上下游企业技术创新的影响。在模块生产商主导型生产网络中，下游市场竞争程度越强，上游核心模块生产商与下游模块集成商的垂直一体化越有利于双方的技术创新，但对其他非整合模块集成商的技术创新不利；在模块集成商主导型生产网络中，上游市场竞争程度越强，上游非核心模块生产商与下游垄断模块集成商的垂直一体化越有利于促进被整合上游非核心模块生产商的技术创新，以及下游高产出模块集成商的技术创新，但与理论推出的下游低产出模块集成商技术创新的负向关系并未得到证实。无论在模块生产商主导型生产网络中还是模块集成商主导型生产网络中，实证检验结果均证实了“垂直一体化的恐吓效应”，即上下游企业的垂直一体化有利于一体化双方的技术创新，不利于被孤立另一企业的技术创新。

第二节 发展启示

根据本书得到的结论，本书分别从企业、产业和政府三个方面指明产业发展条件。

一、企业层面

（一）保持效率优势仍然是弱势企业生存的根本

无论是在模块生产商主导型生产网络还是模块集成商主导型生产网络中，只要处于弱势地位的企业的初始效率优势足够大，垄断企业就不会对市场结构进行任何干预，市场结构呈模块化的状态，在这样的市场结构下，垄断企业与弱势企业的产出均得到提高，社会整体福利水平达到最大；否则，垄断企业会实施垂直一体化战略独占整个市场并将弱势企业排挤出市场，社会福利遭受损失。根据本书的结论，模块化市场结构更有利于弱势企业的技术创新，因此，高的初始生产效率不仅是弱势企业生存的前提，也是其持续进行技术创新的根本。现阶段，虽然我国人口红利逐渐消失，劳动力成本优势不断降低，但我们仍然不能放弃原有效率优势，我们需要批判的是不重视技术创新的低水平“仿制”而不是由劳动力成本优势带来的效率优势。就中国大部分的制造业来说，效率在很长一段时间内仍然是企业的重要目标。

（二）勇于向产业核心价值点渗透是弱势企业扭转市场地位的关键

根据本书的结论，无论在哪个市场结构下，处于从属地位的企业均会被垄断企业控制，只要垄断企业想，弱势企业随时都会被排挤出市场，即使弱势企业的初始效率优势更高。弱势企业改变这一局面的唯一途径就是成为像垄断企业一样的企业。我国存在大量处于价值链低端领域的企业，这些企业若被国外大企业市场圈定，就只能依靠较高的效率优势（在我国即劳动力成本优势）而生存，一旦效率优势丧失，它们一定会被垄断企业排挤出市场。

二、产业层面

（一）加强产业研发合作，推动产业标准制定

模块化生产方式之所以高效，关键在于生产过程的分割不会影响各个模块再整合后的整体功能，这依赖于标准化界面的设计，从产业层面上来说，就是产业标准或技术标准。但产业标准的确立需要投入大量的人力、物力和财力，而且花费的时间较长，单个企业根本无法承担，因此，特定产业内的企业进行研发合作才能完成。以 4G 通信标准为例，4G 国际标准的确立历时三年。从 2009 年初开

始，ITU 在全世界范围内征集 IMT - Advanced 候选技术。2009 年 10 月，ITU 共征集到了六个候选技术，分别来自北美标准化组织 IEEE（802.16m）、日本（两项分别基于 LTE - A 和 802.16m）、3GPP 的 FDD - LTE - Advance、韩国（基于 802.16m）和中国（TD - LTE - Advanced）、欧洲标准化组织 3GPP（FDD - LTE - Advance）。这些产业标准都是通过各国通信企业长期的研发合作才得以确立。2012 国际电信联盟在无线电通信全会全体会议上，正式审议通过将 LTE - Advanced 和 WirelessMAN - Advanced（802.16m）技术规范确立为 IMT - Advanced（俗称“4G”）国际标准，中国主导制定的 TD - LTE - Advanced 和 FDD - LTE - Advance 同时并列成为 4G 国际标准。

（二）规范产业内部的市场竞争行为，建立良性竞争的模块化产业族群

无论是以模块生产商为主导的生产网络还是以模块集成商为主导的生产网络，只要垄断企业存在，就会影响弱势企业的技术创新与社会福利。一个理想的模块生产网络应该是垄断企业的市场势力受到约束不会影响弱势企业的技术创新，而这种约束也不会对垄断企业的技术创新带来损害，形成一种“可竞争型”市场结构。这种市场结构通常以一家垄断企业、少数弱势企业组成的形式存在。在生产网络内部，垄断企业控制产业链各个环节的竞争，既保证了垄断企业自身的谈判能力，又不至于伤害弱势企业的技术创新。同时，生产网络间的竞争也保证了垄断企业不会丧失技术创新动力。以日本汽车制造业为例，日本汽车的产业组织多数以 1 个具有市场势力的汽车制造商、2 ~ 3 个汽车各类零部件的供应商的形式存在，保持 2 ~ 3 个零部件供应商避免了因过度竞争而导致的对技术创新的损害。为了保证零部件的技术标准达到汽车制造商的要求，汽车制造商也会帮助或参与零部件生产商的技术创新，其他汽车制造商的存在也会保证生产网络内的汽车制造商不会滥用市场势力。

三、政府层面

（一）进一步完善反垄断法律法规体系，限制低效率垄断企业的市场势力

模块化生产网络中低效率型垄断企业的存在不仅会阻碍弱势企业技术创新，而且也会降低社会的整体福利水平。因此，必须要对低效率垄断企业的市场势力进行约束，而反垄断法律法规则是约束低效率垄断企业的基本措施。我国经济起

步较晚，相关反垄断法律法规体系很不完善，事实上，我国的第一部反垄断法从2008 年才正式实施。对比而言，西方国家如美国等均有完善的反垄断法律法规体系。反垄断法对一国经济的作用主要体现在两个方面：一是约束国外垄断企业对本国弱小企业技术创新的损害，不断增强贸易自由化程度使模块生产网络不仅限于一国国内；二是约束本国低效率垄断企业，保护生产网络中弱势企业的技术创新动力。

（二）对市场结构的调节不仅要因企业而异，而且要因产业而异

模块化生产网络中的企业根据初始生产效率的不同可以分为低效率型垄断企业和高效率型垄断企业，根据本书的结论，高效率型垄断企业的垂直一体化虽然能将弱势企业排挤出市场，但并不损害社会福利水平，此时，阻碍垄断企业垂直一体化的产业政策不利于社会水平的提高。因此，应该准确地识别垄断企业的效率水平，并根据相应的效率水平提出相应的政策。此外，模块化生产网络类型的不同使同一市场结构调节政策的效果不同，在以模块生产商为主导的生产网络中，不利于产业结构一体化的政策能够推动下游企业的技术创新，阻碍下游企业的技术创新，但其在模块集成商为主导的生产网络中则起相反的作用。因此，政府一定要根据政策目标、产业类型来制定调整市场结构的目标，这样才能达到预期的政策目标。

（三）制定并完善产业技术创新引导政策，推动弱势企业向价值链高端迈进

对模块化生产网络而言，产业政策调整的目的一方面是约束低效率垄断企业的市场势力；另一方面是培育出与垄断企业势均力敌的企业，以冲破垄断企业的市场圈定，与垄断企业进行正面竞争。在全球价值链分工体系中，我国大量的制造企业被长期圈定在价值链的低端环节，在生产网络中处于弱势地位。要扭转这一局面，政府除了要针对这些企业制定科学合理的技术创新补贴政策，还要完善相应的配套政策，特别是对一些前沿高技术产业，这些产业由于刚起步，市场需求尚未激发，政府需要出台相关的保护与培育政策。以中国的高铁行业为例，中国高铁行业用不到 12 年的时间跻身高铁强国之列，虽然高铁技术赶超是经济、政治等多种因素综合作用的成果，但不可否认的是，在高铁行业发展之初，政府的集中采购保证了高铁产品和服务的市场需求，这是高铁技术成功的一个重要因素。

第三节　不足与展望

本书尝试将模块化生产网络纳入产业组织分析框架中并对生产网络内部企业间的竞争与技术创新进行探索性研究，受限于个人的学术水平、相关资料和数据的可得性，以及相关分析方法的有效性，本书存在以下缺陷：

（1）样本选择问题。本书选取美国计算机、电子与光学设备制造业，日本汽车、拖车与半挂车制造业作为模块生产商主导型生产网络和模块集成商主导型生产网络的替代可能并不合适，因为这两类产业中垄断企业的市场势力可能并未达到本书理论模型所要求的强度。在样本数据缺失的情况下，选取一个更符合理论模型的企业进行规范性的案例研究可能更为可取，但受限于时间及一手资料的可获得性，本书并未采用。

（2）企业模块化的衡量。本书使用有形固定资产占总资产的比重衡量企业模块化可能仅适用于特定行业如制造业，其他行业如服务业显然不能用此指标衡量。另外，有形固定资产占比可能更适合衡量制造企业外部生产过程的模块化，强调的是企业生产外包程度，无法衡量企业内部生产的模块化。目前，已经有管理学者提出了企业内部生产过程的模块化（Process Modularity），这种模块化用定性指标来衡量可能更为合适。

除以上不足外，本书还可以从以下两个方面进行拓展：

（1）本书选取两个极端市场结构作为研究对象并在各自的市场结构下讨论垂直型市场结构与企业绩效的关系，虽然得出了垂直型市场结构内生于上游模块生产商的绩效水平，但仍未回答两类特殊型市场结构的来源，即模块生产商主导型生产网络和模块集成商生产网络是如何形成的，是由外生性产业特性决定的还是内生于某些因素？

（2）本书将模块化生产网络分为两类，重点探讨了模块生产商主导型生产网络与模块集成商主导型生产网络，但在模块生产商主导型生产网络与模块集成商主导型生产网络之间可能存在一个被许多学者研究却并未进行系统性理论架构的产业组织——关系型生产网络。在缺乏市场势力干预的情况下，企业间的竞争行为是怎样的，对各自的技术创新有什么样的影响？这些都是下一步值得研究的问题。

参考文献

［1］ Acemoglu D, Cao D. Innovation by Entrants and Incumbents ［J］. Journal of Economic Theory, 2015, 157: 255 –294.

［2］ Acemoglu D, Zilibotti F. Productivity Differences ［J］. Quarterly Journal of Economics, 2001, 116 (2): 563 –606.

［3］ Acemoglu D. Directed Technical Change ［J］. The Review of Economic Studies, 2002, 69 (4): 781 –809.

［4］ Acemoglu D. Introduction to Modern Economic Growth ［M］. Princeton: Princeton University Press, 2009.

［5］ Aghion P, Bloom N, Blundell R, et al. Competition and innovation: An inverted U relationship ［R］. Institute for Fiscal Studies, 2002.

［6］ Aghion P, Harris C, Howitt P, et al. Competition, Imitation and Growth with Step – by – Step Innovation ［J］. Review of Economic Studies, 2001, 68 (3): 467 –492.

［7］ Aghion P, Peter H. A Model of Growth Through Creative Destruction ［J］. Econometrica, 1992, 60 (2): 323 –351.

［8］ Alexander C. Notes on the Synthesis of Form ［M］. Cambridge, MA: Harvard University Press, 1964.

［9］ Arrow K J. The Economic Implications of Learning by Doing ［J］. The Review of Economic Studies, 1962, 29 (3): 155 –173.

［10］ Baldwin C Y, Clark K B. Design Rules: Volume 1, The Power of Modularity [M] . Cambridge: MIT Press, 2000.

[11] Baldwin C Y, Clark K B. Managing in an age of modularity [J] . Harvard Business Review, 1997, 75 (5): 84 –93.

[12] Baldwin C Y, Clark K B. The Value, Costs and Organizational Consequences of Modularity [R] . General Motors Research and Development Center, 2003.

[13] Barro R J. Government Spending in a Simple Model of Endogenous [J] . Journal of Political Economy, 1990, 98 (5): 103 –126.

[14] Brusoni S, Prencipe A, Pavitt K. Knowledge Specialization, Organizational Coupling, and the Boundariesof the Firm: Why Do Firms Know More Than They Make? [J] . Administrative Science Quarterly, 2001, 46 (4): 597 –621.

[15] Brusoni S, Prencipe A. Making design rules: A multidomain perspective [J] . Organization Science, 2006, 17 (2): 179 –189.

[16] Brusoni S, Prencipe A. Unpacking the Black Box of Modularity: Technologies, Products and Organizations [J] . Industrial and Corporate Change, 2001, 10 (1): 179 –205.

[17] Buehler S, Schmutzler A. Intimidating competitors – Endogenous vertical integration and downstream investment in successive oligopoly [J] . International Journal of Industrial Organization, 2008, 26 (1): 247 –265.

[18] Campagnolo D, Camuffo A. The concept of modularity in management studies: A literature review [J] . International Journal of Management Reviews, 2010, 12 (3): 259 –283.

[19] Camuffo A. Globalization, Outsourcing and Modularity in the Auto Industry [R] . Ca′ Foscari University of Venice, 2002.

[20] Chen Y, Sappington D E M. Innovation in Vertically Related Markets [J] . The Journal of Industrial Economics, 2010, 58 (2): 373 –401.

[21] Chiu Y S. Non –cooperative Bargaining, Hostages and Optimal AssetOwnership [J] . American Economic Review, 1998, 88 (4): 882 –901.

[22] Coase R. The Nature of the Firm [J] . Economica, 1937, 4 (16): 386 –

405.

[23] Dixit A K, Stiglitz J E. Monopolistic Competition and Optimum Product Diversity [J]. American Economic Review, 1977, 67 (3): 297 -308.

[24] Djelic M, Ainamo A. The Coevolution of New Organizational Forms in the Fashion Industry: A Historical and Comparative Study of France, Italy, and the United States [J]. Organization Science, 1999, 10 (5): 622 -637.

[25] Domar E D. Capital Expansion, Rate of Growth and Employment [J]. Econometrica, 1946, 14 (2): 137 -147.

[26] Egger H, Egger P. International outsourcing and the productivity of low - skilled labor in the EU [J]. Economic Inquiry, 2006, 1 (44): 98 -108.

[27] Ernst D. Limits to Modularity: Reflections on Recent Developments in Chip Design [J]. Industry & Innovation, 2005, 12 (3): 303 -335.

[28] Ethiraj S K, Levinthal D, Roy R R. The Dual Role of Modularity: Innovation and Imitation [J]. Management Science, 2008, 54 (5): 939 -955.

[29] Farrell J, Katz M. Innovation, Rent Extraction, and Integration in Systems Markets [J]. Journal of Industrial Economics, 2000, 48 (4): 413 -432.

[30] Fixson S K, Park J K. The power of integrality: Linkages between product architecture, innovation and industry structure [J]. Research Policy, 2008, 37 (8): 1296 -1316.

[31] Fixson S K, Ro Y, Liker J K. Modularisation and outsourcing: Who drives whom a study of generational sequences in the US automotive [J]. Automotive Technology and Management, 2005, 5 (2): 166 -183.

[32] Fixson S K. A roadmap for product architecture costing [A] //Product Platform and Product Family Design: Methods and Applications [M]. New York: Springer, 2006.

[33] Fixson S K. Product architecture assessment: A tool to link product, process, and supply chain design decisions [J]. Journal of Operations Management, 2005, 23 (3 -4): 345 -369.

[34] Fleming L, Sorenson O. The Dangers of Modularity [J]. Harvard Business

Review, 2001, 79 (8): 20.

[35] Fourcade F, Midler C. Modularisation in the auto industry: Can manufacturer's architectural strategies meet supplier's sustainable profit trajectories? [J]. International Journal of Automotive Technology and Management, 2004, 4 (2): 240 - 260.

[36] Frigant V, Talbot D. Technological Determinism and Modularity: Lessons from a Comparison between Aircraft and Auto Industries in Europe [J]. Industry and Innovation, 2005, 12 (3): 337 - 355.

[37] Galvin P, Morkel A. The effect of product modularity on industry structure: The case of the world bicycle industry [J]. Industry and Innovation, 2001, 8 (1): 31 - 47.

[38] Garicano L, Rossi - Hansberg E. Organization and inequality in a knowledge economy [J]. Quarterly Journal of Economics, 2006, 121 (4): 1383 - 1435.

[39] Gershenson J K, Prasad G J, Allamneni S. Modular Product Design: D Life - Cycle View [J]. Journal of Integrated Design and Process Science, 1999, 3 (4): 13 - 26.

[40] Gilbert R J, Riordan M H. Product Improvement and Technological Tying in a Winner - Take - All Market [J]. The Journal of Industrial Economics, 2007, 55 (1): 113 - 139.

[41] Grossman G M, Helpman E. Quality Ladders in the Theory of Growth [J]. The Review of Economic Studies, 1991, 58 (1): 43 - 61.

[42] Grossman S, Hart O. The Costs and Benefits of Ownership: A Theory of Vertical and Lateral Integration [J]. Journal of Political Economy, 1986, 94 (4): 691 - 719.

[43] Harrod R F. An Essay in Dynamic Theory [J]. The Economic Journal, 1939, 49 (193): 14 - 33.

[44] Hart O, Holmstrom B. A Theory of Firm Scope [J]. Quarterly Journal of Economics, 2010, 125 (2): 483 - 513.

[45] Hart O, Holmstrom B. The Theory of Contracts [A] //Advanced in Eco-

nomic Theory [M] . Cambridge: Cambridge University Press, 1987: 71 –155.

[46] Hart O, Moore J. Contracts As Reference Points [J] . Quarterly Journal of Economics, 2008, 123 (1): 1 –48.

[47] Hart O, Moore J. Incomplete Contracts and Ownership: Some New Thoughts [J] . American Economic Review, 2007, 97 (2): 182 –186.

[48] Hart O, Moore J. Incomplete Contracts and Renegotiation [J] . Econometrica, 1988, 56 (4): 755 –785.

[49] Hart O, Moore J. Property Rights and Nature of the Firm [J] . Journal of-Political Economy, 1990, 98 (6): 1119 –1158.

[50] Helfat C E, Eisenhardt K M. Inter – temporal economies of scope, organizational modularity, and the dynamics of diversification [J] . Strategic Management Journal, 2004, 25 (13): 1217 –1232.

[51] Helpman E. Endogenous Macroeconomic Growth Theory [J] . European Economic Review, 1991, 36 (2): 237 –267.

[52] Henderson R M, Clark K B. Architectural Innovation: The Reconfiguration of Existing Product Technologies and the Failure of Established Firms [J] . Administrative Science Quarterly, 1990, 35 (1): 9 –13.

[53] Hoetker G. Do modular products lead to modular organizations? [J] . Strategic Management Journal, 2006, 27 (6): 501 –518.

[54] Jones C I. R&D – Based Models of Economic Growth [J] . Journal of Political Economics, 1995, 103 (4): 759 –784.

[55] Jones L E, Manuelli R. A Convex Model of Equilibrium Growth: Theory and Policy Implications [J] . Journal of Political Economy, 1990, 98 (5): 1008 – 1038.

[56] Karim S. Modularity in organizational structure: The reconfiguration of internally developed and acquired business units [J] . Strategic Management Journal, 2006, 27 (9): 799 –823.

[57] Koopmans T C. On the Concept of Optimal Economic Growth [A] // Econometric Approach to Development Planning [M] . Amsterdam: North – Holland

Publishing Company, 1965.

[58] Langlois R N, Robertson P L. Networks and innovation in a modular system: Lessons from the microcomputer and stereo component industries [J]. Research Policy, 1992, 21 (4): 297 – 313.

[59] Langlois R N. Modularity in Technology and Organization [J]. Journal of Economic Behavior & Organization, 2002, 49 (1): 19 – 37.

[60] Lau A K W, Yam R C M, Tang E. The Impact of Product Modularity on New Product Performance: Mediation by Product Innovativeness [J]. Journal of Product Znnovation Management, 2011, 28 (2): 270 – 284.

[61] Lei D, Hitt M A, Goldhar J D. Advanced Manufacturing Technology: Organizational Design and Strategic Flexibility [J]. Organization Studies, 1996, 17 (3): 501 – 523.

[62] Lucas R E. On the Mechanics of Economic Development [J]. Journal of Monetary Economics, 1988, 22 (1): 3 – 42.

[63] Martin J, Eisenhardt K M. Cross – business synergy: Recombination, modularity and the multi – business team [J]. Academy of Management Annual Meeting Proceedings, 2003 (1): 1 – 6.

[64] Melitz M J. The Impact of Trade on Intra – Industry Reallocations and Aggregate Industry Productivity [J]. Econometrica, 2003, 71 (6): 1695 – 1725.

[65] Nadler D A, Tushman M L. The Organization of the Future: Strategic Imperatives and Core Competencies for the 21st Century [J]. Organizational Dynamics, 1999, 28 (1): 45 – 60.

[66] Newcomb P J, Bras B, Rosen D W. Implications of modularity on product design for the life cycle [J]. Journal of Mechanical Design, 1998, 120 (3): 483 – 490.

[67] Orton J D, Weick K E. Loosely Coupled Systems: A Reconceptualization [J]. The Academy of Management Review, 1990, 16 (2): 203 – 223.

[68] Pil F K, Cohen S K. Modularity: Implications for imitation, innovation, and sustained advantage [J]. Academy of Management Review, 2006, 31 (4): 995 –

1011.

[69] Rajan R G, Zingales L. Power in a Theory of the Firm [J]. Quarterly Journal of Economics, 1997, 113 (2): 387 -432.

[70] Ramsey F P. A Mathematical Theory of Saving [J]. The Economic Journal, 1928, 38 (152): 543 -559.

[71] Rebelo S. Long - Run Policy Analysis and Long - Run [J]. Journal of Political Economy, 1991, 99 (3): 500 -521.

[72] Riordan M H, Salop S C. Evaluating Vertical Mergers - A Post Chicago Approach [J]. Antitrust Law Journal, 1995, 63 (2): 513 -568.

[73] Romer P M. Endogenous Technological Change [J]. Journal of Political Economy, 1990, 98 (5): S71 -S102.

[74] Romer P M. Growth Based on Increasing Returns Due to Specialization [J]. American Economic Review, 1987, 77 (2): 56 -62.

[75] Romer P M. Increasing Returns and Long - Run Growth [J]. Journal of Political Economy, 1986, 94 (5): 1002 -1037.

[76] Sako M, Murray F. Modules in design, production and use: Implications for the global automotive industry [R]. Boston: MIT, 1999.

[77] Sako M. Modularity and Outsourcing: The Nature of Co - Evolution of Product Architecture and Organisation Architecture in the Global Automotive Industry [A] //The Business of Systems Integration [M]. Oxford: Oxford University Press, 2003.

[78] Sanchez R, Mahoney J T. Modularity, Flexibility, and Knowledge Management in Product and Organization Design [J]. Strategic Management Journal, 1996, 17: 63 -76.

[79] Sanchez R. Strategic flexibility in product competition [J]. Strategic Management Journal, 1995, 16 (S1): 135 -159.

[80] Schilling M A, Steensma H K. The use of modular organizational forms: An industry - level analysis [J]. Academy of Management Journal, 2001, 44 (6): 1149 -1168.

[81] Schilling M A. Toward a General Modular Systems Theory and Its Application to Interfirm Product Modularity [J]. Academy of Management Review, 2000, 25 (2): 312 -334.

[82] Simon H A. The architecture of complexity [J]. Proceedings of the American Philosophical Society, 1962, 106 (6): 467 -482.

[83] Solow R M. A Contribution to the Theory of Economic Growth [J]. Quarterly Journal of Economics, 1956, 70 (1): 65 -94.

[84] Solow R M. Technical Change and the Aggregate Production Function [J]. The Review of Economics and Statistics, 1957, 39 (3): 312 -320.

[85] Sosa M E, Eppinger S D, Rowles C M. The Misalignment of Product Architecture and Organizational Structure in Complex Product Development [J]. Management Science, 2004, 50 (12): 1674 -1689.

[86] Stokey N L. Human Capital, Product Quality, and Growth [J]. Quarterly Journal of Economics, 1991, 106 (2): 587 -616.

[87] Sturgeon T J. Modular Production Networks: A New American Model of Industrial Organization [J]. Industrial and Corporate Change, 2002, 11 (3): 451 -496.

[88] Swan T W. Economic Growth and Capital Accumulation [J]. Economic Record, 1956, 32 (64): 334 -361.

[89] Takeishi A, Fujimoto T. Modularization in the Auto Industry: Interlinked Multiple Hierarchies of Product, Production, and Supplier Systems, 01 -02 [R]. Institute of Innovation Research, Hitotsubashi University, 2001.

[90] Ulrich K. Fundamentals of product modularity [M]. New York: Springer, 1994.

[91] Ulrich K. The role of product architecture in the manufacturing firm [J]. Research Policy, 1995, 24 (3): 419 -440.

[92] Whitney D E, Heller D A, Higashi H, et al. Production Engineering as System Integrator a Research Note based on a Study of Door Engineering and Assembly at Toyota: MMRC Discussion Paper [Z]. University of Tokyo, 2007.

[93] Williamson O E. Transaction – Cost Economics: The Governance of Contractual Relations [J]. Journal of Law and Economics, 1979, 22 (2): 233 –261.

[94] Worren N, Moore K, Cardona P. Modularity, strategic flexibility, and firm performance: A study of the home appliance industry [J]. Strategic Management Journal, 2002, 23 (12): 1123 –1140.

[95] 白雪洁. 模块化环境下中国制造企业的竞争空间及策略选择——电子电器产业案例分析 [J]. 中国工业经济, 2007 (3): 112 –119.

[96] 曹虹剑, 贺正楚, 熊勇清. 模块化、产业标准与创新驱动发展——基于战略性新兴产业的研究 [J]. 管理科学学报, 2016 (10): 16 –33.

[97] 曹虹剑, 张慧, 刘茂松. 产权治理新范式: 模块化网络组织产权治理 [J]. 中国工业经济, 2010 (7): 84 –93.

[98] 曹虹剑, 张建英, 刘丹. 模块化分工、协同与技术创新——基于战略性新兴产业的研究 [J]. 中国软科学, 2015 (7): 100 –110.

[99] 曹江涛, 苗建军. 模块化时代企业边界变动研究 [J]. 中国工业经济, 2006 (8): 85 –92.

[100] 曹亮, 汪海粟, 陈硕颖. 论模块化生产网络的二重性——兼论其对中国企业的影响 [J]. 中国工业经济, 2008 (10): 33 –42.

[101] 陈觉, 郝云宏. 服务业前后台分离: 从传统运营到大批量定制[J]. 中国工业经济, 2009 (10): 108 –117.

[102] 陈小勇. 产业集群的虚拟转型 [J]. 中国工业经济, 2017 (12): 78 –94.

[103] 程立茹. 互联网经济下企业价值网络创新研究 [J]. 中国工业经济, 2013 (9): 82 –94.

[104] 戴魁早. 中国高技术产业垂直专业化的生产率效应 [J]. 统计研究, 2012, 29 (1): 55 –62.

[105] 党兴华, 张首魁. 模块化技术创新网络结点间耦合关系研究 [J]. 中国工业经济, 2005 (12): 85 –91.

[106] 邓龙安, 徐玖平. 模块化网络运营对竞争性市场效率的影响——兼析网络规则与市场规则下市场效率的变化 [J]. 中国工业经济, 2007 (8):

83 – 89.

［107］范爱军，杨丽．模块化对分工演进的影响——基于贝克尔 – 墨菲模型的解释［J］．中国工业经济，2006（12）：67 – 73.

［108］高良谋，胡国栋．模块化生产网络中的劳资关系嬗变：层级分化与协同治理［J］．中国工业经济，2012（10）：96 – 108.

［109］龚锋，曾爱玲．我国代工企业的功能升级：基于模块化的二重性［J］．管理世界，2016（1）：184 – 185.

［110］郝斌，任浩，Anne – Marie GUERIN. 组织模块化设计：基本原理与理论架构［J］．中国工业经济，2007（6）：80 – 87.

［111］侯若石，李金珊．资产专用性、模块化技术与企业边界［J］．中国工业经济，2006（11）：91 – 98.

［112］胡晓鹏．从分工到模块化：经济系统演进的思考［J］．中国工业经济，2004（9）：5 – 11.

［113］胡晓鹏．产品模块化：动因、机理与系统创新［J］．中国工业经济，2007（12）：94 – 101.

［114］胡晓鹏．模块时代的产业结构：基于 SCP 范式的研究［J］．中国工业经济，2007（4）：63 – 70.

［115］胡晓鹏．企业模块化的边界及其经济效应研究［J］．中国工业经济，2006（1）：90 – 97.

［116］黄群慧，贺俊．中国制造业的核心能力、功能定位与发展战略——兼评《中国制造 2025》［J］．中国工业经济，2015（6）：5 – 17.

［117］姜永宏，汪江，赵永亮．外贸服务业新业态的演变价值：基于分工理论的阐述［J］．管理世界，2015（1）：178 – 179.

［118］柯颖，王述英．模块化生产网络：一种新产业组织形态研究［J］．中国工业经济，2007（8）：75 – 82.

［119］雷如桥，陈继祥，刘芹．基于模块化的组织模式及其效率比较研究［J］．中国工业经济，2004（10）：83 – 90.

［120］李海舰，聂辉华．论企业与市场的相互融合［J］．中国工业经济，2004（8）：26 – 35.

[121] 李海舰.《模块化垄断结构企业模式研究》评介 [J]. 中国工业经济, 2011 (7): 159.

[122] 李平, 狄辉. 产业价值链模块化重构的价值决定研究 [J]. 中国工业经济, 2006 (9): 71 – 77.

[123] 李晓, 刘正刚, 顾新建. 面向可持续发展的企业产品服务系统研究 [J]. 中国工业经济, 2011 (2): 110 – 119.

[124] 李晓华. 模块化、模块再整合与产业格局的重构——以“山寨”手机的崛起为例 [J]. 中国工业经济, 2010 (7): 136 – 145.

[125] 刘江鹏. 企业成长的双元模型: 平台增长及其内在机理 [J]. 中国工业经济, 2015 (6): 148 – 160.

[126] 刘茂松, 陈柏福. 论柔性契约与垄断结构企业模式 [J]. 中国工业经济, 2006 (5): 79 – 86.

[127] 刘志阳, 施祖留, 朱瑞博. 基于模块化的银行卡产业价值创新研究: 从价值链到价值群 [J]. 中国工业经济, 2007 (9): 23 – 30.

[128] 吕铁, 江鸿. 从逆向工程到正向设计——中国高铁对装备制造业技术追赶与自主创新的启示 [J]. 经济管理, 2017, 39 (10): 6 – 19.

[129] 吕铁. 物联网将如何推动我国的制造业变革 [J]. 人民论坛·学术前沿, 2016 (17): 28 – 37.

[130] 罗珉, 何长见. 组织间关系: 界面规则与治理机制 [J]. 中国工业经济, 2006 (5): 87 – 95.

[131] 罗珉, 任丽丽. 组织间关系: 界面规则的演进与内在机理研究[J]. 中国工业经济, 2010 (1): 84 – 93.

[132] 罗珉, 王雎. 跨组织大规模协作: 特征、要素与运行机制 [J]. 中国工业经济, 2007 (8): 5 – 14.

[133] 罗珉, 徐宏玲. 组织间关系: 价值界面与关系租金的获取 [J]. 中国工业经济, 2007 (1): 68 – 77.

[134] 罗珉, 赵红梅. 中国制造的秘密: 创新 + 互补性资产 [J]. 中国工业经济, 2009 (5): 46 – 56.

[135] 罗珉. 价值星系: 理论解释与价值创造机制的构建 [J]. 中国工业

经济，2006（1）：80－89.

［136］马莉莉，张亚斌．网络化时代的公共服务模块化供给机制［J］．中国工业经济，2013（9）：95－107.

［137］闵宏．企业模块化理论的演进——一个文献综述［J］．技术经济与管理研究，2017（8）：53－57.

［138］欧阳桃花．中国企业产品创新管理模式研究（二）——以海尔模块经理为例［J］．管理世界，2007（10）：130－138.

［139］戚依南，李自杰，肖雯娟．中国企业管理创新的最新进展——首届中国企业管理创新案例研究前沿论坛观点综述［J］．中国工业经济，2012（4）：154－159.

［140］青木昌彦，安藤晴彦．模块时代：新产业结构的本质［M］．上海：上海远东出版社，2003.

［141］曲振涛，周正，周方召．网络外部性下的电子商务平台竞争与规制——基于双边市场理论的研究［J］．中国工业经济，2010（4）：120－129.

［142］芮明杰，季丹．模块化网络状产业组织的演进——基于计算机行业的研究［J］．经济与管理研究，2009（1）：81－86.

［143］沈于，安同良．再集成：一种“模块化陷阱”——基于演化视角的分析［J］．中国工业经济，2012（2）：89－97.

［144］孙凤娥．模块化网络组织租金分配研究［J］．中国工业经济，2013（11）：109－121.

［145］孙国强，朱艳玲．模块化网络组织的风险及其评价研究——来自一汽企业集团网络的经验证据［J］．中国工业经济，2011（8）：139－148.

［146］孙晓峰．模块化技术与模块化生产方式：以计算机产业为例［J］．中国工业经济，2005（6）：60－66.

［147］孙宇．信息通信技术革命和产业组织的结构演化——走向后钱德勒时代的思考［J］．管理世界，2008（6）：178－179.

［148］童时中．模块化的概念与定义［J］．电力标准化与计量，1995（4）：22－25.

［149］王凤彬，陈公海，李东红．模块化组织模式的构建与运作——基于海

尔“市场链”再造案例的研究［J］．管理世界，2008（4）：122－139，187.

［150］王凤彬，李东红，张婷婷，杨阳．产品开发组织超模块化及其对创新的影响——以丰田汽车为案例的研究［J］．中国工业经济，2011（2）：131－141.

［151］魏江，黄学，刘洋．基于组织模块化与技术模块化“同构/异构”协同的跨边界研发网络架构［J］．中国工业经济，2014（4）：148－160.

［152］巫景飞，芮明杰．产业模块化的微观动力机制研究——基于计算机产业演化史的考察［J］．管理世界，2007（10）：75－83.

［153］武建龙，王宏起，李力．模块化动态背景下我国新兴产业技术创新机会、困境与突破——基于我国手机产业技术创新演变史的考察［J］．科学学与科学技术管理，2014（6）：45－57.

［154］肖曙光．战略性新兴产业组织的劳资分配［J］．中国工业经济，2011（2）：100－109.

［155］谢莉娟．互联网时代的流通组织重构——供应链逆向整合视角［J］．中国工业经济，2015（4）：44－56.

［156］谢卫红，王永健，蓝海林，等．产品模块化对企业竞争优势的影响机理研究［J］．管理学报，2014（4）：502－509.

［157］谢伟．全球生产网络中的中国轿车工业［J］．管理世界，2006（12）：67－87，103.

［158］谢伟．中国企业技术创新的分布和竞争策略——中国激光视盘播放机产业的案例研究［J］．管理世界，2006（2）：50－62，171.

［159］徐宏玲．模块化组织价值创新：原理、机制及理论挑战［J］．中国工业经济，2006（3）：83－91.

［160］闫星宇，李晓慧．模块化设计、生产与组织：一个综述［J］．产业经济研究，2007（4）：69－78.

［161］闫星宇，高觉民．模块化理论的再审视：局限及适用范围［J］．中国工业经济，2007（4）：71－78.

［162］闫星宇．零售制造商的模块化供应链网络［J］．中国工业经济，2011（11）：139－147.

［163］杨瑞龙，聂辉华．不完全契约理论：一个综述［J］．经济研究，2006（2）：104－115.

［164］杨水利，易正广，李韬奋．基于再集成的“低端锁定”突破路径研究［J］．中国工业经济，2014（6）：122－134.

［165］姚凯，刘明宇，芮明杰．网络状产业链的价值创新协同与平台领导［J］．中国工业经济，2009（12）：86－95.

［166］余长春，吴照云．价值创造视域下民航业服务模块化运行——基于探索性案例分析的视角［J］．中国工业经济，2012（12）：141－153.

［167］余东华，芮明杰．基于模块化网络组织的价值流动与创新［J］．中国工业经济，2008（12）：48－59.

［168］俞荣建，吕福新．基于模块化与网格技术的价值网格——以“浙商”为例的组织超越发展的建构论观点［J］．中国工业经济，2007（6）：121－128.

［169］原磊．商业模式体系重构［J］．中国工业经济，2007（6）：70－79.

［170］张其仔．比较优势的演化与中国产业升级路径的选择［J］．中国工业经济，2008（9）：58－68.

［171］张湘赣．产业结构调整：中国经验与国际比较——中国工业经济学会2010年年会学术观点综述［J］．中国工业经济，2011（1）：38－46.

［172］张治栋，韩康．模块化：系统结构与竞争优势［J］．中国工业经济，2006（3）：92－99.

［173］张治栋，荣兆梓．基于契约结构的模块化设计及其演进［J］．中国工业经济，2006（9）：62－70.

［174］张治栋，荣兆梓．模块化悖论与模块化战略［J］．中国工业经济，2007（2）：67－74.

［175］赵剑波，吕铁．中国企业如何从“逆向并购”到“逆向吸收”？——以工程机械制造业跨国并购为例［J］．经济管理，2016，38（7）：35－47.

［176］赵志宏．商业银行综合金融服务产品创新流程体系研究［J］．管理世界，2009（7）：165－166.

［177］周勤，周绍东．产品内分工与产品建构陷阱：中国本土企业的困境与对策［J］．中国工业经济，2009（8）：58－67.

［178］周翔，吴能全，苏郁锋．基于模块化演进的产权理论［J］．中国工业经济，2014（10）：110－121.

［179］朱锐，吴金明．再制造的行为模式：不完全竞争性与协同共生——基于产业组织理论视角的分析［J］．中国工业经济，2012（8）：69－81.

［180］朱瑞博，刘志阳，刘芸．架构创新、生态位优化与后发企业的跨越式赶超——基于比亚迪、联发科、华为、振华重工创新实践的理论探索［J］．管理世界，2011（7）：69－97，188.

［181］朱瑞博．模块生产网络价值创新的整合架构研究［J］．中国工业经济，2006（1）：98－105.

后　记

这个世界上能让人刻骨铭心的事要么是极幸福的事，要么是极痛苦的事，而博士经历则是两者的结合——初入时好奇兴奋、进入后骨软筋麻、顺利毕业时又喜出望外，我相信这一复杂的情感体验是每一位博士终生都难以忘怀的。如今，我的博士毕业论文即将出版成书，我也不由得回忆起读博期间的百种滋味。当往昔像胶片电影一样一一在眼前闪现，我没有沉迷于某个片段，反倒像一个旁观者惊叹于面对各种困难时自己的毅力。如今看来，对于一个不太聪明的求学者而言，我能走到今天多半与我坚毅的品格有关。回顾过往，也确实如此。我本科就读于黄淮学院，当年以低于本科线一分的成绩补录进去。四年后，我通过努力考到云南大学，不过我的成绩排在专业的最后一名。三年后，我不甘平凡，报考中国社会科学院的博士，但以失败告终，我不服输再战一年，终于以倒数第二名的成绩成为中国社会科学院的一名博士生。再后来，我不断努力，用三年时间顺利毕业。如今，我初入科研工作职场，虽无法预知未来还有多少险阻，但我仍会以当初坚毅的态度继续走下去。

时间是一条连续的曲线，每一个时间点都记录着我过往的人生，而在每一个时间点上都有一些善良、无私的人鼓励我、帮助我。比如我的父母和兄长，他们对学业的看重有时甚至高于我自己；我的爱人张晓光，我们认识 11 年来，她从未因为我忙于学业疏于陪伴而有任何怨言，反而陪我度过每一个孤独、煎熬的时刻；我的母校黄淮学院的师长，他们不遗余力地鼓励每位学生考研，告诉学生“除了奋斗，别无选择”；云南大学锁箭教授，也就是我的硕士生导师，不断鼓励我考博并在我失败时给我加油鼓劲，在我读博期间也时刻关心我的学业。

同样地，我也一直记得读博期间中国社会科学院各位老师、同学的帮助。我的导师吕铁研究员从我入学开始就告诫我对待学术要谦虚、踏实，打好每一步的基础，切忌急功近利。在博士论文写作期间得到了吕老师大量的帮助，吕老师不仅为我提供了重要的写作建议，还积极为我寻找论文选题方面的专家，如刘戒骄、贺俊等老师，他们为我的写作提供了宝贵的意见，我对各位老师的帮助深表谢意。同时，有一群可爱的人一直陪在我身边缓解我心理上的压力，他们是2015级工业经济系的博士生，其中刘玉洪、朱怀奇、张能鲲、邹坦永一直对我们这些后辈多有照顾，他们无论是生活上还是学习上都是我们的榜样，认识他们是我一生的荣幸。此外，韩宝山同学就实证方法对我进行了手把手的指导，他不仅学术基础扎实，而且乐于助人。他在写毕业论文期间，不仅要管理公司事务，还要照顾自家1岁左右的孩子，时间非常有限。即便如此，每当我问及实证方面的问题，他都知无不言，耐心地解答，哪怕是最简单的问题；张晶同学在实证方面也为我提供了宝贵的建议。

最后，感谢那个在孤独和黑暗时刻仍然坚持不懈、努力奋斗的自己。

闵　宏

2021 年 1 月